系统预测与综合评价方法

王硕 张礼兵 金菊良 编著

合肥工业大学出版社

内 容 提 要

本书是作者近年来在系统预测和综合评价研究领域中研究成果的总结，引入和运用智能化方法是本书的重要特色。

主要内容有：系统预测与综合评价概述，预测与评价智能化常用方法介绍，系统预测方法，组合预测方法，组合投资方法，系统综合评价方法，系统决策分析方法，系统动力学方法。

本书可作为经济、管理、系统工程等学科高年级本科生和研究生的教材或参考书，也可供从事预测与决策的管理人员、科研人员、工程技术人员、教师阅读参考。

图书在版编目(CIP)数据

系统预测与综合评价方法/王硕，张礼兵，金菊良编著．—合肥：合肥工业大学出版社，2006.12

ISBN 7-81093-514-3

Ⅰ.系… Ⅱ.①王…②张…③金… Ⅲ.决策预测—综合评价 Ⅳ.C934

中国版本图书馆 CIP 数据核字(2006)第 094961 号

系统预测与综合评价方法

王 硕 张礼兵 金菊良 编著 责任编辑 疏利民

出 版	合肥工业大学出版社	版 次	2006 年 12 月第 1 版
地 址	合肥市屯溪路 193 号	印 次	2006 年 12 月第 1 次印刷
邮 编	230009	开 本	710×1000 1/16
电 话	总编室：0551-2903038	印 张	14.5
	发行部：0551-2903198	字 数	265 千字
网 址	www.hfutpress.com.cn	印 刷	合肥创新印务有限公司
E-mail	press@hfutpress.com.cn	发 行	全国新华书店

ISBN 7-81093-514-3/C·22 定价：26.00 元

如果有影响阅读的印装质量问题，请与出版社发行部联系调换。

前言

预测与评价是科学决策的前提和依据，为决策提供基础支撑。作为管理决策的两大核心内容，预测与评价是决策者长期关注的焦点，也是科学研究的前沿和热点领域之一。

随着计算智能（软计算）科学的蓬勃发展，智能化计算技术应用领域日益广泛。把智能化计算技术运用于预测与评价领域，构建预测与评价的智能化方法，是本书与同类书籍相区别的显著特色。

全书共分8章。第1章为绪论，概述系统预测内容和评价的内在机理。第2章介绍预测与评价的主要智能化方法，内容包括遗传算法、BP神经网络方法、模糊集理论、自适应试验遗传算法。第3章介绍智能化的预测方法，主要为自回归预测模型、门限自回归预测模型、门限回归预测模型、双线性预测模型。第4章讨论组合预测方法，包括组合预测传统计算方法、简单平均法、最优组合预测误差平方和的估计、基于加速遗传算法的组合预测方法、组合预测软科学方法、组合预测综合系统、基于BP－AGA的非线性组合预测方法。第5章研究组合投资方法，内容为组合投资概念、组合投资决策、给定预期水平下的组合投资、组合投资的有效边界、预期收益下非卖空组合投资决策、给定风险条件下的非卖空组合投资决策、单位风险收益最大化方法。第6章介绍基于智能技术的系统综合评价方法，内容包括系统综合评价概述、投影寻踪评价模型、神经网络评价模型、理想区间法评价模型、Shepard相似评价模型、属性识别综合评价方法。第7章研究系统决策分析方法，探讨智能化决策分析方法与常规决策分析方法的结合，内容为决策分析概述、不确定型决策分析方法、基于改进 AHP 的模糊综合评价决策分析方法、基于模糊层次分析法的投影寻踪决策分析方法、用试验遗传算法优选工程方案的决策分析方法。第 8 章研究系统动力学方法，主要内容为仿真技术概述、经济系统概述、经济系统的系统动力学描述、经济系统的 SD 仿真实例。

本书由王硕教授、张礼兵老师和金菊良教授编著，具体分工如下：第 1 章（王硕、张礼兵），第 2 章（张礼兵、金菊良），第 3 章（金菊良、王硕），第 4 章（王硕、张礼兵），第 5 章（王硕、金菊良），第 6 章（张礼兵、金菊良），第 7 章（金菊良、张礼兵），第 8 章（张礼兵），最后由王硕进行统稿。

本书总结作者近年来在系统预测和综合评价领域的研究成果，参考和引用大量国内外文献，得到许多专家学者的热情指导和帮助，以及国家自然科学基金项目（50579009）和安徽省高等学校省级教学研究项目（2005126）的支持。作者谨向多年来支持和关心我们工作的领导、专家、同事、朋友和家庭表示由衷的感谢！

由于系统预测和综合评价研究领域仍处于迅速发展之中，加之作者水平有限，书中缺点和错误在所难免，欢迎读者给予批评指正。

作者

2006 年 7 月 28 日

目　录

第1章 绪 论

1.1 系统预测概论

系统预测是系统工程的重要组成部分，它是根据研究系统或类似系统发展变化的实际数据、历史资料，以及各种经验、判断和知识等，充分分析和理解系统发展变化的规律，运用一定的科学原理和方法，对研究系统在未来一定时期内的可能变化进行推测、估计、分析和评价，以减少对系统未来状况认识的不确定性，指导系统的决策分析以减少决策的盲目性[1-4]。系统预测是近代系统工程学、社会学、经济学、现代数学等多学科交叉发展的产物，其目的是了解掌握系统行为模式，为优化控制系统运行提供决策依据，在系统工程领域具有重要的理论意义和工程价值。系统预测作为一种技术已广泛应用于社会各个领域，如经济预测、洪水预测、粮食生产预测、人口预测、能源预测、资源与环境预测等。可以预见，随着技术与方法的普及和发展，系统预测必将显示出它越来越重要的作用。以水资源系统中的洪水预测问题为例，在 2003 年淮河大洪水期间，正是有了准确及时的洪水预测，才为决策者的防汛指挥、科学洪水调度提供了可靠保证，从而获得最大限度地减小洪灾损失的巨大社会效益、经济效益和生态环境效益。

由于受复杂的社会、政治、经济、科学技术、气象、地理等多方面因素的综合影响，复杂系统往往具有非线性、高维性、随机性、模糊性、混沌性和未确知性等众多复杂特征，系统预测至今仍是自然科学和技术科学领域内的世界性难题，吸引着国内外无数专家学者投身其中。就目前研究状况而言，系统预测仍处于积极探索和不断发展阶段。

1.1.1 系统预测理论依据

进行系统预测遵循的理论应包括以下两方面：一是预测对象所属学科领域的理论，这些理论主要用以揭示系统发展的规律、指导预测方法的选择和预测结果的分析检验分析，如自然科学系统的预测与社会经济系统的预测有着不同理论基础;二是预测方法的理论,主要包括数理统计理论、算法理论以及近年来兴起的智能化预测方法理论等[1,2,5-7]。

任何科学科研必须有坚实的科学理论基础,目前系统预测的基本理论依据主要有[2-4]:

(1)系统惯性原理,即任何系统的发展都与其过去的行为有联系,这个特点一般被称为"惯性"。例如,人类的经济活动就常常表现出较强的惯性,因为经济总是在原有的基础上向前发展的,今天的国民经济规模和状况必是昨天的规模和状况的延续和发展,而未来的经济和状况则是在今天的现状下发展起来的。系统惯性是系统发展的过去、现在和将来具有延续性的具体表现,而且惯性的大小直接表示系统过去对未来发展的影响大小。

(2)系统相关性原理,即在系统发展变化过程中,系统内部各要素之间、系统与环境之间具有关联性。由系统学知道,任何系统的发展变化都不是孤立的,都是在与其他系统的发展变化相互联系、相互影响的过程中确定其运行轨迹的。例如,流域生态环境系统包括水资源及水工程子系统、人口及人力资源子系统、土地及生产发展子系统、草场及森林植被子系统等,各个子系统相互作用、相互影响,流域水资源的质与量直接影响区域人口发展、工农业生产及草场植被覆盖度,而人口与生产的发展对水资源的利用反过来也会使水资源状况发生巨大变化。

(3)系统类推性原理,即存在预测对象的相似对象。许多事物相互之间在发展变化上常有类似的地方,两种事物在时间上虽有差异,但在表现形式上却有相似的特点,则有可能把先发展事物的表现过程类推到后发展的事物上去,从而对后者的发展前景做出预测。

(4)系统发展的不确定性原理。由于各种因素的干扰,常常使系统变量的未来行为呈现随机变化的形式,因此系统的预测结果只是对系统未来发展各种可能性的估计。

(5)系统反馈修正的演进性原理。由于系统预测问题的复杂性,一般需要根据系统实际与系统预测的误差,对预测结果不断进行反馈、修正和完善。

1.1.2 系统预测一般步骤

由于研究系统对象迥异,所以具体系统预测的实施过程有很大不同。从方法论的角度看,系统预测的一般步骤可分为以下七步:

(1)确定系统预测对象和系统预测目标。系统预测对象和目标不同,则预测的时空范围、预测精度、拟采用的预测方法以及对资料的要求也不同。

(2)收集、分析系统资料和数据。资料是进行预测的依据,应根据预测对象和预测目标，尽可能地搜集系统本身发展资料、对预测对象发展变化起影响作用的各种因素的历史资料以及各种直接和间接的影响因素在未来期间内可能表现的状况。

(3)确定预测方法。目前预测方法种类很多，各种方法都有其适用条件和不足，一般应根据系统决策和计划工作对预测结果的要求，按照经济、方便、有效的原则，合理地选择一种或多种预测方法。

(4)建立预测模型，确定模型的结构和参数。预测模型是对预测对象发展规律的近似模拟，模型结构和各种参数的确定应能尽量反映系统实际状况。

(5)利用预测模型进行预测，是根据模型的预测结果，对模型的合理性、模型的计算精度和模型的敏感性等进行分析和检验。

(6)对预测结果进行修正、评定，确定最终的系统预测结果，作为决策依据。利用模型得到的预测结果与系统发展的实际结果未必相符，应对预测的结果应加以分析和评价，以确定系统模型的可信度。

(7)根据预测的实际效果对以上步骤进行不断修改和完善。系统预测过程实际上也是一个反馈修正、多次迭代的过程。

从以上步骤可以看出，系统预测过程是一个系统资料、预测方法和预测分析有机结合的过程，资料是基础和出发点，方法的应用是核心，分析则贯穿于系统预测的全过程。

1.1.3 系统预测主要方法

目前，系统预测方法已有上百种之多，从不同的角度可以分为很多类，如按预测的对象，系统预测可分为气候预测、洪水预测、地质灾害预测、经济预测、人口预测等；按预测的时间尺度，系统预测可分为实时预测、短期预测、中期预测和长期预测等；按预测的空间尺度，系统预测可分为小尺度的行政区域性预测、大尺度的流域性预测、国家性预测、世界性预测等；按预测方法的性质，可分为定性分析预测法、定量分析预测法和定性定量相结合预测分析法等。综合起来，根据预测的对象、预测的时间尺度、预测的空间尺度、预测精度的要求以及预测方法的性质，可把系统预测方法大致分为如下几类[1−5,8,9]，即定性分析方法、时间序列分析预测法、因果关系预测方法、组合预测方法和人工智能分析预测方法等，简要分述如下：

(1)定性分析方法。主要是依据人们对系统和现在的经验、判断和直觉，通过现场调查、专家打分、主观评价等对系统进行预测，如集思广益法、德尔菲(Delphi)法、主观概率法和交叉概率法等。其中德尔菲法亦称专家经验统计判断法，主要程序是向专家发调查表，然后统计、综合专家的反馈意见以做出结论，具有较高的可操作性和实用价值。德尔菲法是对专家经验的一种匿名收集程序，主观概率法是对专家经验的一种定量化程序，而交叉概率法则是把专家经验用于寻求不同事件之间相互影响关系的一种研究程序。定性分析预测法可以预测各种事件发生的概率，却不能明确指出各事件之间的相互关系。

(2)时间序列分析预测法。这是纯数学的定量分析类预测方法，其中单变量时间序列和多变量的数理统计方法是其主要技术，它是根据系统对象随时间变化的历史资料，通过系统时间序列的自相关分析、谱分析等，对系统发展趋势进行外推，如经验统计法、回归分析方法、自回归滑动平均模型方法、趋势分析法、方差分析、概率转移、车贝雪夫多项式、判别和聚类分析、序相关、序相似、均生函数、各种改进的经验正交函数展开、多层递阶等。其中回归预测是用数理统计中的回归分析方法，根据历史数据的变化规律寻找自变量与因变量之间的回归方程式，确定模型参数，据此做出预测。经验统计方法是通过对各种要素序列周期性、持续性、转折性和年际及年代际变化特征的分析，对要素未来的变化趋势做出预报，方法简便易行，但相关系数只表示两个变量有限样本的线性相关程度，而实际上变量之间存在着复杂的非线性关系，随着样本量的增加，相关程度将会发生变化，甚至发生逆转，相关系数值存在明显的阶段性。总体上看，纯数学模型的系统预测方法的效果差异较大，有些方法虽可以进行各种改进使历史拟合程度高，但实际预测效果不够稳定、精度不够理想。影响统计预报效果的原因主要来自两方面，第一是建立数学统计模型所选择的因子质量不高，缺乏物理概念，或没有挑选到存在因果关系的因子，从而使方法基础不牢；第二是有些数学表达式不太满足系统实测序列，建模过程中处理细节的方法也可能影响到模型的预报效果。选择有明确物理概念的因子，同时改进数学表达式中不符合系统变化的项是提高统计预报效果的有效途径[10]。

(3)因果关系预测方法。它是一种定量预测方法，主要是根据系统内部要素变化存在的因果关系，通过识别影响系统发展的主要变量，建立它们的数学模型，然后根据系统自变量的变化预测系统因变量。典型的因果关系预测方法有一元及多元线性回归方法、非线性回归方法、系统动力学方法、经济计量法、投入产出法等。应用因果关系预测方法的难点在于系统各要素之间的因果关系的准确量化。如系统动力学方法在系统建模过程中，需要深入了解系统状态变量、速率变量和控制变量等因素间的定量关系以及它们之间可能存在的复杂耦合关系，预测结果的可信度取决于模型对真实系统的拟合效果，它完全依赖于系统建模人员对系统问题的认识水平和认知程度。

(4)人工智能分析方法。近年来,将人工智能技术应用于系统预测问题获得了极大的发展,为预测这一古老又前沿的科学领域注入新的活力。人工智能预测分析方法主要包括人工神经网络法、演化算法、分形几何方法、模式识别法、模糊数学方法、马尔柯夫链分析法、灰色预测方法、混沌分析方法等。人工神经网络是基于模仿人类大脑的结构和功能而构成的一类信息处理系统或计算机,它具有很多与人类智能相类似的特点和很强的非线性映射能力,对非线性系统预测问题适用性强。模糊集理论是将操作人员的经验以规则的形式表达出来,转换成可以在计算机上运行的算法,它在电力系统负荷、水体污染负荷、农业生产等许多领域中得到了应用。近些年来,国内外的许多学者相继将混沌理论的研究成果引入系统预测领域,试图利用混沌分析法进行复杂系统的混沌识别和预测研究,以开辟一条不同于确定性和随机性的新途径[11]。混沌是一种现象与行为,而神经网络是一种特定计算模式的拓扑结构,它们各自具有自身的特征,但也有共同的规律,即都具有非线性动力学特性[12]。

(5)组合预测方法。主要是基于单种预测方法(定性或定量)的局限性和近似性,通过对多种不同的预测方法进行线性的或非线性结合,形成组合预测方法,以便综合利用各种预测方法所提供的信息,从而提高预测的精度和可靠度。组合预测方法具体操作有两种:一是将几种预测方法所得的预测结果,选取适当的权重进行加权平均;二是在几种预测方法中进行比较,选择拟合优度最佳或标准离差最小的预测模型作为最优模型进行预测。例如,设对某一预测对象 f,采用 k 个预测方法,得到 k 个模型的预测值为 $f_i(i=1,2,\cdots,k)$,利用这 k 个预测值构成一个对 f 的最终预测结果,即 $f=(f_1, f_1, \cdots, f_k)$,特别取 $(f_1, f_1, \cdots, f_k)=\sum\omega_i f_i$,其中 $\sum\omega_i=1$。组合预测方法是建立在最大信息利用的基础上,它综合多种单一模型所包含的信息,进行最优组合。在多数情况下,通过组合预测可达到改善预测结果的目的。例如 1998 年长江特大洪水的成功预测,就是对各种交叉学科的多因子科学地、客观地集成,做出了综合预报,并注意区别大水年与一般多雨年、大旱年与一般少雨年在预报物理模型中判据因子上的差异,为成功防洪渡汛提供了科学依据,取得了巨大的社会经济效益[13]。

由于不同预测方法在复杂性、数据要求以及准确程度上均不同,不同的系统问题应采用和系统自身相适应的预测方法[14,15]。

1.1.4 小　结

综上所述,系统预测是一门技术性要求很强的工作,也是一项艺术性水平很高的课题,它既要求预测者掌握多种系统预测方法与技术,又要求预测者具有灵活运用这些技术和方法的能力。由于预测工作中研究的系统所表现的规律性极其复杂,而且系统所处的环境错综交错,进行系统预测工作,既没有统一格式也没有固定的方法,需要靠系统预测者的知识、经验和能力的充分发挥与创造性运用。

1.2 综合评价概论

1.2.1 概　　述

评价是决策的前提和依据,它为决策提供基础支撑,没有评价就没有决策。评价的目的是对客观事物进行综合分析,其结果应能客观公正地反映事物的发展变化,并为评价组织者、决策者所信服和接受。在实际决策过程中,由于决策问题的多样性和复杂性,决定评价问题的复杂性和广泛性,对评价问题的研究已引起学术界的广泛关注,成为研究领域中的热点问题之一。

当前对评价领域的研究主要集中在评价方法和评价方法的应用方面,不同的评价方法是从不同的角度描述评价对象的属性,由于各种方法的机理不同、方法的属性层次相异,在应用不同的方法时,评价的结果存在差异。要反映事物的全貌,必须从多角度、全方位进行研究,得出的结论才能体现事物的本质和原貌。在评价方法的应用上,传统的研究思路大都停留在“具体理论方法+实际应用案例”阶段,这会因方法研究者不注重实际情况,实际应用者又往往局限于从自己的专业来考虑方法的实际应用,出现效果不理想甚至误用的情况。根据实测数据进行的客观评价,和由评价者自身判断的主观评价的有机结合,也是研究中的薄弱环节。对复杂系统的评价往往是在评价专家群体中进行的,综合考虑专家群体的意见,是评价研究中亟须解决的重要问题。已开发的各类评价方法都有相关的具体理论,但对评价本身的机理研究还不够健全,缺乏系统而严密的理论支撑,未构建出成熟的基本评价体系,存在“为评价而评价”的做法。本节通过探讨评价的基本范畴,解析评价的过程,构建评价支持系统,研究评价的内在机理,完善评价的理论基础,以弥补现行研究中的缺陷。基于实际问题的复杂性,本节最后建立群评价支持系统,以使对大系统评价具有科学性和客观性。

1.2.2 评价的基本范畴

评价是某一主体依据和运用一定的价值标准对客体的测评。评价者是评价的主体,评价对象是评价的客体。在评价中主体和客体的联系主要是通过价值关系体现出来，它包含两重关系：①评价与评价对象的关系，它体现评价的客观性和科学性，即评价是否以对事实的客观认识为根据，是否与事物的客观规律相一致；②评价与评价主体的关系，它表明该项评价对主体是有意义的，即评价对主体是否具有某种效用或价值关系。人们在进行评价活动时，不仅要从当前的客观事实出发，依据事物发展的客观规律判断对象的客观属性，而且要根据自身的需要去预先设想这种评估和选择可能达到或实现的目标，即评价结果怎样才能满足人们的需要，才能给人们带来利益。评价要求主观符合客观，同时要求主体对客体的判断要符合主体的需求，这样评价才具有实践意义。

评价的结果来自两个方面：①价值要素，即评价者的价值标准。②事实要素，即客体或评价对象的客观活动记录，它们构成价值关系的两极。评价者按一定的规则（评价方法）将价值标准作用于评价对象的事实评价，则得到评价结果。

在评价研究中，必须回答三个问题：①评价主体（即评价者）的价值标准；②评价客体（即评价对象）事实要素的获取；③评价方法的选用。

人类活动的各个领域都有需要评价的问题。根据评价对象所属的领域及所要说明的问题性质，评价可以分为：经济评价、社会评价、军事评价、科学评价、技术评价、教育评价、体育评价等。在每个领域内，还可以根据评价对象范围的大小分为宏观评价、中观评价、微观评价等。但不论在哪个领域内的评价，按下述方法分类时都是相似的。

根据评价对象所处阶段，评价可以分为：

(1)事前评价。在系统开发之前进行规划研究时进行的评价。事前评价一般只能参考已有的资料，采用系统分析特别是预测方法进行预评估。

(2)中期评价。在计划实施阶段进行的评价，着重检查是否按照原计划在实施。

(3)事后评价。在目标完成后，评价其是否达到预期目标。

(4)跟踪评价。在投入运营后，对其产生的效果和影响的评价。

(5)在线评价。在实施中的即时评价，为决策者提供系统的瞬时态势。

按照涉及的内容，评价可分为：

(1)技术评价。围绕系统功能评定方案实现所需的功能及实现程度。

(2)经济评价。围绕经济效益对成本等进行可行性分析。

(3)社会评价。对系统给社会带来的利益及影响进行评价。

(4)综合评价。在上述三方面评价基础上，对系统方案价值所做的综合分析。

在数学分析方面，系统科学专家运用定量分析技术开发了数百种评价方法，主要可分为以下几大类：

(1)多目标(属性)效用(价值)综合方法。通过建立目标—指标体系，从下层属性开始以一定规则进行多级效用并合，从而对对象进行评价。

(2)层次分析法(AHP)。根据具有层次网络结构的目标—指标体系，通过两两对比，综合得出各评价对象的权重，它是定性与定量相结合的方法。

(3)模糊综合评判法。以模糊数学为基础，将边界不清的因素定量化，以进行综合评价。

(4)数据包络分析法(DEA)。根据评价对象的输入和输出数据，利用DEA分析求得有效生产前沿面，根据评价对象是否在前沿面上决定其是否规模有效和技术有效。

(5)仿真方法。运用较多的是系统动力学方法、蒙特卡罗(Monte Carlo)模拟、GPSS仿真，是从系统的、动态的角度对实施后产生的影响进行评价。

(6)计算智能方法。通过对给定样本的学习，基于生物体系的生物进化、细胞免疫、神经细胞网络等机制，用数学语言的抽象描述，获取专家知识、经验、主观判断，建立接近人类思维模式的定性与定量相结合的综合评价方法。

(7)混合方法。混合使用几种评价方法，如FHW方法即融合模糊、灰色、物元、AHP法于一体，对比较难以定量分析的对象进行评价。

(8)组合评价方法。不同的评价方法从不同的角度进行综合评价，仅用一种方法进行评价，结果可靠性不高，难以令人信服，有必要选用多种方法进行评价。由于各种方法的机理不同、方法的属性层次相异，在应用各种方法之间评价结论存在差异，结果可靠性不高，难以令人信服，选用多种方法进行评价，然后将多种评价结果进行组合，这即是日益被重视的组合评价研究。

1.2.3 评价的一般过程

评价必须针对某一具体问题，对不同的问题，评价的标准和方法有所不同，但评价的过程却是相同的，包括：评价问题的提出、评价主体的确定、评价组织者的确定、评价标准和方法的确定、评价结果的处理与反馈(如图1-1所示)。

(1)评价问题的提出：针对决策者关心的问题，提出较明确的评价问题，包括评价指标体系的构建、评价指标历史数据的收集整理。

(2)评价主体的确定：评价主体包含两个方面的问题：欲分析的主要对象是谁？参与分析的对象组是什么？

(3)评价组织者的确定：不同的评价组织者由于对评价问题的理解不

同，确立的评价指标体系不尽相同，对指标重要性的理解有差异。评价组织者的确定直接影响评价问题的构建和评价的运算结果。

(4)评价标准和方法的确定：不同的评价方法对评价数据的要求不同，处理数据的过程和方法也不同。应根据具体的评价问题，选择合适的评价方法。

在具体评价过程中，评价组织者的确定相对来说较为简单。而评价指标体系和评价方法的确定和选择尤为重要，它是一个循环运转的过程。在指标体系和评价方法确定后，进要行试算。对试算结果不满意或试算结果不符合客观实际，要重新选择评价指标体系和评价方法，重新测算，直到评价结果客观和公正为止。

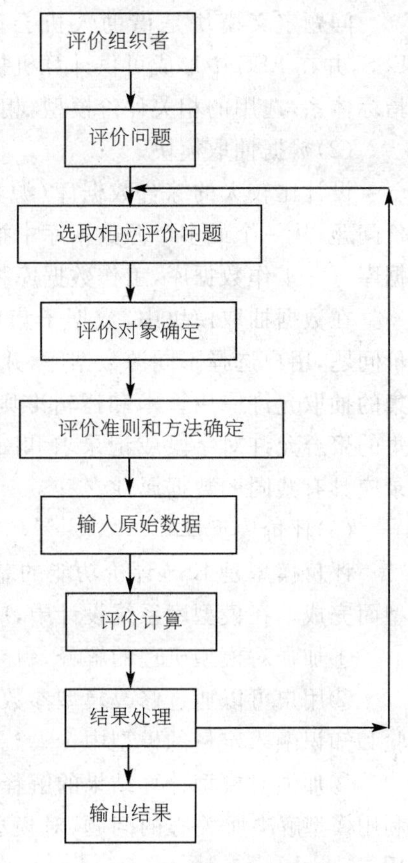

图 1-1　评价过程运行图

1.2.4　评价支持系统

评价支持系统(Evaluation Support System，ESS)实际上是一个以具体评价问题为导向，以功能(评价模型)为支撑，以用户为主体的人—机综合评价系统。

用户自行定义评价问题，通过评价指标选取，评价模型选择，参数确定，人机交互和输出方式的选择，形成具体的评价问题，以实施评价。每次定义的评价问题将作为评价知识存放在系统中，为以后评价所用。用户根据各自的需求，生成不同的评价问题，提高系统的适用性。

ESS 包括 4 个功能模块：问题定义模块、数据抽取模块、模型库模块、人机会话模块。

(1)问题定义模块

在使用本模块时，用户应对所要评价的问题有所了解，知道解决该评价问题所需的信息和使用的模型。为此，用户必须回答以下问题：

①欲评价的问题是什么？

②该问题涉及哪些因素，应选用哪些指标？

③哪些模型较适合解决此问题？

问题定义模块是借助人机会话方式，将用户对上述问题的回答输入ESS，并在ESS中形成可供计算机执行的评价问题。其中包括：评价问题的指标体系，选用的相关评价模型，相应的模型参数。

（2）数据抽取模块

设计比较大的综合数据库（源数据库），根据用户临时定义或修改的评价问题，从一个或多个源数据库中抽取相应数据，形成该评价问题的专用数据库——工作数据库，工作数据库将根据用户的维护而不断改变。

在数据抽取模块中，数据子集的抽取和聚合尤为重要。针对不同的评价问题，用户选择不同源数据库，并对数据子集中数据项进行运算。数据子集的抽取允许应用算术和逻辑准则从源数据库中选择字段和记录，数据子集的聚合允许对字段或记录求和、计数、连接，聚合的基础是有关字段和记录应具有共同的数据属性。

（3）评价模型库

评价模型是ESS评价功能的基础，用户对评价问题的解决通过运行模型而完成。在模型库系统设计中，应着重强调以下几个方面：

①加强对模型机理的解释，引导用户了解模型的特点和适应范围；

②用户可以通过修改模型参数，将其思维判断加入模型，将其定性的经验和知识融入定量的模型中；

③加强对模型计算结果的解释。用户不是为使用模型而使用模型，而是利用模型解决所关心的问题，对模型结果的解释，有利于用户掌握问题的本质；

④应将模型结果与国家的宏观政策联系起来，帮助用户解决实际问题。

（4）人机会话模块

人机会话模块是ESS中最重要的一环，它是沟通用户和计算机的“桥梁”。一个系统的优劣，在很大程度上取决于人机会话子系统的质量。如果没有良好的会话系统，即使有很强的运算功能，用户也难以使用。一个友好的人机会话模块，在功能上应满足以下条件：

①能够接受用户命令，让用户主动参与整个系统的运行过程；

②系统应告诉用户如何使用。对不熟悉系统的用户，通过人机对话系统引导其尽快掌握系统的使用；

③系统每次运行的结果，都通过会话管理反馈相应的信息；

④在长时间数据抽取或模块运算过程中，系统能提示用户目前的工作状态。

人机会话系统可以通过以下方式实现：回答式对话；菜单式对话；输出对话；提示信息；在线帮助。

此外，评价系统包含数据库（原始数据库、评价库）、问题库、模型库、图形库，根据评价的运行过程及四库内容，形成 ESS 的功能结构（如图 1-2 所示）。

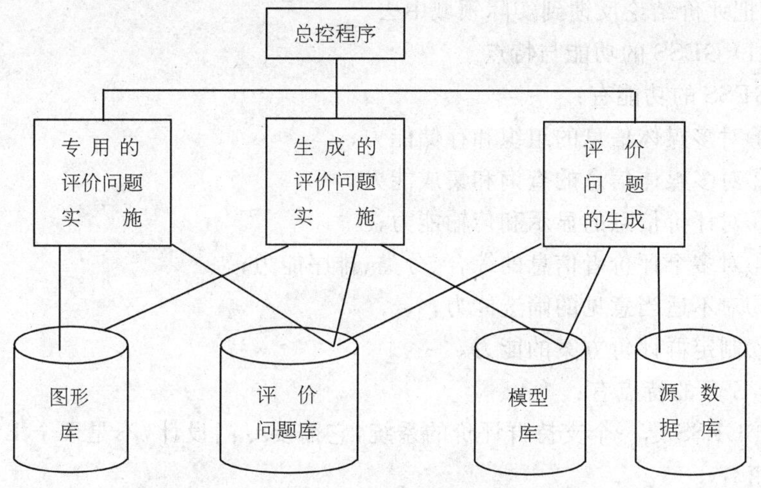

图 1-2　ESS 的功能结构框图

1.2.5　群评价支持系统

随着社会和科学的进步，有很多大型的复杂问题需要群体评价予以解决，支持群体评价的群评价支持系统（Group Evaluation Support System，GESS）应运而生。GESS 是集成多个评价者的智慧、经验以及相应的 ESS 组成的集成系统。它以计算机及其网络为基础，用于支持群体评价者共同解决半结构化或非结构化的评价问题。GESS 的体系结构如图 1-3 所示。

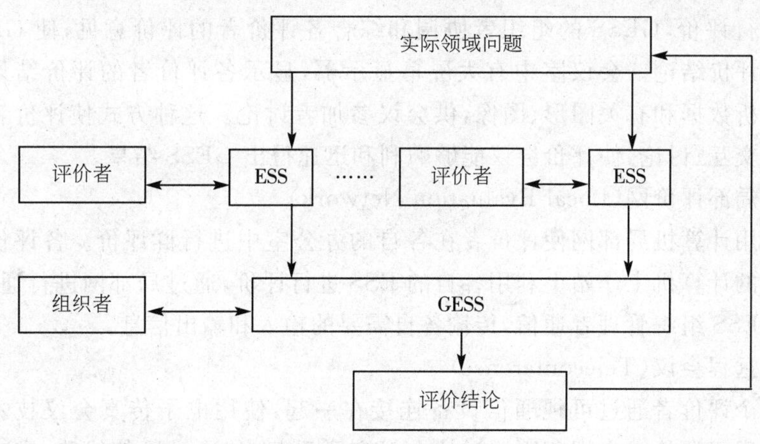

图 1-3　GESS 的体系结构图

第一章　绪　论

实际领域中的评价问题提供给各 ESS,它支持评价者作出各自的评价,由组织管理者对各自的评价通过 GESS 进行综合分析和集成,形成评价结论,再把评价结论反馈到实际领域中去。

(1) GESS 的功能与特点

GESS 的功能有:

①对多媒体信息的组织和存储能力;

②对多媒体信息的查询和集成能力;

③对评价信息的显示和传输能力;

④对多个评价者信息的综合、分类、排序能力;

⑤对不适当意见的筛选能力;

⑥制定群评价方案的能力。

GESS 的特点有:

①GESS 是一个支持群评价的系统,它需要专门设计,不是多个 ESS 的简单组合;

②GESS 能减少群体中部分消极行为的影响;

③GESS 能完成群评价过程,并在组织管理者指导下得到群评价结果;

④GESS 能支持在一个地点举行的群评价会议,也支持远程的评价会议。

(2) GESS 的应用类型

GESS 有四种应用类型,它们是由于评价者的集中和分散程度以及利用计算机网络形式的不同而形成的。

①评价室(Evaluation Room)

每个评价者有一台计算机或终端,在同一个会议室内,各自可以利用 ESS 进行评价,GESS 的组织者协调和综合各评价者的评价意见,使 GESS 得出群评价结论。会议室中有大屏幕显示器,显示各评价者的评价结果及统计分析数据和有关图形、图像,供会议参加者讨论。这种方式使评价者面对面地交互、讨论,使评价会议能够顺利和迅速得出 GESS 结果。

②局部评价网(Local Evaluation Network)

利用计算机局部网使评价者在各自的办公室中进行群评价。各评价者在各自的计算机工作站上利用各自的 ESS 进行评价,通过局部网进行通信,并和 GESS 组织管理者通信,传输各自需要的输入和输出信息。

③远程会议(Teleconference)

多个评价者通过可视通信设备连接在一起,使用电子传真会议技术组织会议进行评价。它把相距遥远的会议室联系起来,通过通信线路,实现录像电视传真,以及大屏幕显示、计算机网络、电子黑板等设备,形成现代化远程会议，实现群体评价。

④远程评价制定(Remote Evaluation Making)

每个评价者都拥有一台“评价工作站”，在站与站之间存在不间断的通信联系，其中任何一个评价者可在任何时间与群体的其他成员取得联系，共同作出评价。进行评价会议不需要组织安排和协调，它具有远程和大范围的群体评价特色，可用于国际组织和跨国公司的联席会议。

1.3 本书的主要内容

全书共分 8 章。第 1 章为绪论，概述系统预测内容和评价的内在机理。第 2 章介绍预测与评价的主要智能化方法，内容包括遗传算法、BP 神经网络方法、模糊集理论、自适应试验遗传算法。第 3 章介绍智能化的预测方法，主要为自回归预测模型、门限自回归预测模型、门限回归预测模型、双线性预测模型。第 4 章讨论组合预测方法，包括组合预测传统计算方法、简单平均法、最优组合预测误差平方和的估计、基于加速遗传算法的组合预测方法、组合预测软科学方法、组合预测综合系统、基于 BP－AGA 的非线性组合预测方法。第 5 章研究组合投资方法，内容为组合投资概念、组合投资决策、给定预期水平下的组合投资、组合投资的有效边界、预期收益下非卖空组合投资决策、给定风险条件下的非卖空组合投资决策、单位风险收益最大化方法。第 6 章介绍基于智能技术的系统综合评价方法，内容包括系统综合评价概述、投影寻踪评价模型、神经网络评价模型、理想区间法评价模型、Shepard 相似评价模型、属性识别综合评价方法。第 7 章研究系统决策分析方法，探讨智能化决策分析方法与常规决策分析方法的结合，内容为决策分析概述、不确定型决策分析方法、基于改进 AHP 的模糊综合评价决策分析方法、基于模糊层次分析法的投影寻踪决策分析方法、用试验遗传算法优选工程方案的决策分析方法。第 8 章研究系统动力学方法，主要内容为仿真技术概述、经济系统概述、经济系统的系统动力学描述、经济系统的 SD 仿真实例。

[1] 陈来安，陆军令．系统工程原理与应用．北京：学术期刊出版社，1988，1～78

[2] 梁迪，董海．系统工程．北京：机械工业出版社，2005，1～20
[3] 谭跃进，陈英武，易进先．系统工程原理．长沙：国防科技大学出版社，1999，1～23
[4] 金菊良，丁晶．水资源系统工程．成都：四川科学技术出版社，2002，1～40
[5] 刘豹，顾培亮，张世英．系统工程概论．北京：机械工业出版社，1987，1～18
[6] 韦鹤平．环境系统工程．上海：同济大学出版社，1993，1～285
[7] 陈玉祥，张汉亚．预测技术与应用．北京：机械工业出版社，1985，1～252
[8] 顾凯平，高孟宁，李彦周．复杂巨系统研究方法论．重庆：重庆出版社，1992，1～75
[9] 夏安邦，王硕．定量预测引论．南京：东南大学出版社，2001，1～229
[10] 陈桂英．我国现有短期气候业务预测方法综述．应用气象学报，2000，(11)：11～20
[11] 赵永龙，丁晶，邓育仁．混沌分析在水文预测中的应用和展望．水科学进展，1998，9(2)：181～186
[12] 黄国如，芮孝芳．流域降雨径流时间序列的混沌识别及其预测研究进展．水科学进展，2004，15(2)：255～230
[13] 汪纬林，毛桐恩，解敬．我国天灾综合预测研究进展．科技导报，1999，(1)：46～48
[14] 程昳．常用预测方法及评价综述．四川师范大学学报(自然科学版)，2002，25(1)：70～73
[15] 唐小我．经济预测与决策新方法及其应用研究．成都：电子科技大学出版社，1997，9～42
[16] Wang Shuo, Xu Ruomei, Xie Zhong. A Research on Internal Mechanism of Evaluation System. Engineering Sciences, 2005, 3(1)：64～68
[17] 郭亚军．综合评价理论与方法．北京：科学出版社，2002，8～26
[18] 徐泽水．不确定多属性决策方法及应用．北京：清华大学出版社，2004，11～18

第2章 预测与评价的智能化方法

2.1 智能化方法概述

系统预测与综合评价是一门尚在迅速发展中的横断型工程技术科学，至今仍没有形成公认的学科体系。就本质而言，系统预测的核心问题是建立研究对象及其有关因素变量在时间上相联系的数学表达式，根据该表达式由前面发生的因素变量值估计未来的研究对象值；而综合评价的核心问题是建立从高维评价指标空间到某一维实数空间的一种数学映射，根据研究对象在该一维实数空间中的取值进行分类排序。由于影响系统预测与综合评价的因素一般较多、相互之间的关系复杂，加之人们认识上的局限性，利用常规的数学建模方法和优化方法来准确构造这些数学表达形式和数学映射并进一步优化这些数学表达形式和数学映射往往很困难。这些常规的数学方法的主要不足是它们很难结合或利用专家和决策者在系统预测与综合评价时所作选择和判断过程中所蕴涵的经验知识和智慧，很难利用系统预测与综合评价过程中的思维规律和人脑的智能特征，很难进行定性分析与定量计算的综合集成[1]。而人类利用其发达的大脑智能在长期的系统预测与综合评价实践中积累了大量的理论认识、经验认识和介于理性认识与经验认识之间的各种半经验半理论认识，实际复杂系统的系统预测与综合评价的成功实践过程都是综合利用建立在这三类认识基础上的、具有显著智能特征的综合方法，这类方法是理论与经验相互补充，定性分析与定量计算相互集成，基于形式逻辑思维的演绎思维与基于非形式逻辑思维的归纳思维和发散思维相互结合。为此，钱学森提出在解决复杂系统问题时，在难于或不宜建立数学模型的场合，要利用人的知识经验和人工智能、模糊识别、知识工程等方法建立知识模型，越过数学模型的障碍，直接由知识模型转化为计算机模型，这样采用知识模型与数学模型相结合形成广义模型，便于处理复杂系统的模型化问题[2]。目前，遗传算法、人工神经网络方法和模糊集方法已成为建立和发展这类广义模型的最有效方法[3,4]。

基于以上认识，本章将结合笔者的经验，着重介绍处理系统预测与综合评价复杂问题的几种智能化方法，它们是遗传算法、人工神经网络理论和模糊集理论，同时也为以后各章建立具体的系统预测与综合评价模型提供先进工具。

2.2 遗传算法[5,6]

2.2.1 遗传算法的基本概念

美国密歇根大学 John H. Holland 教授提出，按照生物进化过程中的自然选择(selection)、父代杂交(crossover)和子代变异(mutation)的自然进化(natural evolution)方式编制的计算机程序，能够解决许多复杂的优化问题，这类新的优化方法称之为遗传算法(genetic algorithm，GA)[7]。GA 模拟生物进化过程，其主要特征有：①生物个体的染色体(chromosomes)的结构特征，即基因码序列(series of genetic code)决定了该个体对其生存环境的适应能力。②自然选择在生物群体(population)进化过程中起着主导作用，它决定了群体中那些适应能力(adaptability)强的个体能够生存下来并传宗接代，体现了“优胜劣汰”的进化规律。③个体繁殖(杂交)是通过父代个体间交换基因材料来实现的，生成的子代个体的染色体特征可能与父代的相似，也可能与父代的有显著差异，从而有可能改变个体适应环境的能力。④变异使子代个体的染色体有别于其父代个体的染色体，从而也改变了子代个体对其环境的适应能力。⑤生物的进化过程，从微观上看是生物个体的染色体特征不断改善的过程，从宏观上看则是生物个体的适应能力不断提高的过程。

表 2-1 为生物进化过程与 GA 的对照表。

表 2-1 生物进化过程与遗传算法的对照表

生物进化	遗传算法
基因(gene)	字符(character)
基因值(等位基因)(allele)	字符值(character value)
基因位置(基因座)(locus)	数串位置(string position)
基因组(genome)	模式(schema)
染色体(chromosome)	数串(string)
基因总集(基因型)(genotype)	数串空间(string space)
表现型(phenotype)	解空间(solution space)
个体适应能力(adaptability)	适应度函数(fitness function)

（续表）

生物进化	遗传算法
选择(selection)	选择算子(selection operator)
杂交(crossover)	杂交算子(crossover operator)
变异(mutation)	变异算子(mutation operator)
生物个体的进化过程(process of evolution)	问题解的优化过程(process of optimization)

2.2.2 标准遗传算法

作为利用自然选择和群体遗传机制进行高维非线性空间寻优的一类通用方法，遗传算法(GA)不一定能寻得最优(optimal)点，但是它可以找到更优(superior)点，这种思路与人类行为中成功的标志是相似的。例如不必要求某个围棋高手是最优的，他(她)要战胜对手只需比其对手更强即可。因此，GA 可能会暂时停留在某些非最优点上，直到变异发生使它迁移到另一更优点上。遗传算法随编码方式、遗传操作算子的不同而表现为不同形式，因此难以像传统的共轭梯度法那样从形式上给以明确定义，它的识别标志在于它是否具有模拟生物的自然选择和群体遗传机理这一内在特征。目前国内外普遍应用的实施方案是标准遗传算法(Simple Genetic Algorithm，SGA)。

不失一般性，现以式(2.1)为例，简要说明 SGA 的计算步骤。

例 2.1 设函数优化问题为[8]

$$\left.\begin{aligned} &\max f(x) \\ &a \leqslant x \leqslant b \end{aligned}\right\} \tag{2.1}$$

遗传算法是这样处理上述优化问题的：把自变量 x 作为由基因构成的染色体，也称个体，优化准则函数(目标函数) $f(x)$ 作为个体适应度函数，优化准则函数和约束条件一起作为个体的生存环境，个体进化的目标是生成具有最佳适应度的基因型个体。SGA 求解上述问题的步骤如下：

步骤 1： 解变量的编码(encoding)。编码策略采用二进制数编码，设编码长度为 e，每个二进制位称之为基因(gene)，把变量的取值范围 $[a,b]$ 等分成 2^e-1 个子区间，即

$$x = a + (b-a) \cdot \frac{\sum_{k=1}^{e} g_k \cdot 2^{e-k}}{2^e - 1} \tag{2.2}$$

式中，g_k 为二进制数字串的第 k 位值(基因值)。因此某个二进制数字串 s_i 可表示为

$$s_i = g_1 g_2 \cdots g_3 \tag{2.3}$$

通过编码，把变量取值范围$[a,b]$离散成 2^e 个网格点，每个网格点与二进制数字串、个体相互一一对应。

步骤 2： 初始父代个体群的随机生成（production of forerunner individuals）。设群体规模为（偶数）n 个个体，从上述 2^e 个二进制数字串中均匀随机选取 n 个串，作为 GA 的初始点，开始进化迭代。

步骤 3： 父代个体的解码（decoding）和父代个体的适应度评价（evaluation function for individual fitness）。把二进制数字串$\{s_i\}(i = 1,2,\cdots,n)$按编码策略解码成变量$\{x_i\}(i = 1,2,\cdots,n)$。定义二进制数字串的适应度函数为 $F(x) = f(x)$。把第 i 个个体 x_i 代入适应度函数，得相应的适应度函数值为 $F_i = f(x_i)$。F_i 越大则适应度越高，第 i 个个体越优秀。

步骤 4： 父代个体的概率选择（selection）。令第 i 个个体的选择概率 p_i 为

$$p_i = F_i / \sum_{j=1}^{n} F_j \tag{2.4}$$

从已有父代群体的 n 个个体中以概率 p_i 选择第 i 个个体，这样共选择 n 个个体，适应度高的个体有更多的机会保留到下一代（generation），适应度低的个体再生（reproduction）的机会少、被淘汰的概率大。可见，选择算子体现了达尔文进化论的"适者生存"、"优胜劣汰"的原则，它是 GA 的基本算子。

步骤 5： 父代个体的杂交（crossover）。由步骤 4 得到的 n 个个体两两配成 $n/2$ 对双亲。以杂交概率 p_c 选取某对双亲二进制数字串，随机选取两位置 $cs1$ 和 $cs2$，然后交换 $cs1$ 和 $cs2$ 之间的基因，产生两个子代个体，子代个体组合了父代个体的特性，见图 2-1。这种杂交算子称为两点杂交算子。杂交算子体现了基因材料交换和信息交换的思想，以实现高效搜索，它模拟了生物遗传规律，是 GA 的一个重要算子。

（父代个体 1）	1	0	**1**	0	0	（新子代个体 1）	1	0	**0**	0	0
（父代个体 2）	0	1	**0**	1	0	（新子代个体 2）	0	1	**1**	1	0
			↑						↑		

(a) $cs1 = cs2 = 3$

（父代个体 1）	1	**1**	0	**1**	0	（新子代个体 1）	1	**0**	1	**0**	0
（父代个体 2）	0	**0**	1	**0**	1	（新子代个体 2）	0	**1**	0	**1**	1
		↑		↑				↑		↑	

(b) $cs1 = 2, cs2 = 4$

（父代个体 1）	**1**	**0**	**1**	**0**	**0**	（新子代个体 1）	**0**	**1**	**0**	**1**	**1**
（父代个体 2）	**0**	**1**	**0**	**1**	**1**	（新子代个体 2）	**1**	**0**	**1**	**0**	**0**
	↑				↑		↑				↑

(c) $cs1 = 1, cs2 = 5$

图 2-1　两点杂交示意图

步骤 6：子代个体的变异(mutation)。对子代个体，以变异概率 p_m 随机地改变二进制数字串中某位的值，即将原值为1的变为0，将原值为0的变为1。同生物界一样，GA 中发生变异的概率是很低的，目前常用的取值范围是 $p_m = 0.00 \sim 0.05$[8]。变异的作用是避免在群体遗传、进化中失去一些有用的基因，保持群体中基因的多样性，它是阻止 GA 早熟收敛的一种有效措施。

步骤 7：进化迭代(evolutionary iteration)。由步骤 6 得到的 n 个子代个体作为下一轮进化过程的父代，算法转步骤 3。如此反复迭代，使群体的平均适应度值不断提高，直到得到满意的个体或达到预定的进化迭代次数，则算法终止。此时，适应度值最高的个体对应的解即为所求优化问题的解。

上述遗传算法的计算机程序流程图如图 2-2 所示。

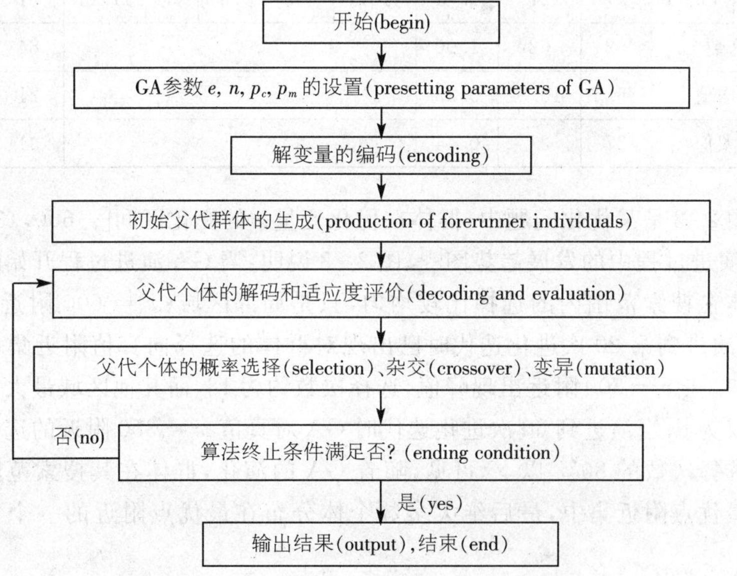

图 2-2　标准遗传算法(SGA)的计算机程序流程图

在例 2.1 的式(2.1)中现取 $a = 0$，$b = 31$，编码长度 $e = 5$，群体规模 $n = 4$，杂交概率 $p_c = 1.0$，变异概率 $p_m = 0.003$。GA 的遗传过程见表 2-2[8]。在表 2-2 中，第(1)栏是随机产生的初始群体二进制数字串；第(2)栏是与串对应的优化变量；第(3)栏是与串对应的个体适应度；第(4)栏是选择概率；第(5)栏是选择后的群体，可见原来的“00101”串由于其适应度值低而在这次选择中被淘汰，而“11011”串因其适应度值高而被选中两次；第(6)栏是随机产生的配对序号，即1与4、2与3个体相互配成双亲；第(7)栏是随机产生的两个杂交位置 $cs1$ 和 $cs2$；第(8)栏是交换 $cs1$ 和 $cs2$ 之间的基因而产生的新群体；第(9)栏是新群体对应的变量；第(10)栏是新群体的适应度，可见适应度值总和从选择前的“62”提高到选择后的“84”，最高适应度值从“27”提高到“31”。第一次进化迭代中 GA 共处理 20 个基因，没有发生变异现象。

表 2-2　SGA 的遗传过程(根据文献[8]表 1 整理、修改而得)

个体序号	初始个体串 s_i	变量 x_i	适应度 $F_i = x_i$	选择概率 p_i	选择后的个体	配对个体序号	杂交位置 $cs1$	$cs2$	新个体	变量 x_i	适应度 F_i
(0)	(1)	(2)	(3)	(4)	(5)	(6)	(7)		(8)	(9)	(10)
1	10100	20	20	0.32	10100	4	3	3	10000	16	16
2	01010	10	10	0.16	01010	3	1	5	11011	27	27
3	00101	5	5	0.08	11011	2	1	5	01010	10	10
4	11011	27	27	0.44	11011	1	3	3	11111	31	31
总数		62	62	1.00						84	84
平均值		15.5	15.5	0.25						21	21
最大值		27	27	0.44						31	31

图 2-3 是某优化问题中，群体在优化变量 x 的变化区间[−650,1350]随 SGA 演进过程中的发展趋势图[9]。图 2-3 说明：当 GA 演进过程开始时，GA 对群体在搜索范围内的选择比较均匀，只是局部区域($x = 600$ 附近)稍高些；当演进到第 20 次进化迭代时已出现对群体的选择向真值附近集中的明显趋势，在 $x = 300$ 附近出现峰值，选择次数约为 18，而其他区域最大选择次数也仅为 8；当演进到 60 次进化迭代时 GA 对真值 $x = 350$ 附近的选择已超过总选择次数的 80% 以上。可见，随着 GA 的演化，群体在其搜索范围内逐步向最优点附近集中，最后绝大多数个体分布在最优点附近的一个狭窄带上。

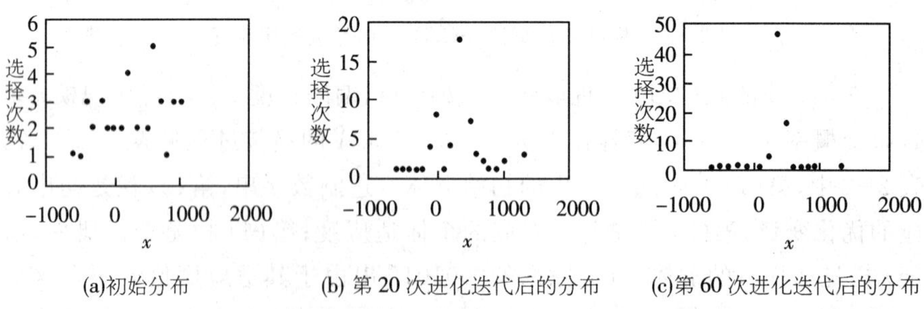

图 2-3　群体在优化变量的变化区间上的发展趋势示意图

另外，从文献[10]中图 4 至图 6 的遗传结果分布也可看出：初始群体的个体分布是基本随机的，随着进化迭代的进行，大部分个体逐渐向较优区域集中，表示遗传过程正在“优胜劣汰”，同时使得较优区域内的采样密度加强，找到最优解的概率也在增大；与此同时，在可行域的其他地方仍有个体存在，可以有效地防止陷入局部极小；经过 10 次进化迭代后大部分个体均已集中在点(0.404，638.7) 附近。

在 SGA 的实际应用中常常会遇到如下问题：① 为增强 SGA 的全局优化能力，必须扩大群体规模 n、提高杂交概率 p_c 和变异概率 p_m，以丰富群体在 SGA 演化中的多样性。但是在 SGA 中，高的 n 与少的计算量要求之间、高的 p_m 与算法收敛性要求之间存在固有的矛盾。②SGA 的算法控制参数的设置复杂，尚无简明统一的指导原则。因此很有必要对 SGA 进行改进，使改进的 GA 在全局优化能力及收敛速度这两方面较 SGA 有所改善。

研究表明，SGA 的选择算子、杂交算子的寻优功能随进化迭代次数的增加而逐渐减弱，在应用中常出现早熟收敛；SGA 的计算量大、全局优化速度慢；SGA 优化结果的精度受编码长度控制；SGA 控制参数的设置技术复杂，目前尚无好的准则指导；特别当实际问题变量的变化区间很大时，上述问题就十分突出，应用 SGA 就极为困难。针对这些问题，利用在 SGA 运行过程中搜索到的优秀个体这一子群体来逐步调整变量的搜索区间，据此可设计一种 SGA 的改进形式，称之为加速遗传算法(accelerating genetic algorithm，AGA)。

2.2.3 基于二进制编码的加速遗传算法(AGA)[11,6]

1. AGA 的计算步骤

不失一般性，现以模型的参数优化问题为例说明 AGA 的完整步骤：

$$\min f = \sum_{i=1}^{m} \left\| F(\boldsymbol{C},\boldsymbol{X}_i) - \boldsymbol{Y}_i \right\|^q \tag{2.5}$$

$$\text{s.t.} \quad a_j \leqslant c_j \leqslant b_j \quad (j = 1,2,\cdots,p)$$

式中，$\boldsymbol{C} = \{c_j\}$ 为模型 p 个待优化参数(优化变量)；$[a_j, b_j]$ 为 c_j 的初始变化区间(搜索区间)；$\boldsymbol{X}$ 为模型 N 维输入向量；$\boldsymbol{Y}$ 为模型 M 维输出向量；F 为一般非线性模型，即 $F: R^N \to R^M$；$\{(X_i, Y_i) \mid i = 1,2,\cdots,m\}$ 为模型输入、输出 m 对观测数据；$\| \ \|$ 为取范数；q 为实常数，如当 q 为 1 时为最小一乘准则，为 2 时为最小二乘准则，等等，可视实际建模要求而定；f 为优化准则函数。加速遗传算法包括如下 8 个步骤。

步骤 1：变量初始变化空间的离散和二进制编码。研究表明，采用二进制编码时，杂交操作的搜索能力比十进制编码时的搜索能力强，而且随着群体规模的扩大，这种差别就越明显，因此，这里决定采用二进制编码。设编码长

度为 e，把每个变量的初始变化区间 $[a_j, b_j]$ 等分成 2^e-1 个子区间，则

$$c_j = a_j + I_j \cdot d_j \quad (j = 1, 2, \cdots, p) \tag{2.6}$$

式中，子区间长度 $d_j = (b_j - a_j)/(2^e - 1)$ 是常数，它决定了 GA 的解的精度；搜索步数 I_j 为小于 2^e 的任意十进制非负整数，是变数。

经过编码，变量的搜索空间离散成 $(2^e)^p$ 个网格点。GA 中称每个网格点为个体，它对应 p 个变量的一种可能取值状态，并用 p 个 e 位二进制数 $\{ia(j, k) \mid j = 1, 2, \cdots, p; k = 1, 2, \cdots, e\}$ 表示：

$$I_j = \sum_{k=1}^{e} ia(j, k) \cdot 2^{k-1} \quad (j = 1, 2, \cdots, p) \tag{2.7}$$

这样，通过式(2.6)、式(2.7)的编码，p 个变量 c_j 的取值状态、网格点、个体、p 个二进制数 $\{ia(j, k)\}$ 之间建立了一一对应的关系。可见，优化变量的变化区间及编码长度决定了模型参数实际搜索空间的大小。GA 的直接操作对象是这些二进制数。

步骤 2： 初始父代群体的随机生成。设群体规模大小为 n，从上述 $(2^e)^p$ 个网格点中均匀随机选取 n 个点作为初始父代群体，也即生成 n 组 $[0, 1]$ 区间上的均匀随机数(以下简称随机数)，每组有 p 个，即 $\{u(j, i) \mid j = 1, 2, \cdots, p; i = 1, 2, \cdots, n\}$，这些随机数经下式转换得到相应的随机搜索步数

$$I_j(i) = \mathrm{INT}(u(j, i) \cdot 2^e) \quad (j = 1, 2, \cdots, p; i = 1, 2, \cdots, n) \tag{2.8}$$

式中，$\mathrm{INT}(\cdot)$ 为取整函数，显然有 $I_j(i) < 2^e$。这些随机搜索步数 $\{I_j(i)\}$ 由式(2.7) 对应二进制数 $\{ia(j, k, i) \mid j = 1, 2, \cdots, p; k = 1, 2, \cdots, e; i = 1, 2, \cdots, n\}$，又由式(2.6) 与 n 组优化变量 $\{c_j(i) \mid j = 1, 2, \cdots, p; i = 1, 2, \cdots, n\}$ 一一对应，并把它们作为初始父代个体。换言之，优化变量 $\{c_j(i)\}$ 与二进制数 $\{ia(j, k, i)\}$ 之间的对应关系，是通过整数 $\{I_j(i)\}$ 这一中介实现的：$\{c_j(i)\} \sim \{I_j(i)\} \sim \{ia(j, k, i)\}$。

步骤 3： 二进制数的解码和父代个体适应度的评价。把父代个体编码串 $ia(j, k, i)$ 经式(2.7) 和式(2.6) 解码成优化变量 $c_j(i)$，把后者代入式(2.5) 得到相应的优化准则函数值 f_i。f_i 值越小表示该个体的适应度值越高，反之亦然。把 $\{f_i \mid i = 1, 2, \cdots, n\}$ 按从小到大排序，对应的变量 $\{c_j(i)\}$ 和二进制数 $\{ia(j, k, i)\}$ 也跟着排序，为简便起见，这些记号仍沿用。称排序后最前面几个个体为优秀个体(superior individuals)。定义排序后的第 i 个父代个体的适应度函数值为

$$F_i = \frac{1}{f_i^2 + 0.001} \quad (i = 1, 2, \cdots, n) \tag{2.9}$$

式中，分母中“0.001”是经验设置的，以避免 f_i 为0的情况；f_i^2 是为了增强各个体适应度值的差异。

步骤4：父代个体的概率选择。取比例选择方式，则个体 i 的选择概率为

$$p'_i = \frac{F_i}{\sum_{i=1}^{n}} = \frac{\frac{1}{f_i^2 + 0.001}}{\sum_{i=1}^{n} \frac{1}{f_i^2 + 0.001}} \quad (i = 1,2,\cdots,n) \tag{2.10}$$

令 $p_i = \sum_{k=1}^{i} p'_k$，$(i = 1,2,\cdots,n)$，则序列 $\{p_i \mid i = 1,2,\cdots,n\}$ 把 $[0,1]$ 区间分成 n 个子区间，并与 n 个父代个体一一对应。

生成 n 个随机数 $\{u(k) \mid k = 1,2,\cdots,n\}$。若 $u(k) \in (p_{i-1}, p_i]$，则第 i 个个体被选中，其二进制数记为 $ia1(j,k,i)$。同理可得另外的 n 个父代个体 $\{ia2(j,k,i)\}$。这样从原父代群体中以概率 p'_i 选择第 i 个个体，共选择两组各 n 个个体。

步骤5：父代个体的杂交。由于杂交概率 p_c 控制杂交算子应用的频率，在每代新群体中，有 np_c 对串进行杂交，p_c 越高，群体中串的更新就越快，GA搜索新区域的机会就越大，因此这里 p_c 取定为1.0。目前普遍认为两点杂交方式优于单点杂交方式，因此这里决定采用两点杂交。由步骤4得到的两组父代个体随机两两配对，成为 n 对双亲。先生成2个随机数 $U1$ 和 $U2$，再转成十进制整数：$IU1 = \mathrm{INT}(1+U1 \cdot e)$，$IU2 = \mathrm{INT}(1+U2 \cdot e)$。设 $IU1 \leqslant IU2$，否则交换其值。第 i 对双亲 $ia1(j,k,i)$ 和 $ia2(j,k,i)$ 的两点杂交，是指将它们的二进制数串中第 $IU1$ 位至第 $IU2$ 位的数字段相互交换，生成两个子代个体：

$$i'a1(j,k,i) = \begin{cases} ia2(j,k,i)，当 k \in [IU1, IU2] \\ ia1(j,k,i)，当 k \notin [IU1, IU2] \end{cases} \tag{2.11}$$

$$i'a2(j,k,i) = \begin{cases} ia1(j,k,i)，当 k \in [IU1, IU2] \\ ia2(j,k,i)，当 k \notin [IU1, IU2] \end{cases} \tag{2.12}$$

$$(j = 1,2,\cdots,p; k = 1,2,\cdots,e; i = 1,2,\cdots,n)$$

步骤6：子代个体的变异。这里采用两点变异，因为它与单点变异相比更有助于增强群体的多样性。生成4个随机数 $U1 \sim U4$。若 $U1 \leqslant 0.5$ 时子代取式(2.11)，否则取式(2.12)，得到 n 个子代，记其二进制数为 $\{ia(j,k,i)\}$。把 $U2$，$U3$ 转化成不大于 e 的整数：

$$IU1 = \mathrm{INT}(1 + U2 \cdot e) \tag{2.13}$$

$$IU1 = \mathrm{INT}(1 + U3 \cdot e) \tag{2.14}$$

变异率 p_m 为子代个体发生变异的概率。子代个体 $ia(j,k,i)$ 的两点变异，即如下变换

$$ia(j,k,i) = \begin{cases} \text{当 } U4 \leqslant p_m \text{ 且 } k \in \{IU1, IU2\} \text{ 时，原 } k \text{ 位值为 1 时变为 0，} \\ \text{原 } k \text{ 位值为 0 时变为 1，} \\ \text{其他情况值不变} \end{cases} \tag{2.15}$$

步骤 6 中利用随机数 $U1$ 以 0.5 的概率选取杂交后生成的两个子代个体之间的任一个，利用 $U2$ 和 $U3$ 来随机选取子代个体串中将发生变异的两个位置，利用 $U4$ 来控制子代个体发生变异的可能性。

步骤 7: 进化迭代。由步骤 6 得到的 n 个子代个体作为新的父代，算法转入步骤 3，进入下一次进化过程，如此循环往复，优秀个体将逼近最优点。

以上 7 个步骤构成标准遗传算法(SGA)。

步骤 8: 加速循环。根据 SGA 各算子的寻优性能和大量的数值实验与实际应用，可用第一次、第二次进化迭代所产生的优秀个体的变量变化空间，作为变量新的初始变化区间，算法转入步骤 1，重新运行 SGA，如此加速循环，直到最优个体的优化准则函数值小于某一设定值或算法运行达到预定加速循环次数，结束整个算法的运行。此时就把当前群体中最佳个体或某个优秀个体指定为 AGA 的结果。以上 8 步构成 AGA。

2. AGA 控制参数的设置

AGA 的控制参数包括二进制数编码长度 e、群体规模 n、优秀个体数目 s 和变异率 p_m，必须对它们进行适当的设置才能保障 AGA 运行的最优性能。为便于分析，现取实验问题为

$$\min f = \sum_{i=1}^{30} \left| c_1 + c_2 x_i + c_3 x_i^2 - y_i \right| \tag{2.16}$$

式中，输入、输出数据为

$$\{(x_i,\ y_i) \mid x_i = i;\ y_i = 1 + 2x_i + 3x_i^2;\ i = 1 \sim 30\} \tag{2.17}$$

式中，变量 c_1，c_2 和 c_3 的初始变化区间分别为[－10,10]、[－20,20] 和[－30,30]，该问题的理论最优点为 $c^* = \{1,2,3\}$。

下面对 AGA 的控制参数分别作一阐述。

(1) 关于编码长度 e。在 SGA 中，e 值越大，则解的精度越高，算法的计算量越大，反之亦然。而在 AGA 中，随着 AGA 的运行，变量的变化空间的网格

自动分细(称之为 AGA 的隐式动态编码),解的精度自动提高,精度不受 e 值控制。经验表明 e 一般可取定 10。

(2) 关于变异率 p_m。p_m 反映了个体向其他个体网格点随机变迁的概率。由于 AGA 保证了算法的收敛性(证明见 2.2.3 小节),p_m 越大,搜索区域越大,寻优效率越高,越有利于克服早熟收敛。对实验问题 p_m 分别取 0.0,0.5 和 1.0 的情况,AGA 加速循环 19 次时所得最佳个体的优化准则值(这里简称 f_1 值)分别为 0.204,0.065 和 0.021,前者出现早熟收敛。大量的数值试验表明[5],一般 p_m 可取定 1.0。

(3) 关于群体规模 n 和优秀个体数目 s。由式(2.9)可知,n 个父代个体是按选择概率,从 $(2^e)^p$ 个变量空间网格点中的一个随机抽样,n 太小则由于群体对搜索空间大部分的超平面只给出了不充分的采样点,群体的代表性不足,显然不能充分探测到优化准则函数在最优点附近的足够信息,因此所得到的结果一般不佳。大的群体可更好地代表优化准则函数在搜索空间上的变化特性,也大大增强了基于二进制编码的杂交操作的搜索能力,从而可以阻止早熟收敛。对实验问题 $s=10$ 的情况,当 $n=100$ 时 AGA 加速循环 30 次后 f_1 值早熟收敛于 12.13,而当 $n=300$ 时则全局收敛,这说明 n 取 100 太小。

在 n 一定时,s 越大,优秀个体包围、接近最优点的机会就越大,但 AGA 的收敛速度越慢。对实验问题 n 取 300 的情况,当 s 取 5 时 AGA 加速循环 20 次后 f_1 值早熟收敛于 0.0004,当 s 取 10 时则全局收敛,而当 s 取更大值时 AGA 收敛变慢。随着 n 增大而 s 仍维持较小值不变时,优秀个体子群占群体的比例将越来越小,使得优秀个体没有足够的信息量来反映优化准则函数在最优点附近的变化特性,从而使优秀个体包围、接近最优点的机会减少。对实验问题 n 取 500 的情况,当 s 取 10 时 AGA 加速循环 30 次后 f_1 值早熟收敛于 0.94,当 s 取 30 时则 AGA 全局收敛。另外,AGA 的计算量与 n^2、s^2 都成正比,故 n、s 又不能取得很大。

SGA 在处理变量的搜索空间很大问题时,它的计算量很大,而且它的算法控制参数的设置技术也趋于复杂化。AGA 利用进化迭代过程中产生的优秀个体所包含的优化准则函数在最优点附近各变量方向的变化特性的信息,来调整变量变化区间的大小,使 AGA 同时在 p 个变量方向寻优且收敛。只要优秀个体数目 s 与群体规模 n 配置合理,就可望能增强 AGA 对实际优化问题变量变化区间的大小变化的适应能力。经大量类似上述的数值实验和实际优化问题的应用,笔者初步认为 n 和 s 的配置应满足如下经验关系

$$s/n > n/(e \cdot 2^e) \tag{2.18}$$

式中，e 为二进制数编码长度，一般取定 10。在实际应用 AGA 时，建议 n 取 300 以上，s 相应取 10 以上，参见表 2-3。

表 2-3　AGA 的父代个体数目 n，优秀个体数目 s 的常用配置　($e=10$)

n	s	s/n	$n/(e\cdot 2^e)$
300	10	0.033	0.029
400	20	0.050	0.039
500	30	0.060	0.049

3. AGA 的理论分析

(1) AGA 的收敛性分析。

定理 2.1　AGA 是依概率 1 收敛的。

证明：不失一般性，设式(2.5)的问题为单变量优化问题，优化变量的搜索区间(初始变化区间)$[a^0,b^0]$为已知。则由 AGA 的原理可知，对第 t 次加速循环时优化变量的搜索区间$[a^t,b^t]$：$0\leqslant b^t-a^t\leqslant b^{t-1}-a^{t-1}$，$t=1,2,\cdots,n$。也即 $0\leqslant(b^t-a^t)/(b^{t-1}-a^{t-1})=k_{t-1}\leqslant 1$，并且取"="号的概率很小。因

$$\text{当 } T\to\infty \text{ 时有} \prod_{t=1}^{T} k_{t-1}\to 0\quad(\text{依概率 } 1)$$

所以

$$0\leqslant b^t-a^t\leqslant \prod_{t=1}^{T} k_{t-1}(b^0-a^0)\to 0\quad(\text{依概率 } 1)$$

因此 AGA 是依概率 1 收敛的。

(2) AGA 的全局优化性能分析。

可以从 AGA 与其他用压缩解空间的方式对 SGA 的改进方案的对比和 AGA 控制参数的设置来分析 AGA 的全局优化性能。

优化变量(解)搜索空间(范围)的大小变化影响 SGA 的收敛速度和计算结果。范围越大，寻优时间越长，且初始解不易分散到整个解空间，对寻优结果有影响。SGA 在经过多次选择、杂交、变异等进化迭代过程后，群体往往会向着一个或少数几个方向移动，这暗示着最优解的趋向和分布所在，此时适当压缩 SGA 搜索区域就可避免后续 SGA 仍在整个解空间中搜索，以致做大量无用功。目前已提出的压缩解空间的方法有以下几种：① 当优化问题为混合离散或离散优化问题时，将混合负次梯度方向作为压缩方向[12]；② 将群体各个个体组合在一起构成一个多面体，求得多面体中除最差个体以外的所有个体的几何中心，以该中心与最差个体的连线方向为压缩方向[13]；③ 利用群体单个最佳个体构造压缩解空间，例如石琳珂根据解空间中当前最优个体与真值邻域(指以真值为中心，以真值到离搜索范围最近的那个端点之间的距离为半径的区域)的相互关系来逐步缩小 GA 的搜索范围[9]。该法所

采用的判别当前最优个体进入真值邻域的标志和每次压缩后的进化迭代次数都是定性的、经验性的。此外，该法对多峰问题还没有给予足够的考虑。所有这些问题有待进一步研究。又例如何耀华等研究了在GA演化过程中利用当前群体中最佳个体进行搜索区域压缩，以加快进化过程，但在满足什么条件时进行区域压缩则很难把握[14]。上述这些压缩搜索范围的方法都是仅用当前群体中单个最差个体或最佳个体来压缩搜索范围的，因而存在局部最优问题；而AGA是用优秀个体这一子群体来调整搜索范围的，显然AGA的全局优化更具有稳健性。

实际上，AGA在控制参数设置中采用了许多措施来增强它的全局优化性能。杂交概率 p_c 控制着杂交算子的作用频率，它决定了个体的更新能力和AGA在解空间中的搜索能力。如果 p_c 较高，可以使群体中个体更新速度加快，算法在解空间中探索新区域的能力提高，因此在AGA中取 p_c 为最大(1.0)，同时采用两点杂交方式。变异是增加群体多样性的搜索算子，它可以使群体在进化过程中所丢失的某些基因位信息予以恢复。如果变异率 p_m 过低，群体在进化过程中产生新个体的速度减慢，搜索会由于小的探查率而可能停滞不前，一定的 p_m 可以防止由于群体中所有个体的某一基因位收敛于相同基因码而导致的搜索过程被限制在解空间的某个仿射子空间上。p_m 越大，搜索区域越大，优秀个体包围、接近全局最优点的机会也越大，越有利于克服早熟收敛。因此在AGA中取 p_m 为最大(1.0)，同时采用两点变异方式。但为避免 p_c，p_m 过高时群体进化过程中高性能的个体被破坏的速度太快，兼顾算法的收敛速度，AGA采用较少的进化迭代次数(只取2次)这一策略。

显然，优秀个体包围最优值的概率决定了AGA的全局优化性能，对此试作初步的理论分析。假定SGA在每次进化迭代中产生的 s 个优秀个体随机分布在最优点附近，且这种分布是均匀的(称之为理想情况)，则在单变量优化问题和AGA加速循环一次(SGA进化迭代2次)的情况下，这 $2s$ 个优秀个体包围最优点的概率为 $1-0.5^{2s}$。根据我们的研究，s 一般取10以上，则上述概率值大于0.999999046。同理可得，在 p 个优化变量的问题和AGA加速循环 q 次的情况下，优秀个体包围最优点的概率 P_{op} 为 $(1-0.5^{2s})^{pq}$，参见表2-4。可见AGA在逐步压缩搜索空间时一般有很大概率包围最优点。

表2-4　AGA优秀个体包围最优点的概率 P_{op}(理想情况)

优化变量数目 p	加速循环次数 q	P_{op}
10	20	0.999 8
20	20	0.999 6
50	20	0.999 0

(3)AGA 的适用性分析

迄今为止，尚不存在最好的优化方法。解全局最优化的大部分搜索方法是根据已有的信息，利用启发式搜索来产生尽可能好的探测点。在 AGA 研究中，主要目标之一就是使设计的算法是稳健的，即广泛适用于多种问题。AGA采用的二进制编码方法几乎可以对任何问题进行编码，能够把AGA处理的模式数目增加到最大限度；同时它采用了隐式动态编码方式，即随着AGA 的运行，搜索区间的网格点自动分细，因而 AGA 的解的精度不再受二进制编码长度的控制，所以它适用于实变量优化问题、连续或离散混合优化问题。数值实验的结果说明，AGA 对优化变量搜索空间的大小变化具有适应性，表现为对适应度函数值越敏感的优化变量，它的搜索空间被压缩得越快(在式(2.16)中，按 c_1,c_2,c_3 次序，它们对适应度函数值越来越敏感。AGA 的计算量少，在每次加速循环中 AGA 只进行两次进化迭代。AGA 控制参数的设置技术较为确定、简便。AGA 的遗传算子不需要关于搜索区域的任何知识。由此可见，AGA 的适用性是很强的。

4. AGA 的算法测试

例 2.2 求 Rosenbrock 函数[15]

$$F(x_1,x_2)=100(x_1^2-x_2)^2+(1+x)^2 \tag{2.19}$$

的极小点。该函数在点(1,1)处有全局极小值 0。用常规的基于梯度的方法求它的极小点是十分困难的。在该函数曲面上沿着曲线 $x_2=x_i^2$ 有一条较为狭窄的山谷，基于梯度的优化方法通常依靠步长来搜索，当搜索到山谷边缘时，由于每次迭代的步长大于山谷的宽度，因此搜索将会在山谷周围发生振荡。

现用 AGA 来处理。显然，Rosenbrock 函数就是 AGA 的优化准则函数。AGA 的父代个体数目、优秀个体数目分别取 300 和 20，变量 x_1,x_2 的初始变化范围分别设置为[−2,2]和[−2,2]，用 AGA 加速寻优 50 次，搜索过程参见表 2-5。表 2-6 给出了在第 50 次加速过程中两次进化迭代得到的前 5 个优秀个体，其中最优个体的函数值为 0.000001，以 10^{-6} 的精度逼近该函数的理论极小值。文献[15]使用进化规划算法，在进化 100 代之内以 10^{-4} 的精度逼近该函数的理论极小值。可见，AGA 的寻优效率和优化精度都令人满意。

表 2-5　用 AGA 处理 Rosenbrock 函数优化问题

加速次数	优秀个体的变化区间		最小函数值
	x_1	x_2	
1	[−2.000000,2.000000]	[−2.000000,2.000000]	0.973716
10	[0.754241,1.120611]	[0.563847,1.233484]	0.003613
30	[0.967235,1.027218]	[0.937586,1.052337]	0.000008
50	[0.995028,.004138]	[0.989667,1.007527]	0.000001

表 2-6　AGA 第 50 次加速寻优过程中的优秀个体

进化迭代次数	x_1	x_2	函数值
1	0.999329	0.998746	0.000001
1	1.001208	1.002447	0.000002
1	0.999302	0.998501	0.000002
1	0.999605	0.999077	0.000002
1	1.001804	1.003599	0.000003
2	1.000656	1.001452	0.000002
2	1.000620	1.001050	0.000004
2	0.999 783	0.999269	0.000009
2	0.999578	0.998 728	0.000019
2	0.999917	1.000 265	0.000019

例 2.3　求函数

$$F(x_1,x_2)=x_1^2+2x_2^2-0.3\cos 3\pi x_1-0.4\cos 4\pi x_2+0.7 \quad (2.20)$$

的极小点。该函数有多个局部极小点，在原点(0,0) 处有全局极小值 0。当点离原点较近时，函数中的余弦函数项占主导地位。该函数曲面上布满小丘和山谷，用基于梯度的寻优方法很难找到全局极小值，即使采用自适应步长技术也很可能陷入局部极小值。

现用 AGA 来处理该问题。取式(2.20) 的函数为 AGA 的优化准则函数。AGA 的父代个体数目、优秀个体数目、变量 x_1，x_2 的初始变化范围的设置同例 2.2，用 AGA 加速寻优 10 次，搜索过程参见表 2-7。表 2-8 给出了第 10 次加速寻优过程中两次进化迭代得到的前 5 个优秀个体，其中最优个体的函数值为 0.000000，以 10^{-6} 的精度逼近该函数的理论极小值。文献[15] 使用进化规划算法在进化 100 代之内也以 10^{-6} 的精度逼近该函数的理论极小值。

表 2-7　用 AGA 处理式(2.26) 的函数优化问题

加速次数	优秀个体的变化区间 x_1	优秀个体的变化区间 x_2	最小函数值
1	[−2.000000,2.000000]	[−2.000000,2.000000]	0.413072
3	[−0.618221 ,0.160005]	[−0.466531,0.480829]	0.011630
5	[−0.029919,0.034142]	[−0.023736,0.021235]	0.000102
10	[−0.000137,0.000090]	[−0.000092,0.000057]	0.000000

第二章　预测与评价的智能化方法

表 2-8　AGA 第 10 次加速寻优过程中的优秀个体

进化迭代次数	x_1	x_2	函数值
1	0.000006	0.000006	0.000000
1	−0.000009	0.000005	0.000000
1	−0.000009	0.000007	0.000000
1	0.000024	−0.000001	0.000000
1	−0.000024	−0.000009	0.000000
2	−0.000002	−0.000006	0.000000
2	−0.000002	−0.000006	0.000000
2	0.000001	0.000006	0.000000
2	−0.000007	−0.000008	0.000000
2	0.000012	−0.000007	0.000000

由于 AGA 的进化层次是二进制个体串中的基因，对大规模的优化问题，AGA 的计算量仍较大，运行速度较慢。为此，可应用 AGA 的计算原理，只是把编码形式改为实数编码，可形成一种 SGA 的改进算法，称之为基于实数编码的加速遗传算法（real coding based accelerating genetic algorithm, RAGA）[16]。

2.2.4　基于实数编码的加速遗传算法（RAGA）[16]

1. RAGA 的计算步骤

设一般优化问题为如下最小化问题

$$\left.\begin{aligned} &\min f(x) \\ &a(j) \leqslant x(j) \leqslant b(j) \end{aligned}\right\} \tag{2.21}$$

式中，$x = \{x(j)\}$ 为优化变量集，$[a(j), b(j)]$ 为 $x(j)$ 的变化区间，p 为优化变量数目，f 为目标函数（为便于定义后面的适应度函数，假设其值为非负）。RAGA 包括如下 8 个步骤。

步骤 1： 编码。SGA 一般使用二进制编码，需要频繁的编码和解码，计算量大，而且只能产生有限的离散点阵，还可能产生额外的最优点。基于此，这里采用实数编码，即利用如下线性变换

$$x(j) = a(j) + y(j)b(j) - a(j) \quad (j = 1, 2, \cdots, p) \tag{2.22}$$

把初始变化区间为$[a(j), b(j)]$区间的第 j 个优化变量 $x(j)$ 对应到$[0,1]$区

间上的实数 $y(j)$，在 GA 中称 $y(j)$ 为基因。优化问题所有变量对应的基因依次连在一起构成问题解（点）的编码形式（$y(1), y(2), \cdots, y(p)$），称之为染色体或个体。经过编码，所有优化变量的取值范围都统一为[0,1]区间，RAGA 直接对各优化变量的基因形式进行各种遗传操作。

步骤 2: 父代群体的初始化。设群体规模为 n。生成 n 组[0,1]区间上的均匀随机数（以下简称随机数），每组有 p 个，即 $\{u(j,i)\}(j=1,2,\cdots,p;i=1,2,\cdots,n$，下同)，把各 $u(j,i)$ 作为初始群体的父代个体值 $y(j,i)$。把 $y(j,i)$ 代入式(2.22)得优化变量值 $x(j,i)$，再经式(2.21)得到相应的目标函数值 $f(i)$。把 $\{f(i)\}(i=1,2,\cdots,n)$ 按从小到大排序，对应的个体 $\{y(j,i)\}$ 也跟着排序，为简便起见，这些记号仍沿用。称排序后最前面几个个体为优秀个体。

步骤 3: 父代群体的适应度评价。目标函数值 $f(i)$ 值越小，表示该个体的适应度值越高，反之亦然。基于此，定义排序后第 i 个父代个体的适应度函数值 $F(i)$ 为

$$F(i)=1/(f(i)\times f(i)+0.001) \tag{2.23}$$

式中，分母中"0.001"是经验设置的，以避免出现 $f(i)$ 值为 0 的情况。

步骤 4: 进行选择操作产生第 1 个子代群体 $\{y_1(j,i)\mid j=1,2,\cdots,p;i=1,2,\cdots,n\}$。取比例选择方式，则父代个体 $y(j,i)$ 的选择概率 $p_s(i)$ 为

$$p_s(i)=F(i)/\sum_{i=1}^{n}F(i) \tag{2.24}$$

令 $p(i)=\sum_{k=1}^{i}p_s(k)$，则序列 $\{p(i)\mid i=1,2,\cdots,n\}$ 把[0,1]区间分成 n 个子区间，这些子区间与 n 个父代个体一一对应。

生成 $n-5$ 个随机数 $\{u(k)\mid k=1,2,\cdots,n-5\}$，若 $u(k)$ 在 $(p(i-1), p(i)]$ 中，则第 i 个个体 $y(j,i)$ 被选中，即 $y_1(j,k)=y(j,i)$。这样从父代群体 $\{y(j,i)\}$ 中以概率 $p_s(i)$ 选择第 i 个个体，共选择 $n-5$ 个个体。为增强 RAGA 进行持续全局优化搜索的能力，这里把最优秀的 5 个父代个体直接加进子代群体中，即进行移民操作：$y_1(j,n-5+i)=y(j,i), i=1\sim5$。

步骤 5: 进行杂交操作产生第 2 个子代群体 $\{y_2(j,i)\mid j=1,2,\cdots,p;i=1,2,\cdots,n\}$。SGA 的杂交操作是将一对父代双亲染色体链随机地分为几段，然后相互交换而成的。根据分段方法的不同，形成了所谓单点、双点、多点或均匀等杂交方法。杂交的目的是寻找父代双亲已有的但未能合理利用的基因信息。对于这里的实数编码系统，一个基因表示一个优化变量。为保持群体的多样性，本文采用的杂交操作是：根据式(2.24)的选择概率随机选择一

对父代个体 $y(j,i_1)$ 和 $y(j,i_2)$ 作为双亲，并进行如下随机线性组合，产生一个子代个体 $y_2(j,i)$：

$$\left.\begin{aligned} y_2(j,i) &= u_1 y(j,i_1) + (1-u_1)y(j,i_2), u_3 < 0.5 \\ y_2(j,i) &= u_2 y(j,i_1) + (1-u_1)y(j,i_2), u_3 < 0.5 \end{aligned}\right\} \tag{2.25}$$

式中，u_1，u_2，u_3都是随机数。通过这样的杂交操作，共产生 n 个子代个体。

步骤 6：进行变异操作产生第 3 个子代群体$\{y_3(j,i) \mid j = 1,2,\cdots,p; i = 1,2,\cdots,n\}$。SGA 的变异操作就是，对每个父代个体的染色体上的任意 1 位或任意 2 位的基因值以一小概率 p_m（称之为变异概率）进行翻转（0 变成 1 或 1 变成 0）。变异操作的目的是为了引进新的基因，增强群体的多样性。在 RAGA 中，任意一个父代个体 $y(j,i)$，若其适应度函数值 $F(i)$ 越小，即其选择概率 $p_s(i)$ 越小，则对该个体进行变异的概率 $p_m(i)$ 应越大。因此 RAGA 的变异操作是，采用 p 个随机数以 $p_m(i) = 1 - p_s(i)$ 的概率来代替个体 $y(j,i)$，从而得到子代个体 $y_3(j,i)$，$j = 1,2,\cdots,p$。也即：

$$\left.\begin{aligned} y_3(j,i) &= u(j), u_m < p_m(i) \\ y_3(j,i) &= y(j), u_m < p_m(i) \end{aligned}\right\} \tag{2.26}$$

式中，$u(j)$ $(j = 1,2,\cdots,p)$ 和 u_m 均为随机数。

步骤 7：演化迭代。由前面的步骤 4 ～ 步骤 6 得到的 $3n$ 个子代个体，按其适应度函数值从大到小进行排序，取排在最前面的 n 个子代个体作为新的父代群体。算法转入步骤 3，进入下一轮演化过程，重新对父代群体进行评价、选择、杂交和变异，如此反复演化。

步骤 8：加速循环。根据对 GA 的选择、杂交、变异这三种算子的寻优性能的分析和大量的数值实验与实际应用，这里提出用第一次、第二次演化迭代所产生的优秀个体这一子群体所对应的变量变化区间，作为变量新的初始变化区间，RAGA 算法转入步骤 1。如此加速循环，优秀个体的变化区间将逐步调整和收缩，与最优点的距离将越来越近，直至最优个体的目标函数值小于某一设定值或算法运行达到预定加速（循环）次数，结束整个算法的运行，并把当前群体中最佳个体或优秀个体的平均值指定为 RAGA 的结果。以上 8 个步骤构成 RAGA 的完整算法。

2. RAGA 的理论分析

与 AGA 一样，RAGA 也是利用优秀个体这一子群体来调整搜索范围的，RAGA 的全局优化也是稳健的；在 p 个优化变量的问题和 RAGA 加速循环 q 次的情况下，优秀个体包围最优点的概率 P_{op} 为$(1-0.5^{2s})^{pq}$；RAGA 也是依概率 1 收敛的；为了平衡群体规模与算法的收敛速度之间的矛盾，

RAGA 也采用较少演化迭代次数(2 次)这一策略。

此外,SGA 的选择、杂交、变异操作一般是依次串行进行的,后面的遗传操作将可能改变或丢失前面的遗传操作所搜索到的信息,而 RAGA 在步骤 4 至步骤 7 中的选择、杂交、变异操作是并行进行的。因此从整体上看 RAGA 实际搜索的范围比 SGA 的广,得到全局最优点的机会也比 SGA 大。RAGA 利用步骤 8 的加速循环来逐步调整、缩小优化变量的寻优区间,解的精度随着 RAGA 的运行而可望得到逐步提高。

RAGA 算法的控制参数只有群体规模 n 和优秀个体数目 s,它们的不同取值会对 RAGA 的寻优性能产生一定的影响。根据大量数值实验和实际应用,笔者初步认为 n、s 的配置应满足如下经验关系:

$$s/n > 6\% \tag{2.27}$$

在应用时,建议 n 取 300 以上,s 相应取 20 以上。(n,s) 的常用配置有(300,20),(400,25) 和(500,30)。可见,RAGA 的群体规模在一般情况下明显大于 SGA 的群体规模(一般取 10 ~ 160 之间[17])增强了 RAGA 群体的多样性和代表性,从而从根本上提高了 RAGA 的全局优化性能。

3. RAGA 的算法测试

例 2.4 求二元函数

$$f(x,y) = \sin^2 3\pi x + (x-1)^2(1+\sin^2 3\pi y) + (y-1)^2(1+\sin^2 3\pi y) \tag{2.28}$$

x,y 在[-10,10]区间内的最小值问题,它有 900 个局部最小点[18]。在群体规模为 300、优秀个体数目为 20 的情况下,RAGA 加速循环 7 次就得到最小目标函数值为 0.000 000 的结果,参见表 2-9。

表 2-9 用 RAGA 求例 2.4 的最小值

加速次数	优秀个体的变化区间		最小函数值
	x	y	
1	[-10.000000, 10.000000]	[-10.000000 ,10.000000]	0.032477
7	[0.995994 , 1.004314]	[0.963934,1.034093]	0.000000
RAGA 估计	0.999989	0.999400	0.000000

例 2.5 求 Rastrigin 函数

$$f = \sum_{i=1}^{n}[x(i)\cdot x(i) - \cos 18x(i)] \tag{2.29}$$

$x(i)$ 在[−1,1]区间内的最小值问题[18]，它有 7^n 个局部最小点，其全局最小值为 $f=-n$，最小点为 $x(i)=0, i=1,2,\cdots,n$。在变量个数 $n=5$、存在 16807 个局部最小点的情况下，取群体规模为 300、优秀个体数目为 20，RAGA 加速循环 30 次得到最小目标函数值为 −5.000000 的结果，参见表 2-10。

表 2-10　用 RAGA 求例 2.5 的最小值

加速次数	优秀个体的变化区间					最小函数值 $f(1)$
	$x(1)$	$x(2)$	$x(3)$	$x(4)$	$x(5)$	
1	[−1.000, 1.000]	[−1.000, 1.000]	[−1.000, 1.000]	[−1.000, 1.000]	[−1.000, 1.000]	−3.293257
15	[−0.291, 0.213]	[−0.284, 0.175]	[−0.315, 0.026]	[−0.054, 0.037]	[−0.055, 0.325]	−4.607539
30	[0.000, 0.000]	[0.000, 0.000]	[0.000, 0.000]	[0.000, 0.000]	[0.000, 0.000]	−5.000000
RAGA 估计	0.0000	0.0000	0.0000	0.0000	0.0000	−5.000000

例 2.4 和例 2.5 的计算结果说明：①RAGA 具有处理复杂优化问题的能力，即使问题存在许多局部最优点也无妨。②RAGA 调整、压缩搜索区间的性能是稳健的，不易产生早熟收敛。例 2.5 在加速循环 30 次时，RAGA 仍能进行持续而有效的全局搜索。③RAGA 的加速循环次数一般在 10 次（相当于 SGA 20 次演化迭代）以下，对特别复杂的问题一般也在 50 次以内，因此 RAGA 的计算量很少。例如 RAGA 在解 Rosenbrock 函数最小值问题时加速循环了 41 次就得到最小目标函数值为 0.000000，而文献[15]使用进化规划方法，经 100 代进化才得到最小目标函数值为 0.0000 的结果。④RAGA 能得到高精度的解。

2.3　BP 神经网络方法[3-6]

2.3.1　BP 网络的基本概念

神经生理学和神经解剖学的研究证明，人的思维是通过人脑完成的，神经元是组成人脑的最基本单元，人脑的神经元大约有 $10^{10}\sim10^{12}$ 个。一个典型的神经元通过许多称为树突的精细结构收集来自其他神经元的信息，神经元又通过称为轴突的一条长而细的索发出电活性脉冲，轴突分裂成数千条分支，在每条分支末端，称为突触的结构把来自轴突的电活性变为电作用，从而抑制或兴奋相连的各神经元中的活性[19]。当一个神经元收到兴奋输入，而兴奋输入又比神经元的抑制输入足够大时，神经元把电活性脉冲向下传到它的轴突。改变突触的有效性，使一个神经元对另一个神经元的影响发生改变，从而产生学习行为。生物学的研究表明，任何大量复杂的脑神经细胞活动实际上只是大量乘法、累加和判别（是否达到激活值）的简单运算的并行与复合。人工神经网络就是用工程技术手段模拟上述人脑神经网络的结构和功能特征的一类人工系统，它用非线性处理单元来模拟人脑神经元，用处理单元之间可变联接强度（权重）来模拟突触行为，构成一个大规模并行的非线性动力系统。BP 神经网络中每个神经元，从邻近于该神经元的其他神经元接收信息，也向邻近于该神经元的其他神经元发出信息。整个网络的信息处理是通过神经元之间的相互作用来完成的。知识与信息的存贮，表现为神经元的相互连接关系，网络的学习与识别，决定于各神经元连接权的动态演化过程。

不同的神经网络结构，由于网络连接模型、输入信息的离散性或连续性、有无监督训练、神经元的作用函数和动态特性等的不同，相应的学习算法也随之不同。BP 神经网络是用反向传播学习算法（back-propagation algorithm，BP 算法）训练的一种多层前馈型非线性映射网络，网络中各神经元接受前一级的输入，并输出到下一级，网络中没有反馈联接。BP 神经网络通常可以分为不同的层(级)，第 j 层的输入仅与第 $j-1$ 层的输出联接。由于输入层节点和输出层节点可与外界相连，直接接受环境的影响，所以称为可见层，而其他中间层则称为隐层(hidden layer)。决定一个 BP 神经网络性质的要素有三个：网络结构、神经元作用函数和学习算法，对这三个要素的研究构成了丰富多彩的内容，尤其是后者被研究得最多。BP 算法是目前应用最为广泛且较成功的一种算法，它解决了多层前馈网络的学习问题，从而使该网络在各方面获得了广泛应用。它利用梯度搜索技术（gradient search technique）使代价函数(cost function）最小化。

与传统的基于符号推理的人工智能相比较，BP 神经网络具有如下特点：① 对于所要解决的问题，BP 神经网络并不需要预先编排出计算程序来计算，而只需给它若干训练实例，它就可以通过自学习来完成，并且有所创新，这是它的一个显著特点。② 具有自适应和自组织能力，可从外部环境中不断地改变组织、完善自己。③ 具有很强的鲁棒性，即容错性，当系统接受了不完整信息时仍能给出正确的解答。④ 具有较强的分类、模式识别和知识表达能力，善于联想、类比和推理。正是由于这些显著特点，自 20 世纪 80 年代以来，BP 神经网络已逐渐成为高技术研究领域中的一门令人瞩目的新兴学科分支。世界各国对 BP 神经网络的理论研究得到了迅速发展，并在模式识别、知识处理、非线性优化、传感技术、智能控制、生物工程、机器人研制等方面得到广泛应用和研究。

神经网络是以"样本训练"学习而不是用程序指令来完成某一特定任务的。网络学习某一任务是通过调节其神经元连接权强度，以便根据事先定义的学习规则响应所提供的训练样本。神经网络模型有许多种类型，每一种形式的神经网络适用于某类特定的问题。作为多层前向网络典型代表的 BP 网络，通常是由输入层、若干隐层和输出层组成的，其拓扑结构如图 2-4 所示。

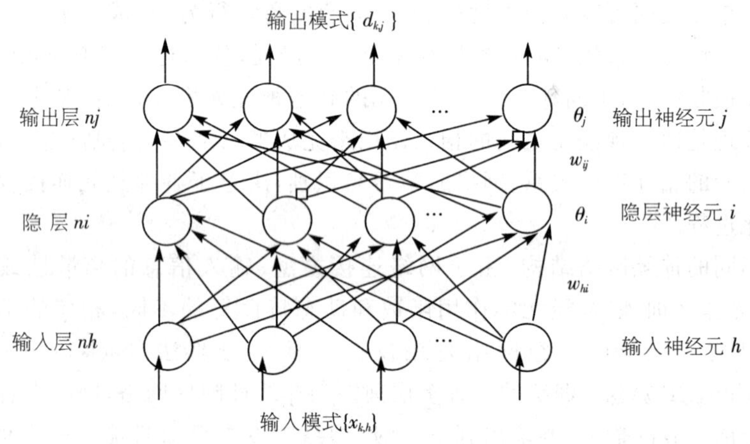

图 2-4 BP 神经网络的拓扑结构

如果输入层的节点数目为 n，输出层的节点数目为 m，则网络是从 n 维欧氏空间到 m 维欧氏空间的映射。Hecht－Nielsen[20] 证明了：具有 n 个输入神经元、$2n+1$ 个隐层神经元和 m 个输出神经元的前向三层神经网络，可以任意精度逼近任何紧致子集上的连续函数 $f:I^n \to R^m$。其中 I 为单位闭区间 $[0,1]$。即若网络所表达的映射为 $Y=F(x)$，对一组样本 $\{X_i,Y_i \mid i=1,2,\cdots,k\}$，可以认为存在某一映射 G，使得

$$Y_i = G(X_i) \quad (i=1,2,\cdots,k) \tag{2.30}$$

F 可一致逼近 G。Hecht－Nielsen[20] 又证明了在一定条件下，对于任意 $\varepsilon>0$，存在一个三层神经网络，它能以 ε 均方误差的精度逼近任意平方可积非线性连续函数。

BP 神经网络是通过对简单的非线性函数，例如 sigmoid 函数

$$y_i = 1/(1+e^{-x_i}) \tag{2.31}$$

的复合来实现这一映射的，只要经过少数几次复合，就可得到极复杂的函

数，从而可以模拟现实世界的复杂现象。在式(2.30)中，X 是 n 维向量，Y 是 m 维向量。由于对 m 和 n 的大小没有什么限制，使得许多实际系统预测和综合评价问题都可化成用BP神经网络来解决。BP神经网络的这种函数拟合功能，就是它在系统预测和综合评价中应用的理论依据。

BP网络的结构由网络层数、各层节点数和节点作用函数所决定。网络的学习，就是利用样本资料根据一定的目标函数来优化网络的参数(权值和阈值)的过程。目前，网络学习算法较多，其中反传学习算法(BP算法)方便、直观且训练有效，现被广泛采用。

2.3.2 BP算法的计算步骤

图2-5给出了反传学习算法原理图。在这种网络中，学习过程由正向传播和反向传播组成。在正向传播过程中，输入信号从输入层经隐层单元逐层处理，并传向输出层，每一层神经元的状态只影响下一层神经元的状态。如果在输出层不能得到期望的输出，则转入反向传播，将输出信号的误差沿原来的连接通路返回。通过修改各层神经元的权值和阈值，使得网络全局误差信号最小。

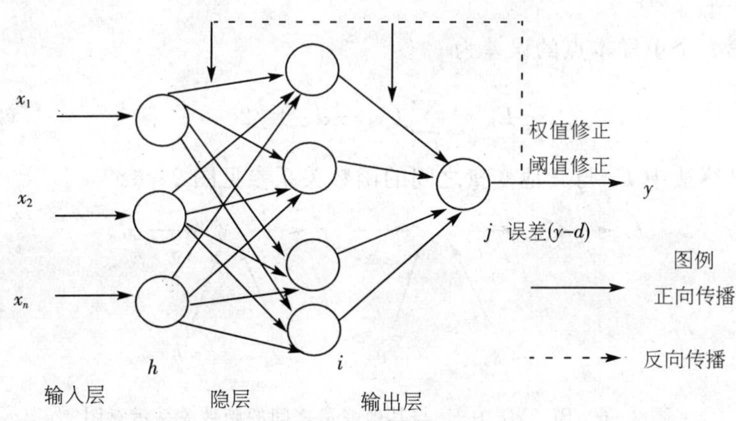

图2-5 BP算法原理示意图

下面进一步以图2-4所示的三层BP神经网络为例，详细说明单样本点的BP算法的实现过程。设输入神经元为 h，隐层神经元为 i，输出神经元为 j，nh，ni，nj 分别为三层的节点数目，θ_i、θ_j 分别为隐层节点 i、输出层节点 j 的阈值，w_{hi}、w_{ij} 分别为输入层节点 h 与隐层节点 i 间、稳层节点 i 与输出层节点 j 间的接线的权值，各节点的输入为 x，输出为 y。

BP算法包括如下9个步骤：

步骤1: 初始化。设已归一化的输入、输出样本为

$$\{x_{k,h}, d_{k,j} \mid k = 1,2,\cdots,nk; h = 1,2,\cdots,nh; j = 1,2,\cdots,nj;\} \quad (2.32)$$

nk 为样本容量。给各连接权$\{w_{hi}\}$、$\{w_{ij}\}$和阈值$\{\theta_i\}$、$\{\theta_j\}$分别赋予(-0.1, 0.1)区间上的随机值。

步骤 2：置 $k=1$，把样本对$(x_{k,h}, d_{k,j})$提供给网络($h=1,2,\cdots,nh$；$j=1,2,\cdots,nj$)。

步骤 3：计算隐层各节点的输入 x_i、输出 $y_i(i=1,2,\cdots,ni)$

$$x_i = \sum_{h=1}^{nh} w_{hi} \cdot x_{k,h} + \theta_i \tag{2.33}$$

$$y_i = 1/(1+e^{-x_i}) \tag{2.34}$$

步骤 4：计算输出层各节点的输入 x_j、输出 $y_j(j=1,2,\cdots,nj)$

$$x_j = \sum_{i=1}^{ni} w_{ij} \cdot y_i + \theta_j \tag{2.35}$$

$$y_j = 1/(1+e^{-x_j}) \tag{2.36}$$

步骤 5：计算输出层各节点所收到的总输入变化时单样本点误差 E_k 的变化率

$$\frac{\partial E_k}{\partial x_j} = y_j(1-y_j)(y_j - d_{k,j}) \quad (j=1,2,\cdots,nj) \tag{2.37}$$

式中，第 k 个单样本点的误差为

$$E_k = \sum_{j=1}^{nj}(y_j - d_{k,j})^2/2 \tag{2.38}$$

BP 算法中 E_k 与其他变量之间的函数关系参见图 2-6。

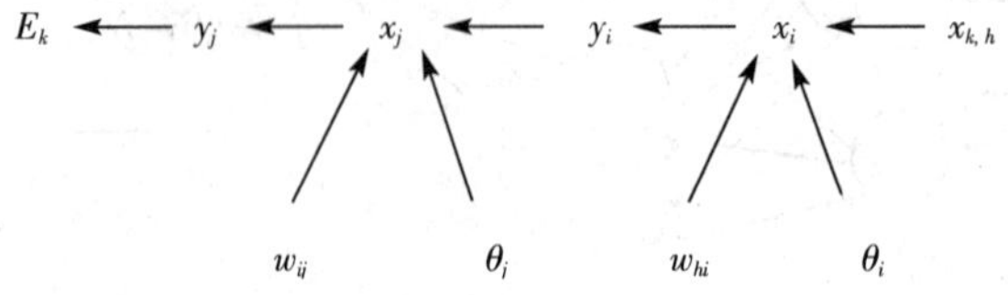

图 2-6　BP 算法中 E_k 与其他变量之间的函数关系示意图

步骤 6：计算隐层各节点所收到的总输入变化时单样本点误差的变化率

$$\frac{\partial E_k}{\partial x_i} = y_i(1-y_i)\sum_{j=1}^{nj}\left(\frac{\partial E_k}{\partial x_j} \cdot w_{ij}\right) \quad (i=1,2,\cdots,ni) \tag{2.39}$$

步骤 7：修正各连接的权值和阈值

$$w_{ij}^{t+1} = w_{ij}^{t} - \eta \frac{\partial E_k}{\partial x_j} y_i + \alpha(w_{ij}^{t} - w_{ij}^{t-1}) \tag{2.40}$$

$$\theta_j^{t+1} = \theta_j^{t} - \eta \frac{\partial E_k}{\partial x_j} + \alpha(\theta_j^{t} - \theta_j^{t-1}) \tag{2.41}$$

$$w_{hi}^{t+1} = w_{hi}^{t} - \eta \frac{\partial E_k}{\partial x_i} x_{k,h} + \alpha (w_{hi}^{t} - \theta_{hi}^{t-1}) \tag{2.42}$$

$$\theta_i^{t+1} = \theta_i^t - \eta \frac{\partial E_k}{\partial x_i} + \alpha (\theta_i^t - \theta_i^{t-1}) \tag{2.43}$$

式中，t 为修正次数，学习速率 $\eta \in (0,1)$，动量因子 $\alpha \in (0,1)$。η 较大，则算法收敛快，但不稳定，可能出现振荡，η 较小则算法收敛缓慢；α 的作用恰好与 η 相反。

步骤 8： 置 $k = k+1$，取学习模式对 $(x_{k,h}, d_{k,j})$ 提供给网络，转步骤 3，直至全部 nk 个模式对训练完毕，转步骤 9。

步骤 9： 重复步骤 2 至步骤 8，直至网络全局误差函数

$$E = \sum_{k=1}^{nk} E_k = \sum_{k=1}^{nk} \sum_{j=1}^{nj} (y_j - d_{k,j})^2 / 2 \tag{2.44}$$

小于预先设定的一个较小值或学习次数大于预先设定的值，结束学习。

在以上学习步骤中，步骤 3 ～ 步骤 4 为输入学习模式的"正向传播过程"；步骤 5 ～ 步骤 7 为网络误差的"反向传播过程"；步骤 8 ～ 步骤 9 则完成训练和收敛过程，参见图 2-7。

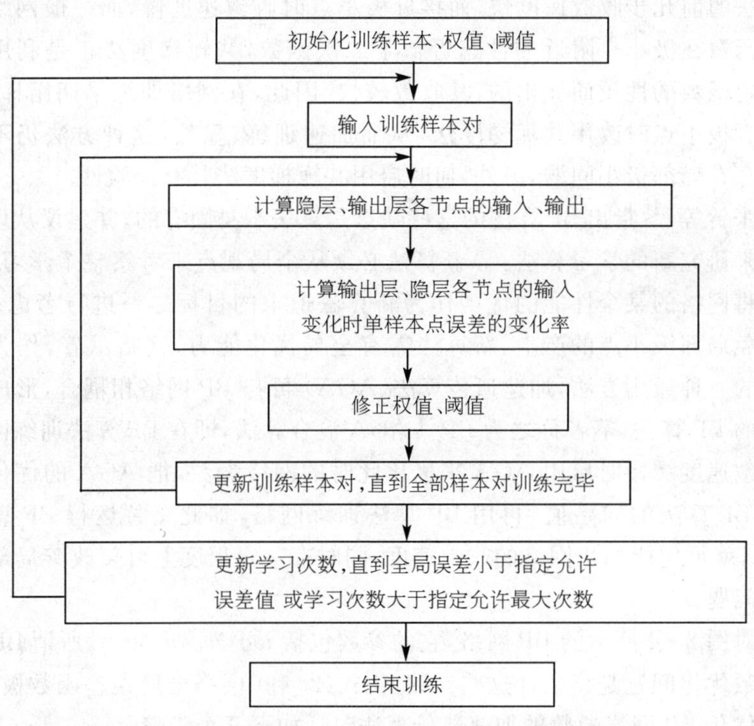

图 2-7 BP 算法程序框图

可见 BP 算法把一组样本的输入输出问题归纳为一非线性优化问题，它使用了最优化方法中最常用的负梯度下降算法。用迭代运算求解网络权重和阈值对应于网络的学习记忆过程，加入隐层节点使得优化问题的可调参数增加，从而可得到更精确的解。

2.3.3 BP－AGA 算法[21]

1. BP－AGA 算法的实现

BP 算法为 BP 神经网络提供了切实可行的学习算法，它使 BP 神经网络走向实际应用成为可能，这是 BP 算法的巨大贡献；而且 BP 算法理论依据坚实，推导过程严谨，所得公式形式对称优美，物理概念清晰(误差的反向传播)和通用性好。所有这些优点使它至今仍是 BP 网络学习的主要算法。然而，BP 算法也存在许多明显的不足之处，主要有：① 它的学习速度慢；② 由于网络误差平方和函数可能有局部极小点出现，BP 算法本质上是一种梯度法，因此不可避免存在局部极小值问题，由此也影响了网络的容错性能。加速 BP 算法的训练速度的典型的方法是用传统优化技术来修正 BP 算法或其中的学习参数，例如用梯度法与共轭梯度法相结合的联合梯度法训练网络。梯度法的前几步收敛速度快，而接近极小点时收敛速度慢，而一般网络全局误差函数在极小点附近的性态近似于二次函数，共轭梯度法正是利用了二次正定函数的性质而导出的，其收敛较快。因此，在网络训练早期用梯度法，当接近极小点时改用共轭梯度法，从而加速训练。显然，这种方法仍不可避免地存在局部极小问题，另外，何时启用共轭梯度法具有经验性。

张铃等[22] 指出 BP 算法的这些缺点是算法本身固有的，并建议从以下几方面来研究新的学习算法：① 新算法必须从全局观点来考察整个学习过程，必须将网络的某个性能的优劣作为新算法追求的目标之一进行考虑；② 为了避免局部极小点的产生，新算法需有全局优化能力。这暗示着，作为全局优化的一种通用方法，加速遗传算法(AGA) 可与 BP 网络相耦合，形成一种改进的 BP 算法，笔者称之为 BP－AGA 混合算法，即在 BP 算法训练网络出现收敛速度缓慢时启用 AGA 来优化此时的网络参数，把 AGA 的优化结果作为 BP 算法的初始值，再用 BP 算法训练网络，如此交替运行 BP 算法和 AGA，就可望能加快网络的收敛速度，同时在一定程度上可望改善局部极小点问题。

对图 2-4 所示的 BP 网络，它的参数包括 w_{hi}，w_{ij}，θ_i 和 θ_j，所谓 BP 网络的参数优化问题是指估计这些参数，使式(2.44) 网络全局误差函数极小化。用于优化 BP 网络参数的加速遗传算法包括如下 9 个步骤。

步骤 1： BP 网络的参数变化区间的构造。设 c_j 是在 BP 算法训练网络出

现收敛速度缓慢时 BP 网络的参数值，则它的变化区间可构造为$[a_j, b_j]$，其中

$$a_j = c_j - d \mid c_j \mid, \quad b_j = c_j + d \mid c_j \mid \tag{2.45}$$

式中，d 为一正的常数。

步骤 2：网络参数的编码。设编码长度为 e，区间$[a_j, b_j]$等分成 $2^e - 1$ 个子区间，网络参数的整个变化空间被离散成$(2^e)^p$ 个参数网格点。其中，$p = nh \cdot ni + ni + ni \cdot nj + nj$。GA 中称每个网格点为个体，它对应网络 p 个参数的一种可能取值状态，并用 p 个 e 位二进制数表示。这样，网络 p 个参数、网格点、个体、p 个二进制数一一对应。GA 的直接操作对象是这些二进制数。

步骤 3：初始父代的生成。从上述$(2^e)^p$ 个网格点中随机选取 n 个点作为初始父代。

步骤 4：父代个体的适应能力评价。把第 i 个个体代入式(2.44) 优化准则函数，得相应的网络全局误差函数值 E_i，E_i 越小则该个体的适应能力越强。

步骤 5：父代个体的选择。把父代个体按优化准则函数值 E_i 从小到大排序。称排序后最前面几个个体为优秀个体。构造与 E_i 成反比的函数 p_i 且满足 $p_i > 0$ 和 $p_1 + p_2 + \cdots + p_n = 1$，从这些父代个体中以概率 p_i 选择第 i 个个体，这样共选择两组各 n 个个体。

步骤 6：父代个体的杂交。由步骤 5 得到的两组个体随机两两配对成为 n 对双亲。将每对双亲的二进制数的任意一段值互换，得到两组子代个体。

步骤 7：子代个体的变异。任取步骤 6 中的一组子代个体，将它们的二进制数的随机两位值依某概率(即变异率) 进行翻转(原值为 0 的变为 1，反之变为 0)。

步骤 8：进化迭代。由步骤 7 得到的 n 个子代个体作为新的父代，算法转入步骤 4，进入下一次进化过程。以上 8 个步骤构成优化 BP 网络参数的标准遗传算法 SGA。

步骤 9：加速循环。把第一、第二次进化迭代所产生的优秀个体的参数的变化范围作为参数新的变化区间，算法转入步骤 2。如此循环往复，优秀个体的参数变化范围将逐步收缩，与最优点的距离越来越近，直至达到给定加速(循环) 次数，结束运算。

以上 9 个步骤构成用于优化 BP 网络参数的加速遗传算法，简称 ANNAGA。

2. BP－AGA 算法的算例

例 2.6　解异或问题。异或问题的输入、输出样本对为(0,0) → 0，(0,1)

→1,(1,0)→1,(1,1)→0。隐层节点数目经验取为2,即BP网络的拓扑结构为2∶2∶1。BP算法中的学习速率η取为0.60,动量因子α取为0,ANNAGA中的编码长度取为10,父代个体数目取为300,优秀个体数目取为10,变异率取为1.0。先用BP算法训练5 000次,再用ANNAGA加速寻优3次,最后用BP算法训练5 000次,其结果见表2-11、表2-12,其中同时列出了只用BP算法训练10 000次的相应结果。表2-13、表2-14为这两种算法优化BP网络参数的估计值。可见,BP－AGA混合算法的收敛速度较BP算法有所提高,优化效果也得到了改善。

表2-11　训练异或问题神经网络的比较(一)

训练次数	网络全局误差	
	BP－AGA混合算法	BP算法
6000	0.344106	0.344285
10000	0.002250	0.005193

表2-12　训练异或问题神经网络的比较(二)

样本输入		样本输出	BP－AGA混合算法输出	BP算法输出
1	0	1	0.9684	0.9523
0	1	1	0.9686	0.9524
1	1	0	0.0429	0.0668
0	0	0	0.0258	0.0365

表2-13　BP－AGA混合算法训练异或问题神经网络参数的权值和阈值

参数	隐层神经元 i		
	1	2	
w_{1i}	－4.123	－8.038	
w_{2i}	－4.128	－8.426	
θ_i	5.996	2.562	$\theta_j=-3.913$
w_{i1}	8.505	－8.834	

表2-14　BP算法训练异或问题神经网络参数的权值和阈值

参数	隐层神经元 i		
	1	2	
w_{1i}	－3.788	－8.359	
w_{2i}	－3.785	－8.404	
θ_i	5.439	2.318	$\theta_j=-3.453$
w_{i1}	7.706	－8.232	

2.4 模糊集理论[23-26]

2.4.1 模糊集理论的基本概念

1. 模糊集与模糊关系

符合某种特定属性的全体对象，称为该属性外延，也称集合。例如某大学的在校生，某城市的第三产业，亚洲，数字地球。集合中的任一个体，称为集合中的元素。如张某是某大学的在校生集合的一个元素，长江是中国河流集合的一个元素。通常用大写英文字母如 A,B,X,Y 等表示集合，用小写英文字母如 a,b,x,y 等表示集合中的元素。人们常常根据同一集合中所有元素的共同属性这一标准，来判断所讨论的各个研究对象是否属于该集合。这个所讨论的全体对象，称为论域，又称全集合，通常用 U 表示。

普通集合的外延是确定的，也就是说，对普通集合 A 而言，论域 U 中的任一元素 u 是否属于该集合是确定的，或者属于或者不属于，二者必居其一且只居其一。上述可用集合的特征函数来表示。所谓普通集合 A 的特征函数，就是以论域为定义域、以二元素集合 $\{0,1\}$ 为值域的实数值函数 $\chi_A(u)$：

$$\chi_A : U \to \{0,1\}; u\chi_A(u) = \begin{cases} 1, & 若\ u \in A \\ 0, & 若\ u \notin A \end{cases}, \forall u \in U \tag{2.46}$$

式中，符号 $\in$ 表示“属于”，符号 $\notin$ 表示“不属于”，符号 $\forall$ 表示“任意一个”。

模糊性是指概念的外延的不确定性。由于客观事物的演化性，人们主观认识的经验性，以及科技发展的局限性等，模糊性是普遍存在的[3,4]。如个子高、天气凉爽、心情愉快、区域可持续发展等概念没有确定的外延，所以无法直接用普通集合论来加以描述。随着各门学科的不断深入发展，其中的模糊性已日益成为重要的复杂性特征之一，对这些模糊性的定量处理也日益成为各门学科理论与实践研究的前沿领域。没有确定的外延的集合，称为模糊集。特征函数是描述集合外延特征的定量工具。若把普通集合的特征函数的二元素值域 $\{0,1\}$ 扩大为连续区间 $[0,1]$，就可以利用经典数学来定量描述模糊集合。所谓模糊集 A，就是以论域 U 为定义域、以区间 $[0,1]$ 为值域的实数值函数 $A(u)$：

$$A : U \to [0,1]; u \to A(u) \in [0,1], \forall u \in U \tag{2.47}$$

式中，函数 $A()$ 称为模糊集 A 的隶属函数，函数值 $A(u)$ 称为元素 u 隶属于 A 的隶属度；$A(u)$ 表示元素 u 符合某特定属性的程度。若元素 u 为 U 中的任意元素，则函数值 $A(u)$ 与隶属函数的概念相等价、可以互用。隶属函数可以定量刻画论域中任一对象符合某属性的程度。显然，当 A(u) 的值域由[0,1]区间退化为{0,1}时，$A(u)$ 就退化为普通集合的特征函数。用属性描述的模糊集是直观概念、定性概念，而用隶属函数描述的模糊集则是定量的数学表达形式，所以在模糊集理论中，属性、模糊集和隶属函数相互等价、可以互用[4,26]。

以同一论域 U 为定义域的所有模糊集，称为 U 上的模糊幂集，记为 $F(U)$。即

$$F(U)=\{A(u)\in[0,1]\mid\forall u\in U\}\tag{2.48}$$

各种模糊集可以根据其定义域是否与论域 U 相同，来明确判定该模糊集是否属于 $F(U)$，因此 $F(U)$ 是一普通集合。显然普通幂集是模糊幂集的子集。

模糊集常用的表示方法有以下四种：

(1) Zadeh(扎德)法。设论域 $U=\{u_1,u_2,\cdots,u_n\}$，则 U 上的模糊集 A 可表示为

$$A=A(u_1)/u_1+A(u_2)/u_2+\cdots+A(u_n)/u_n\tag{2.49}$$

式中，"+"和"/"不是通常的求和号和除号，它们只是表示隶属函数的一种记号。

(2) 序偶法。

$$A=\{(u,A(u))\mid\forall u\in U\}\tag{2.50}$$

(3) 向量法。

$$\mathbf{A}=(A(u_1),A(u_2),\cdots,A(u_n))\tag{2.51}$$

(4) 解析法。当论域 U 为实数集 R 上的某子集时，可直接用模糊集的隶属函数的解析表达式来描述该模糊集。

例 2.7 在年龄论域 $U=[0,150]$ 上的属性"年轻"是一个模糊集，可以用如下隶属函数表示：

$$A(u)\begin{cases}1,0\leqslant u\leqslant 25\\ \left[1+\left(\dfrac{u-25}{5}\right)^2\right]^{-1},25\leqslant u\leqslant 150\end{cases}\tag{2.52}$$

以上的四种表示方法是当论域 U 为有限集时的情况，当 U 为无限集时，U 上的模糊集

$$A = \int A(u)/u \tag{2.53}$$

式中，$\int$ 不是通常的积分号，它只是表示隶属函数的一种记号。

例 2.8 设论域 $U = \{u_1, u_2, u_3, u_4, u_5\}$，$u_1, u_2, u_3, u_4, u_5$ 分别表示系统综合评价的 5 个指标，这 5 个指标对评价结果的重要性程度重分别为 0.2，0.3，0.3，0.1，0.1，则 U 上的模糊集 A ＝“重要性程度”可表示为

$$A = 0.2/u_1 + 0.3/u_2 + 0.3/u_3 + 0.1/u_4 + 0.1u_5 \tag{2.54}$$

例 2.9 设论域域 $U = \{u_1, u_2, u_3, u_4, u_5\}$，$u_1, u_2, u_3, u_4, u_5$ 分别表示区域可持续发展评价的等级 I、II、III、IV、V。某地可持续发展评价的等级属于等级 I、II、III、IV、V 的程度分别为 0，0.2，0.6，0.2，0，则 U 上的模糊集 B ＝“区域可持续发展程度”可表示为

$$B = 0/u_1 + 0.2/u_2 + 0.6/u_3 + 0.2/u_4 + 0/u_5 \tag{2.55}$$

把上述模糊集的单个论域 U 扩大到两个论域 U 和 V，就成为模糊关系。所谓模糊关系 $\boldsymbol{R}$，就是以论域 U 和 V 的直积空间 $U \times V$ 为定义域、以 $[0,1]$ 区间为值域的二元实数值函数 $\boldsymbol{R}(u,v)$：

$$R: U \times V \to [0,1];\ \forall u \in U, \forall v \in V \to \boldsymbol{R}(u,v) \in [0,1] \tag{2.56}$$

式中，函数 $R(u,v)$ 称为模糊关系 R 的隶属函数；函数值 $\boldsymbol{R}(u,v)$ 称为元素 u 和 v 隶属于 R 的隶属度，它定量描述元素 u 和 v 符合某特定关系属性的程度。当两个论域 U 和 V 都是有限论域时，即论域 $U = \{u_1, u_2, \cdots, u_m\}$ 和 $V = \{v_1, v_2, \cdots, v_n\}$，模糊关系成为模糊矩阵：

$$\boldsymbol{R} = (r_{ij})_{m \times n}, r_{ij} \in [0,1] \tag{2.57}$$

例 2.10 某河道型水库同时接纳本流域 4 个城市的生活污水和工业废水，经计算得到这 4 个城市水污染负荷分配权重的模糊关系矩阵为

$$\boldsymbol{R} = (r_{ij})_{4\times 4} = \begin{pmatrix} 0.500 & 0.229 & 0.340 & 0.301 \\ 0.771 & 0.500 & 0.634 & 0.591 \\ 0.660 & 0.366 & 0.500 & 0.455 \\ 0.699 & 0.409 & 0.545 & 0.500 \end{pmatrix} \tag{2.58}$$

其中 $r_{12} = 0.229$ 表示城市 1 比城市 2 的重要性程度值，$r_{21} = 0.771 = 1 - r_{12}$ 表示城市 2 比城市 1 的重要性程度值。

在模糊集理论与应用中，经常用到五种模糊关系：

(1) 自返性模糊关系。一个模糊关系 $\boldsymbol{R}$,若对 $\forall u \in U$,必有 $\boldsymbol{R}(u,u)=1$,即每一元素 u 从属于模糊关系 $\boldsymbol{R}$ 的程度为1,则称 $\boldsymbol{R}$ 为自返性模糊关系。如父母和子女之间的相像关系就是自返性模糊关系。

(2) 对称性模糊关系。一个模糊关系 $\boldsymbol{R}$,若对 $\forall u,v \in U$,均有 $\boldsymbol{R}(u,v)=\boldsymbol{R}(v,u)$,即元素 u 和元素 v 从属于模糊关系 $\boldsymbol{R}$ 的程度,与元素 v 和元素 u 从属于模糊关系 $\boldsymbol{R}$ 的程度相同,则称 $\boldsymbol{R}$ 为对称性模糊关系。如子女和父母之间的相像关系就是对称性模糊关系。

(3) 传递性模糊关系。一个模糊关系 $\boldsymbol{R}$,若对 $\forall x,y,z \in U$,均有

$$\boldsymbol{R}(x,z) \geqslant \min\{\boldsymbol{R}(x,y),\boldsymbol{R}(y,z)\} \tag{2.59}$$

即元素 x 和元素 z 从属于模糊关系 $\boldsymbol{R}$ 的程度,既不小于元素 x 和元素 y 从属于模糊关系 $\boldsymbol{R}$ 的程度,也不小于元素 y 和元素 z 从属于模糊关系 $\boldsymbol{R}$ 的程度,则称 R 为传递性模糊关系。如"两个实数大得多的关系",就是传递性模糊关系。

(4) 称既是自返性模糊关系、又是对称性模糊关系的,为模糊相似关系。如父母和子女之间的相像关系是模糊相似关系。

(5) 称既是模糊相似关系、又是传递性模糊关系,为模糊等价关系。如模糊关系

$$\boldsymbol{R}=\begin{bmatrix} 1 & 0.4 & 0.8 & 0.5 & 0.5 \\ 0.4 & 1 & 0.4 & 0.4 & 0.4 \\ 0.8 & 0.4 & 1 & 0.5 & 0.5 \\ 0.5 & 0.4 & 0.5 & 1 & 0.6 \\ 0.5 & 0.4 & 0.5 & 0.6 & 1 \end{bmatrix} \tag{2.60}$$

是模糊等价关系。

设模糊集 $A,B \in F(U)$,若 $\forall u \in U, A(u) \geqslant B(u)$,则称模糊集 A 包含 B,记为 $B \subseteq A$。若 $B \subseteq A$,且 $A \subseteq B$,则称 A 与 B 相等,记为 $A=B$。显然,模糊集的包含关系具有自反性、反对称性和传递性。

2. 模糊集的运算

模糊集理论(又称模糊数学,fuzzy mathematics)就是应用模糊集这一模拟人脑模糊思维的数学工具,来描述、分析、识别、分类、判断、推理、决策和控制各种模糊事物所形成的一门现代应用数学分支学科。经典数学仅考虑现实世界的数量而抛弃现实世界的质量,而模糊集理论则反映了现实世界数量与质量的统一性,是对经典数学的一种补充和完善[3]。定义模糊集、模糊关系的不同运算(目前主要是代数运算),就可得到相应的不同模糊数学方

法。目前已研究成熟并广为应用的模糊数学方法主要有模糊模式识别、模糊聚类分析、模糊综合评价、模糊推理、模糊控制等方法。在现代科学技术体系中定性因素和主观因素定量化处理的方法至今仍很少，而模糊数学方法正是其中的典型代表，目前已在各科学和工程领域得到了广泛的成功应用，其主要原因在于它异于其他方法的一些显著特点[3,4]，主要有以下几个特点：

1）模糊集的引入改善了二值逻辑中硬性的分类方法，是普通集合的推广，使模糊数学方法更接近于广泛存在模糊性和不精确性的现实世界，也更加近于人类思维方式。这些真实性使得模糊数学方法能很好地平衡系统的复杂性与描述系统的精确性，也有助于模糊数学方法充分提取各种专家经验信息和其他人类语言信息。

2）当系统为多输入多输出、强非线性、定性信息与定量信息相混杂的动态系统时，系统的数学模型非常复杂或根本就不存在确定性数学模型，常规方法难以或不能有效处理这样的复杂系统，而模糊数学方法可以用建立在语言型经验之上的模糊集及其运算就可以简便有效地处理，有时甚至不需要辅以确定的数学模型。

3）模糊数学方法可以直接利用人类语言型概念及其运算，其处理效果在敏捷性、鲁棒性适应性等方面优于常规方法，使得模糊数学方法易于理解、接受和改进，便于方法的应用与更新。

模糊集的运算，主要是通过隶属函数值之间的数值代数运算来实现的。其中的主要运算有：

(1) 模糊集的基本运算。设模糊集 $A,B\in F(U)$，则 A 与 B 的并集、A 与 B 的交集以及 A 的补集(余集)分别定义为：

$$A\cup B(u)=A(u)\vee B(u),\quad \forall u\in U \tag{2.61}$$

$$A\cap B(u)=A(u)\wedge B(u),\quad \forall u\in U \tag{2.62}$$

$$A^c(u)=1-A(u),\quad \forall u\in U \tag{2.63}$$

式中，符号“$\vee$”和“$\wedge$”分别为取大运算 max 和取小运算 min。

可以证明，普通集合基本运算的许多性质，对模糊集合的基本运算也成立，但模糊集一般不再满足互补律，即

$$A\cup A^c\neq U(\text{全集}),\quad A\cap A^c\neq \phi(\text{空集}) \tag{2.64}$$

这是由于模糊集没有明确的外延。

例 2.11　设 $A=0/x_1+0.5/x_2+0.7/x_3$

$$B=0.1/x_1+0.2/x_2+0.5/x_3$$

则 $$A \cup B = 0.1/x_1 + 0.5/x_2 + 0.7/x_3$$

$$A \cap B = 0/x_1 + 0.2/x_2 + 0.5/x_3$$

$$A^c = 1.0/x_1 + 0.5/x_2 + 0.3/x_3$$

$$A \cup A^c = 1.0/x_1 + 0.5/x_2 + 0.7/x_3 \neq U$$

$$A \cap A^c = 0/x_1 + 0.5/x_2 + 0.3/x_3 \neq \phi$$

(2) 模糊合成运算。设模糊关系 $\boldsymbol{Q} \in F(U \times V)$，$\boldsymbol{R} \in F(V \times W)$。定义 $\boldsymbol{Q}$ 对 $\boldsymbol{R}$ 的合成运算为从论域 U 到 W 的一个模糊关系：

$$(\boldsymbol{Q} \circ \boldsymbol{R})(u,w) = \bigvee_{\forall v \in V} (\boldsymbol{Q}(u,v) \wedge \boldsymbol{R}(v,w)), \forall u \in U, \forall w \in W \tag{2.65}$$

当 $\boldsymbol{R} \in F(U \times U)$ 时，定义

$$\boldsymbol{R}^n = \boldsymbol{R}^{n-1} \circ \boldsymbol{R}, n = 2,3\cdots \tag{2.66}$$

若 $\boldsymbol{Q}$ 和 $\boldsymbol{R}$ 均为模糊矩阵 $\boldsymbol{Q} = (q_{ik})_{m \times l} \in F(U \times V)$，$\boldsymbol{R} = (r_{kj})_{l \times n} \in F(V \times W)$，则式(2.65)可改写为

$$\boldsymbol{Q} \circ \boldsymbol{R} = \boldsymbol{S} = (s_{ij})_{m \times n}, \quad s_{ij} = \bigvee_{k=1}^{l} (q_{ik} \wedge r_{kj}), i = 1 \sim m, j = 1 \sim n \tag{2.67}$$

模糊矩阵的合成运算又称为模糊矩阵的乘法，它与普通矩阵的乘法运算过程一样，只不过将实数的"+"和"·"运算分别改为"∧"和"∨"。式(2.67)可用图 2-8 表示：

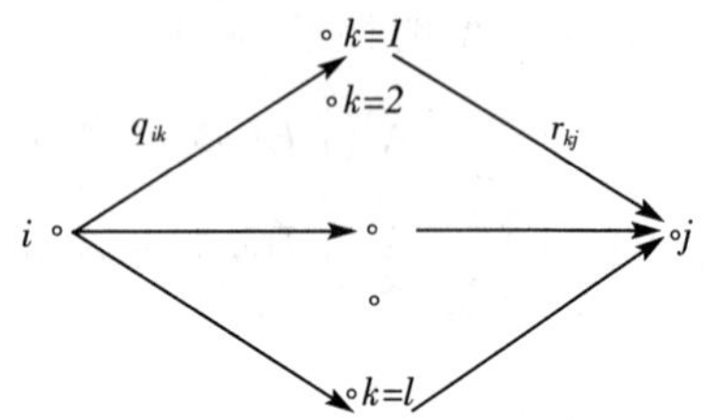

图 2-8 模糊矩阵的合成运算示意图

图 2-8 中，从元素 i 到 j 的联系途径共有并行的 l 条途径，第 k 条途径的联系程度为 $(q_{ik} \wedge r_{kj})$，则元素 i 到 j 的总体联系程度取这并行的 l 条途径联系程度的最大者。

例 2.12 设 $\boldsymbol{Q} = \begin{pmatrix} 0.3 & 0.7 & 0.2 \\ 1 & 0 & 0.9 \end{pmatrix}$，$\boldsymbol{R} = \begin{pmatrix} 0.8 & 0.3 \\ 0.1 & 0.8 \\ 0.5 & 0.6 \end{pmatrix}$，

则 $\boldsymbol{Q} \circ \boldsymbol{R} = \begin{pmatrix} 0.3 & 0.7 \\ 0.8 & 0.6 \end{pmatrix}$

(3) 模糊集的 λ 截集运算。设 $A \in F(U), \lambda \in [0,1]$，则定义模糊集 A 的 λ 截集为

$$A_\lambda = \{u \mid u \in \boldsymbol{U}, A(u) \geqslant \lambda\} \tag{2.68}$$

可见模糊集 A 的 λ 截集 A_λ 是一个普通集合，因为根据 $A(u)$ 值与 λ 的大小关系，可以明确地判定 u 是否属于 A_λ。模糊集的 λ 截集运算，提供了模糊集合与普通集合相互转换的一条重要途径。

同样，可以把模糊集的 λ 截集运算推广到模糊矩阵 $\boldsymbol{R} = (r_{ij})_{m\times n}$ 的 λ 截集运算中来：

$$\boldsymbol{R}_\lambda = \{r_{ij}(\lambda) \mid \forall \lambda \in [0,1]\},$$

$$\text{其中 } r_{ij}(\lambda) = \begin{cases} 1, \text{若 } r_{ij} \geqslant \lambda \\ 0, \text{若 } r_{ij} < \lambda \end{cases}, i = 1 \sim m, j = 1 \sim n \tag{2.69}$$

式中，$\boldsymbol{R}_\lambda$ 为矩阵。模糊矩阵的 λ 截集运算，提供了模糊矩阵与布尔矩阵相互转换的一条重要途径。

例 2.13 设 $A = 0/x_1 + 0.5/x_2 + 0.7/x_3$，则 $A_{0.5} = \{x_2, x_3\}$。

$$\text{设 } \boldsymbol{R} = \begin{bmatrix} 0.8 & 0.3 & 0.6 \\ 0.2 & 0.4 & 0.2 \\ 0.5 & 0.9 & 0.1 \end{bmatrix}, \quad \text{则 } \boldsymbol{R}_{0.6} = \begin{bmatrix} 1 & 0 & 1 \\ 0 & 0 & 0 \\ 0 & 1 & 0 \end{bmatrix}。$$

3. 模糊映射

称映射

$$f: U \to F(V); \quad \forall u \in U \mapsto f(u) = B(u) \in F(V) \tag{2.70}$$

为从论域 U 到 V 的模糊映射。可见，模糊映射是这样的一种对应关系：由 U 上的任一元素 u，确定了 V 上的一个模糊集。

例 2.14 对于区域可持续发展评价问题，设评价指标集 $U = \{u_1, u_2, \cdots, u_m\}$，评价等级集 $V = \{v_1, v_2, \cdots, v_n\}$。从每个单评价指标 $u_i (i = 1, 2, \cdots, m)$ 进行评价，得到某区域在 V 上的模糊集 $(r_{i1}(v_1), r_{i2}(v_2), \cdots, r_{in}(v_n))$，它就是从 U 到 V 的一个模糊映射 $f(u_i) = (r_{i1}, r_{i2}, \cdots, r_{in})$。于是进行 m 次单指标评价，可以得到从 U 到 V 的一个模糊关系

$$\boldsymbol{R} = (r_{ij})_{m\times n} \tag{2.71}$$

可见，从 U 到 V 的一个模糊关系，与从 U 到 V 的一个模糊映射之间具有一一对应关系。

例 2.15 模糊关系 $\boldsymbol{R}=\begin{pmatrix}0.8 & 0.3 & 0.6\\0.2 & 0.4 & 0.2\\0.5 & 0.9 & 0.1\end{pmatrix}$，对应了如下三个模糊映射：

$$f(u_1)=0.8/v_1+0.3/v_2+0.6/v_3$$

$$f(u_2)=0.2/v_1+0.4/v_2+0.2/v_3$$

$$f(u_3)=0.5/v_1+0.9/v_2+0.1/v_3$$

4. 模糊变换

称映射

$$T:F(U)\rightarrow F(V);\ \forall A\in F(U)\mapsto B(u)=T(A)\in F(V) \tag{2.72}$$

为从论域 U 到 V 的模糊变换。可见，U 上的模糊集 A，经模糊变换 T 运算后，得到 V 上的一个模糊集 B。模糊变换的物理意义，就是一个论域上的模糊集，转换到另一个论域上的模糊集。当论域 U 和 V 均为有限时，这时模糊变换 T 就是模糊矩阵 $\boldsymbol{R}=(r_{ij})$：

$$T(A)=A\circ\boldsymbol{R}=\boldsymbol{B};\ b_j=\bigvee_{i=1}^{m}(a_i\wedge r_{ij}),j=1\sim n \tag{2.73}$$

式中，模糊集 $A=(a_i)$，模糊集 $B=(b_j)$。可见，模糊变换的运算 $A\circ R$ 就是模糊关系的合成运算，模糊映射、模糊关系和模糊变换三者之间，可以相互导出。

例 2.16 设 a 为"某地区男少年"，体重论域 $U=\{40,50,60,70,80\}$(kg)，身高论域 $V=\{1.4,1.5,1.6,1.7,1.8\}$(m)，$a$ 在 U 上的模糊集 $A=\{0.8,1,0.6,0.2,0\}$，该地区体重与身高的模糊关系为

$$\boldsymbol{R}=\begin{pmatrix}1 & 0.8 & 0.2 & 0.1 & 0\\0.8 & 1 & 0.8 & 0.2 & 0.1\\0.2 & 0.8 & 1 & 0.8 & 0.2\\0.1 & 0.2 & 0.8 & 1 & 0.8\\0 & 0.1 & 0.2 & 0.8 & 1\end{pmatrix}$$

则 a 在 V 上的模糊集 $B=A\circ\boldsymbol{R}=(\bigvee_{i=1}^{5}(a_i\wedge r_{ij}))=(0.8,1,0.6,0.2,0)$。

2.4.2 模糊集理论的基本方法

1. 模糊集的建立方法

模糊集理论的方法，实质上都是隶属函数之间或隶属函数与实数之间的简单的数值代数计算过程。因此，建立合适的模糊集，对有效应用模糊集理论的各种方法至关重要。模糊集的建立主要有以下几种方法：

(1) 分段函数法。在应用中最常见的是以实数集 R 或 R 的子集作为论域的情况，称实数集 R 或 R 的子集上的模糊集为模糊分布，一般可用分段函数法确定模糊分布。

例 2.17 在系统综合评价中，对于成本型属性指标的隶属函数，一般可用降半梯形函数表示：

$$A(x)=\begin{cases}1 & x\leqslant a\\ \dfrac{b-x}{b-a} & a\leqslant x\leqslant b\\ 0 & x>b\end{cases}\tag{2.74}$$

对于效益型属性指标的隶属函数，一般可用升半梯形函数表示：

$$A(x)=\begin{cases}0 & x\leqslant a\\ \dfrac{x-a}{b-a} & a\leqslant x\leqslant b\\ 1 & x>b\end{cases}\tag{2.75}$$

式中，a 和 b 是参数。

(2) 模糊统计法。设 U 为论域，u_0 为试验所要处理的固定元素，每次试验可以得到一个对应于模糊集合 A 的可变普通集合 A_*，共进行 n 次试验，得到 u_0 对 A 的隶属频率为

$$P_n(u_0)=\frac{\text{事件“}u_0\in A_*\text{”出现的次数}}{n}\tag{2.76}$$

试验表明，随着试验次数 n 增大，隶属频率将呈现稳定性，该稳定值就作为 u_0 对 A 的隶属度：

$$A(u_0)=\lim_{n\to+\infty}\frac{\text{事件“}u_0\in A_*\text{”出现的次数}}{n}\tag{2.77}$$

(3) 层次分析法(Analytic Hierarchy Process，AHP)，它首先对论域所有元素进行两两比较、构造两两比较判断矩阵，计算判断矩阵各元素的相对权重、判断矩阵的一致性检验与修正，最后得到的判断矩阵各元素的相对权重作为所求的隶属度。AHP 的详细计算过程可参见文献[25]等相关文献。

(4) 专家主观判断法。这是一种以专家的主观判断为基础，常用的方法

有评分法、分等方法、德尔菲法、加权评分法及优序法等。这类方法由于比较简单，因而也得到了广泛的应用。其优点是简单方便，易于使用；不足之处是该方法主观性太强。因此，该方法往往用于确定一些不太复杂的模糊集。

(5) 模糊集运算法。有些模糊集，可以通过模糊运算"并、交、补"及其组合运算得到。如"中等个子"的隶属函数，就可以通过"小个子"和"大个子"的隶属函数的补运算得到。

(6) 优化问题法。当实际问题比较复杂时，也可以把待求的模糊集作为某优化问题中的优化变量，这样，通过解优化问题就可以确定模糊集。可参见文献[27]和[28]。

2. *模糊模式识别方法*

模糊模式识别，就是应用模糊集理论把某具体对象分到已知类别的过程，可应用于许多系统综合评价中[23,27]。目前常用的模糊模式识别方法主要有以下两种：

(1) 最大隶属原则。主要应用于被识别对象是论域中的某元素 u_0，已知类别是 n 个模糊集 $A_i \in F(U), i = 1 \sim n$。方法是，把 u_0 代入这 n 个模糊集的隶属函数中，取其中最大者对应的模糊集 A_{i_0}，即认为相对地隶属于 A_{i_0}：

$$A_{i_0}(u_0) = \max_{i=1}^{n}\{A_i(u_0)\} \tag{2.78}$$

例 2.18 设年龄论域为 $U = (0,100]$，已知"年轻"、"老年"和"中年"的模糊集分别为

$$A_1(u) = \begin{cases} 1, 0 < u \leqslant 20 \\ 1 - 2\left(\dfrac{u-20}{20}\right)^2, 20 < u \leqslant 30 \\ 2\left(\dfrac{u-40}{20}\right)^2, 30 < u \leqslant 40 \\ 0, 40 < u \leqslant 100 \end{cases}$$

$$A_3(u) = \begin{cases} 0, 0 < u \leqslant 50 \\ 2\left(\dfrac{u-50}{20}\right)^2, 50 < u \leqslant 60 \\ 1 - 2\left(\dfrac{u-70}{20}\right)^2, 60 < u \leqslant 70 \\ 1, 70 < u \leqslant 100 \end{cases}$$

和 $A_2(u) = 1 - A_1(u) - A_3(u)$。某人 35 岁时，则 $A_1(35) = 0.125, A_2(35) =$

$0.875, A_3(35)=0$,故该人相对属于中年人。

(2) 最大贴近原则。主要应用于被识别对象 B 和已知类别 $A_i (i=1\sim n)$ 都是同一论域 U 上的模糊集。方法是,计算 B 与各个 A_i 的贴近度

$$(B,A)=\frac{1}{2}\left[\bigvee_{u\in U}(B(u)\wedge A_i(u))+(1-\bigwedge_{u\in U}(B(u)\vee A_i(u))\right] \tag{2.79}$$

取其中最大者对应的模糊集 A_{i_0},即认为 B 相对地与 A_{i_0} 属于同一类:

$$(B,A_{i_0})=\max_{i=1}^{n}\{(B,A_i)\} \tag{2.80}$$

例 2.19 反映茶叶质量的因素集为论域 $U=\{$条索,色泽,滋味$\}$,在该论域上的待识别茶叶和已知 3 个标准等级茶叶样品的模糊集分别为

$B=(0.4,0.2,0.6)$, $A_1=(0.5,0.4,0.4)$, $A_2=(0.3,0.2,0.2)$,和 $A_3=(0.2,0.2,0.2)$ 则按照最大贴近原则计算,可以确定 B 相对地与 A_1 属于同一类。

3. 模糊聚类方法

模糊聚类,就是应用模糊集理论把各研究对象进行分类的过程,可应用于许多系统综合评价中[23,27]。目前常用的模糊聚类方法的主要步骤是:

(1) 确定各研究对象的数量特征:

$$u_i=(x_{i1},x_{i2},\cdots,x_{im}),\quad i=1\sim n \tag{2.81}$$

式中,n 和 m 分别为研究对象的数目和特征数目。

(2) 对各特征 x_{ik} 进行标准化处理,以消除各特征的量纲效应,使模糊聚类具有通用性:

$$y_{ik}=(x_{ik}-\overline{x}_k)/s_k \tag{2.82}$$

式中,均值 $\overline{x}_k=\sum_{i=1}^{n}x_{ik}/n$,标准差 $s_k=\left[\sum_{i=1}^{n}(x_{ik}-\overline{x}_k)^2/(n-1)\right]^{0.5}$,$k=1\sim m$。

(3) 建立由各研究对象组成的论域 $U=\{u_1,u_2,\cdots,u_n\}$ 上的模糊相似矩阵 $\boldsymbol{R}=(r_{ij})_{n\times n}$。为描述各对象之间的模糊相似矩阵 $\boldsymbol{R}=(r_{ij})_{n\times n}$,通常可用相关系数法

$$r'_{ij}=\sum_{k=1}^{m}[(y_{ik}-\overline{y}_i)(y_{jk}-\overline{y}_j)]/$$

$$\left[\sum_{k=1}^{m}(y_{ik}-\overline{y}_i)^2\sum_{k=1}^{m}(y_{jk}-\overline{y}_j)^2\right]^{0.5} \tag{2.83}$$

$$r_{ij}=(r'_{ij}+1)/2 \tag{2.84}$$

式中，$\overline{y}_i=\sum_{k=1}^{m}y_{ik}/m,\overline{y}_j=\sum_{k=1}^{m}y_{jk}/m,i=1\sim n,j=1\sim n$。式(2.83)表示对象 i 与对象 j 的相关系数，其变化区间为[−1,1]，经式(2.84)一一对应到区间[0,1]。r_{ij} 表示对象 i 与对象 j 按照 m 个分类指标计算相似的程度，取0表示"很不相似"，取1表示"很相似"[29]。

也可用绝对值减数法建立模糊相似矩阵 $\boldsymbol{R}=(r_{ij})_{n\times n}$：

$$r_{ij}=1-c\sum_{k=1}^{n}|x_{ik}-x_{jk}| \tag{2.85}$$

式中，c 为适当选取的参数，使 $\boldsymbol{R}=(r_{ij})_{n\times n}$ 为模糊矩阵。

(4) 用传递闭包法把模糊相似矩阵改造为模糊等价矩阵。可采用平方改造法：

$$\boldsymbol{R}^2,\boldsymbol{R}^4,\boldsymbol{R}^8,\cdots,\text{直到 }\boldsymbol{R}^{2^{k-1}}=\boldsymbol{R}^{2^k} \tag{2.86}$$

式中，$\boldsymbol{R}^{2^k}$ 就是模糊等价矩阵，至多进行$[\log_2 n]+1$次模糊关系合成运算，即可得到 $\boldsymbol{R}^{2^k}$。

(5) 对模糊等价矩阵 $\boldsymbol{R}^{2^k}$ 进行 λ 截集运算，得到相应的等价布尔矩阵，等价布尔矩阵元素值为1所对应的研究对象可归为同一类，据此即可对所有研究对象进行在水平 λ 下的分类。随着 λ 值在[0,1]中由大到小发生改变，得到由细到粗的相应分类结果。

例 2.20 某市环境污染治理研究中需对5个环境单元 $U=\{u_1,u_2,u_3,u_4,u_5\}$ 进行分类，各单元的污染状况数据特征由污染物在空气、水分、土壤和作物4个要素中含量的超限度来表示，它们分别是(5,5,3,2)，(2,3,4,5)，(5,5,2,3)，(1,5,3,1)和(2,4,5,1)，根据式(2.85)建立的模糊相似矩阵为($c=0.1$)

$$\boldsymbol{R}=\begin{bmatrix}1 & 0.1 & 0.8 & 0.5 & 0.3\\0.1 & 1 & 0.1 & 0.2 & 0.4\\0.8 & 0.1 & 1 & 0.3 & 0.1\\0.5 & 0.2 & 0.3 & 1 & 0.6\\0.3 & 0.4 & 0.1 & 0.6 & 1\end{bmatrix}$$，用传递闭包法得等价矩阵

系统预测与综合评价方法

$$R^{2^4}=\begin{bmatrix}1&0.4&0.8&0.5&0.5\\0.4&1&0.4&0.4&0.4\\0.8&0.4&1&0.5&0.5\\0.5&0.4&0.5&1&0.6\\0.5&0.4&0.5&0.6&1\end{bmatrix}$$，在水平 λ 取 0.5 时，

$$(R^{2^4})_{0.5}=\begin{bmatrix}1&0&1&1&1\\0&1&0&0&0\\1&0&1&1&1\\1&0&1&1&1\\1&0&1&1&1\end{bmatrix}$$，故把 U 分为两类，即 $\{u_1,u_3,u_4,u_5\}$ 和 $\{u_2\}$。

4. 模糊综合评价方法

模糊综合评价，就是按照给定目标，应用模糊集理论对各对象进行分类排序的过程，可广泛应用于具有模糊性的各种综合评价中[23-25]。目前常用的模糊综合评价方法的主要步骤是：

(1) 确定评价因素集 $U=\{u_1,u_2,\cdots,u_n\}$，其中 $u_1,u_2,\cdots,u_n$ 为被评价对象的 n 个因素。

(2) 确定评语等级集 $V=\{v_1,v_2,\cdots,v_m\}$，其中 $v_1,v_2,\cdots,v_m$ 为 m 个评语等级。

(3) 进行单因素 u_i 评价，得到 V 上的模糊集 $(r_{i1},r_{i2},\cdots,r_{im})$，它是从 U 到 V 的一个模糊映射 f，$i=1,2,\cdots,n$，进而可以确定一个模糊矩阵

$$R=\begin{bmatrix}r_{11}&r_{12}&\cdots&r_{1m}\\r_{21}&r_{22}&\cdots&r_{2m}\\\cdots&\cdots&\cdots&\cdots\\r_{n1}&r_{n2}&\cdots&r_{nm}\end{bmatrix}\tag{2.87}$$

它是通过所有单因素评价得到的，故又称模糊判断矩阵。

(4) 用层次分析法、主成分分析法等方法确定评价因素的权重模糊集 $A=(a_1,a_2,\cdots,a_n)$。

(5) 用权重模糊集 A 对各单因素评价的结果 R 进行综合。该步骤一般是通过模糊合成运算实现的：

$$\boldsymbol{B} = (b_j) = \boldsymbol{A} \circ \boldsymbol{R}; \quad b_j = \bigvee_{i=1}^{n} (a_i \wedge r_{ij}), j = 1 \sim m \tag{2.88}$$

上述综合评价可称为模糊取小取大综合评价模型。也可以通过加权和进行综合：

$$b_j = \sum_{i=1}^{n} a_i r_{ij}, \ j = 1,2,\cdots,m \tag{2.89}$$

上述综合评价可称为模糊乘加综合评价模型。

(6) 综合评判。一般是根据 $\boldsymbol{B}$ 各分量的大小，按照最大隶属原则对被评对象进行综合评判。

在一般综合评价问题中评语等级集 $V = \{v_1, v_2, \cdots, v_m\}$ 是有序的，有时直接按照最大隶属原则进行综合评判存在不合理，为此需要调整。文献[25]提出了如下方法：设 $b_k = \max\limits_{1 \leqslant j \leqslant m} b_j$，若 $\sum\limits_{j=1}^{k-1} b_j \geqslant 0.5 \sum\limits_{j=1}^{m} b_j$ 则判被评价对象相对属于 v_{k-1} 等级，若 $\sum\limits_{j=k+1}^{m} b_j \geqslant 0.5 \sum\limits_{j=1}^{m} b_j$ 则判被评价对象相对属于 v_{k+1} 等级。也可以把 $\boldsymbol{B}$ 中分量累积达到一定置信度的最末分量所在等级，作为被评对象的评价等级。

另外，在大多数系统综合评价问题中，评语等级集 $V = \{v_1, v_2, \cdots, v_m\}$ 一般是实数集的子集，例如 $V = \{1, 2, \cdots, m\}$，所以可以对 k 个被评对象的综合评判结果 $(b_1^k, b_2^k, \cdots, b_m^k)$ 作进一步的综合：

$$c_k = \sum_{j=1}^{m} b_j^k v_j, \quad k = 1 \sim K \tag{2.90}$$

式中，K 为被评对象的数目。按照 $\{c_k\}$ 的大小，就可以对被评对象集进行分类排序。

例 2.21 设对某种服装分别从式样、耐穿和价格三个因素进行评价，得到在评语集{很欢迎，比较欢迎，不太欢迎，不欢迎}上的模糊评判矩阵为 $\boldsymbol{R} = \begin{pmatrix} 0.7 & 0.2 & 0.1 & 0 \\ 0.2 & 0.3 & 0.4 & 0.1 \\ 0.3 & 0.4 & 0.2 & 0.1 \end{pmatrix}$，这三个因素的权重为 $\boldsymbol{A} = (0.5, 0.3, 0.2)$。则根据式(2.88)得到对该服装的综合评价为 $\boldsymbol{B} = \boldsymbol{A} \circ \boldsymbol{R} = (0.5, 0.3, 0.3, 0.1)$，根据式(2.89)得到对该服装的综合评价为 $\boldsymbol{B} = \boldsymbol{A} \circ \boldsymbol{R} = (0.47, 0.27, 0.21, 0.05)$。若按照最大隶属原则可得到综合评价的结论是“很欢迎”；而按照文献[25]的调整最大隶属原则方法，可得到综合评价的结论是“比较欢迎”。

5. 模糊控制方法

模糊控制，就是按照给定目标，应用模糊集理论描述控制目标、输入变量、控制量、控制规则，实现实际控制过程，可广泛应用于具有模糊性的各种系统预测、评价和控制问题中。

例 2.22 不失一般性，下面结合实例[23]，介绍目前常用的模糊控制方法的主要思路。设有一个贮水容器的控制过程，其控制目标是将水位控制在0点附近，其输入变量 x 是水位对0点的偏差，其控制量 y 是通过调节阀的注水量和排水量，控制规则是人的经验规则：若水位高于0点，则排水，偏差越大，则排水量越大；若水位低于0点，则注水，偏差越大，则注水量越大。解该问题的模糊控制方法的主要步骤有：

(1) 建立输入变量 x 和控制量 y 的模糊集。将 x 的变化范围离散成7级作为 x 的论域 $X=\{-3,-2,-1,0,1,2,3\}$，建立 X 上的5个模糊集 A_1（正大）、A_2（正小）、A_3（零）、A_4（负小）和 A_5（负大），用以描述 x 的状态，见表2-15。

表 2-15 输入变量的模糊集

模糊集	论域						
	−3	−2	−1	0	1	2	3
A_1	0	0	0	0	0	0.5	1
A_2	0	0	0	0	1	0.5	0
A_3	0	0	0.5	1	0.5	0	0
A_4	0	0.5	1	0	0	0	0
A_5	1	0.5	0	0	0	0	0

同理，将 y 的变化范围离散成9级作为 y 的论域 $Y=\{-4,-3,-2,-1,0,1,2,3,4\}$，建立 Y 上的5个模糊集 B_1（正大）、B_2（正小）、B_3（零）、B_4（负小）和 B_5（负大），用以描述控制量 y 的取值，见表2-16。

表 2-16 控制量的模糊集

模糊集	论域								
	−4	−3	−2	−1	0	1	2	3	4
B_1	0	0	0	0	0	0	0	0.5	1
B_2	0	0	0	0	0	0.5	1	0.5	0
B_3	0	0	0	0.5	1	0.5	0	0	0
B_4	0	0.5	1	0.5	0	0	0	0	0
B_5	1	0.5	0	0	0	0	0	0	0

(2) 建立模糊控制规则。可以用如下模糊条件语句，描述上述人的经验规则：若 x 负大，则 y 正大；若 x 负小，则 y 正小；若 x 零，则 y 零；若 x 正小，则 y 负小；若 x 正大，则 y 负大。参见表 2－17。

表 2－17　模糊控制规则

输入变量值	A_5	A_4	A_3	A_2	A_1
控制量值	B_1	B_2	B_3	B_4	B_5

可以用如下从 x 到 y 的模糊矩阵来描述表 2－17 的多重模糊条件语句：

$$R=(A_5^{\mathrm{T}}\circ B_1)\cup(A_4^{\mathrm{T}}\circ B_2)\cup(A_3^{\mathrm{T}}\circ B_3)\cup(A_2^{\mathrm{T}}\circ B_4)\cup(A_1^{\mathrm{T}}\circ B_5) \tag{2.91}$$

式中，T 为矩阵转置符号。式(2.91) 的计算过程为：

$$(\boldsymbol{A}_5^{\mathrm{T}}\circ\boldsymbol{B}_1)_{7\times 9}=\begin{pmatrix} 0&0&0&0&0&0&0&0.5&1\\ 0&0&0&0&0&0&0&0.5&0.5\\ 0&0&0&0&0&0&0&0&0\\ 0&0&0&0&0&0&0&0&0\\ 0&0&0&0&0&0&0&0&0\\ 0&0&0&0&0&0&0&0&0\\ 0&0&0&0&0&0&0&0&0 \end{pmatrix}$$

$$(\boldsymbol{A}_4^{\mathrm{T}}\circ\boldsymbol{B}_2)_{7\times 9}=\begin{pmatrix} 0&0&0&0&0&0&0&0&0\\ 0&0&0&0&0&0.5&0.5&0.5&0\\ 0&0&0&0&0&0.5&1&0.5&0\\ 0&0&0&0&0&0&0&0&0\\ 0&0&0&0&0&0&0&0&0\\ 0&0&0&0&0&0&0&0&0\\ 0&0&0&0&0&0&0&0&0 \end{pmatrix}$$

$$(\boldsymbol{A}_3^{\mathrm{T}} \circ \boldsymbol{B}_3)_{7\times 9} = \begin{pmatrix} 0 & 0 & 0 & 0 & 0 & 0 & 0 & 0 & 0 \\ 0 & 0 & 0 & 0 & 0 & 0 & 0 & 0 & 0 \\ 0 & 0 & 0 & 0.5 & 0.5 & 0.5 & 0 & 0 & 0 \\ 0 & 0 & 0 & 0.5 & 1 & 0.5 & 0 & 0 & 0 \\ 0 & 0 & 0 & 0.5 & 0.5 & 0.5 & 0 & 0 & 0 \\ 0 & 0 & 0 & 0 & 0 & 0 & 0 & 0 & 0 \\ 0 & 0 & 0 & 0 & 0 & 0 & 0 & 0 & 0 \end{pmatrix}$$

$$(\boldsymbol{A}_2^{\mathrm{T}} \circ \boldsymbol{B}_4)_{7\times 9} = \begin{pmatrix} 0 & 0 & 0 & 0 & 0 & 0 & 0 & 0 & 0 \\ 0 & 0 & 0 & 0 & 0 & 0 & 0 & 0 & 0 \\ 0 & 0 & 0 & 0 & 0 & 0 & 0 & 0 & 0 \\ 0 & 0 & 0 & 0 & 0 & 0 & 0 & 0 & 0 \\ 0 & 0.5 & 1 & 0.5 & 0 & 0 & 0 & 0 & 0 \\ 0.5 & 0.5 & 0.5 & 0.5 & 0 & 0 & 0 & 0 & 0 \\ 0 & 0 & 0 & 0 & 0 & 0 & 0 & 0 & 0 \end{pmatrix}$$

$$(\boldsymbol{A}_1^{\mathrm{T}} \circ \boldsymbol{B}_5)_{7\times 9} = \begin{pmatrix} 0 & 0 & 0 & 0 & 0 & 0 & 0 & 0 & 0 \\ 0 & 0 & 0 & 0 & 0 & 0 & 0 & 0 & 0 \\ 0 & 0 & 0 & 0 & 0 & 0 & 0 & 0 & 0 \\ 0 & 0 & 0 & 0 & 0 & 0 & 0 & 0 & 0 \\ 0 & 0 & 0 & 0 & 0 & 0 & 0 & 0 & 0 \\ 0 & 0.5 & 0 & 0 & 0 & 0 & 0 & 0 & 0 \\ 1 & 0.5 & 0 & 0 & 0 & 0 & 0 & 0 & 0 \end{pmatrix}$$

$$(\boldsymbol{R})_{7\times 9}=\begin{pmatrix} 0 & 0 & 0 & 0 & 0 & 0 & 0 & 0.5 & 1 \\ 0 & 0 & 0 & 0 & 0 & 0.5 & 0.5 & 0.5 & 0.5 \\ 0 & 0 & 0 & 0.5 & 0.5 & 0.5 & 0.5 & 0.5 & 0 \\ 0 & 0 & 0 & 0.5 & 1 & 0.5 & 0 & 0 & 0 \\ 0 & 0 & 0.5 & 1 & 0.5 & 0.5 & 0.5 & 0 & 0 \\ 0.5 & 0.5 & 0.5 & 0.5 & 0 & 0 & 0 & 0 & 0 \\ 1 & 0.5 & 0 & 0 & 0 & 0 & 0 & 0 & 0 \end{pmatrix}$$

(3) 根据模糊控制规则 R,确定观测到的某输入变量模糊集 A 所对应的模糊控制变量的模糊集 B。这一般通过模糊关系的合成运算来实现:

$$B=A\circ\boldsymbol{R},b_j=\bigvee_{i=1}^{7}(a_i\wedge r_{ij}),j=1\sim 9 \tag{2.92}$$

例如,设 $A=(1,0.3,0.2,0,0,0,0)$,则

$$B=(1,0.3,0.2,0,0,0,0)\circ\begin{pmatrix} 0 & 0 & 0 & 0 & 0 & 0 & 0 & 0.5 & 1 \\ 0 & 0 & 0 & 0 & 0 & 0.5 & 0.5 & 0.5 & 0.5 \\ 0 & 0 & 0 & 0.5 & 0.5 & 0.5 & 1 & 0.5 & 0 \\ 0 & 0 & 0 & 0.5 & 1 & 0.5 & 0 & 0 & 0 \\ 0 & 0 & 0.5 & 1 & 0.5 & 0.5 & 0.5 & 0 & 0 \\ 0.5 & 0.5 & 0.5 & 0.5 & 0 & 0 & 0 & 0 & 0 \\ 1 & 0.5 & 0 & 0 & 0 & 0 & 0 & 0 & 0 \end{pmatrix}$$

$$=(0,0,0,0.2,0.2,0.3,0.3,0.5,1) \tag{2.93}$$

(4) 确定模糊控制变量的清晰化值 y_0。一般用最大隶属原则,在式(2.93)中,$y_0=4$;也可用加权平均法得到

$$\begin{aligned} y_0 &= \frac{\sum_{j=1}^{9} b_j y_j}{\sum_{j=1}^{9} b_j} \\ &= \frac{0+0+0+0.2(-1)+0.2(0)+0.3(1)+0.3(2)+0.5(3)+1(4)}{0.2+0.2+0.3+0.3+0.5+1} \\ &= 2.48 \end{aligned}$$

即注入水量为 2.48 级。

2.5 自适应试验遗传算法[30]

2.5.1 自适应试验遗传算法

自美国密歇根大学 John H. Holland 教授上世纪 60 年代创立遗传算法(GA) 以来，由于具有全局概率搜索性、隐含并行性及广泛通用性等优点，因此在各种问题的求解过程中获得了广泛的应用，但同时也存在理论和应用技术上的不足[31-33]。近年来许多研究者将试验设计的思想与方法引入现代优化算法领域[1,34-37]，取得了很多满意的成果。受试验设计理论方法[38-40]和传统优化方法的启发，这里介绍一种新的改进遗传算法 —— 自适应试验遗传算法(Adaptive Experimental Genetic Algorithm，AEGA)，即在标准遗传算法的基础上引入均匀初始分布、调优试验操作和摄动试验操作等算子以提高 GA 的性能。如上所述，均匀设计与遗传算法相结合已有很多成功应用，但一般均以固定形式的均匀设计表为基础而缺乏灵活性，本文提出应用亚遗传算法进行均匀设计表的自适应构造，并能获得多个任意水平数的均匀设计，以之引导遗传算法进行初始种群分布和变量区间投点搜索，同时引入调优试验操作和摄动试验操作以进一步改进算法性能。试验结果表明，由于 AEGA 利用均匀试验设计形成子代群体能较大程度保障群体多样性而不易陷入局部极值点，能以较少的进化代数得到较为满意的全局最优解，尤其在高维优化问题中可明显提高遗传算法的搜索效率，同时具有自动适应算法对搜索精度要求的能力，较大地增强了算法寻优性能，介绍如下。

1. 基于遗传算法的均匀设计表构造

设一个要进行 n 次试验的实验，含 s 个因素，它们各自取 q $(q \leqslant n)$ 个水平，则均匀设计表为 $U_n(q^s)(q \leqslant n)$，为方便这里取等水平 $q = n$ 。该设计方案 $U_n(n^s)$ 可用一个 n 行 s 列的矩阵表示，在此我们称这一矩阵为均匀设计的方案阵，其构造方法 —— 生成向量法可参考有关文献[38]。

不失一般性，取中心化 L_2 − 偏差 CD_2 为度量指标，将 u_{ij} 变换到 $x_{ij} = (2u_{ij} - 1)/2n$，则 CD_2 可由式(2.94) 获得，

$$CD_2(h) = [(\frac{13}{12})^s - \frac{2^{1-s}}{n}\sum_{k=1}^{n}\prod_{i=1}^{s}(2 + \left|x_{ki} - \frac{1}{2}\right| - \left|x_{ki} - \frac{1}{2}\right|^2) + \frac{1}{n^2}\sum_{k=1}^{n}\sum_{j=1}^{n}\prod_{i=1}^{s}$$
$$(1 + \frac{1}{2}\left|x_{ki} - \frac{1}{2}\right| + \frac{1}{2}\left|x_{ji} - \frac{1}{2}\right| - \frac{1}{2}\left|x_{ki} - x_{ji}\right|)]^{\frac{1}{2}} \qquad (2.94)$$

定义生成向量集合 $\boldsymbol{H}_n = \{h_1, h_2, \cdots, h_m\}$，其中 m 由著名的欧拉函数

$\varphi(n)$ 确定，则 1 个生成向量 $\boldsymbol{h}=(h_{j_1},h_{j_2},\cdots,h_{j_s})\in \boldsymbol{H}_n, j_i\in J=\{1,2,\cdots,s\}$ 能唯一确定 1 个 n 水平的均匀设计方案 $U_n^*(\boldsymbol{h})$。由此可见，构造均匀设计的实质就是以 $\boldsymbol{h}$ 为自变量，在共有 $\binom{m}{s}$ 个组合中寻找使均匀度函数（如 CD_2）最好的子阵 $U_n^*(n^s)$，即可得到最优均匀设计的一个近似解，实际上它是一个组合优化问题。文献[38] 提出了方幂生成向量法进行该问题的优化，即通过寻找 U－矩阵生成元 $\boldsymbol{a}$ 的方法以减少考察的生成向量数，但由于其向量选取过程较复杂，且在生成元 $\boldsymbol{a}$ 对 n 的次数判断上需耗费大量计算时间，甚至可能由于幂乘数值过大造成内存溢出，因此有很大的局限性。既然均匀设计过程实际是一个等价于以某种均匀度函数为目标的组合优化问题，因此可以引入寻优能力很强的遗传算法来求解决。具体构造过程可参考文献[41]，这里不再赘述。

为区别起见，将以上用于构造均匀设计的遗传算法称为亚遗传算法，并把该构造过程定义为以 s 和 n 为输入、以 $U_n^*(k,j),(k=1\sim n,\ j=1\sim s)$ 为输出的一个子程序。理论上该法可以生成一切 $s\leqslant n$ 的均匀设计表，当 n 较大（如 $n>50$）时其较传统方法更具明显的优越性。同时，由于具有等价均匀性的设计表往往不唯一，此法可以同时获得 N_u 个等价试验方案，给试验者提供了更大的备选空间。

2. 自适应试验遗传算法的计算步骤

不失一般性，考虑如下优化问题，

$$\min\{f(\boldsymbol{x})\mid \boldsymbol{x}\in D\} \tag{2.95}$$

式中，f 为目标函数，这里设为非负；$\boldsymbol{x}$ 为 s 维待优化变量，$\boldsymbol{x}\in R^s$；D 为待优化变量可行域。AEGA 的具体操作步骤如下。

步骤 1： 实数编码。标准遗传算法(SGA) 一般采用二进制编码，其搜索能力较强但需要频繁进行变量的编码与解码工作，计算量大且精度有限，而基于实数编码则可使计算量大大减少，而且解空间在理论上为连续。

步骤 2： 产生初始群体。这里除了采用传统的随机分布外，同时按上节获得的 N_u 个均匀设计表对 D 进行均匀性分布，最大限度的使初始分布具有均匀分散性，以减小高维空间数据分布中“维数祸根”[12] 的影响。

步骤 3： 父代适应度评价。把父代个体代入式(2.95) 得相应的目标函数适应度值 f 并对其按从小到大排序，值越小表示该个体的适应度越高。

步骤 4： 选择操作。对父代群体按适应度进行依概率 P_s 选择和依概率 P_{ex} 精英保留[2]。

步骤 5： 杂交操作。从父代群体中随机提取两个个体作为双亲进行线性组合，杂交生成新的两个个体。

步骤 6：变异操作。对父代群体依概率 P_m（变异率，一般取 0.05）对个体个别基因进行突变，这在进化的中后期能有效地提高 GA 跳出局部最小点的能力。

步骤 7：均匀调优试验操作。一方面对步骤 4～6 产生的最优及最差群体所组成的变量空间，利用上节获得的 N_u 个均匀设计表 $U_n^*(k,j)$，将各变量按表中所给顺序进行不同水平组合，生成子代群体；另一方面，借鉴试验优化设计中调优运算（EVOP）的思想与方法[40]，在前述步骤获得的 N_{ex} 个优秀个体周围 $\sigma^{t+1}(j)n$ 范围内按式（2.96）进行确定性均匀分布搜索，

$$x^{t+1}(k,j) = x^t(i,j) + \sigma^{t+1}(j)nU_n(k,j), \quad (k = 1 \sim n) \tag{2.96}$$

式中 t 为进化代数；$x^{t+1}(k, j)$，$(j = 1 \sim s)$ 为第 k 个子代个体第 j 个分量；$x^t(k, j)$，$(i = 1 \sim N_{ex})$ 为第 i 个父代优秀个体的第 j 个分量；$\sigma^{t+1}(j) = \sigma_\varepsilon + \sigma^0(j) \cdot 10^{-h^t(j)}$，$\sigma^{t+1}(j)$，$\sigma^t(j)$ 分别为子代、父代个体第 j 个分量的标准差；σ_ε，$\sigma^0(j)$ 分别为标准差基数和第 j 个分量的初始标准差，应用中常取 $\sigma_\varepsilon = 0$，$\sigma^0(j) \in [1,3]$；$h^t(j)$ 为第 t 代个体 j 分量的搜索敏感系数，在迭代过程中就是通过它自动适应算法对搜索精度的要求，$h^t(j) = h_0 + t$，h_0 为初始搜索敏感系数，h_0 一般取 0～3。

步骤 8：随机调优试验操作。此为随机性正态分布搜索，借鉴了免疫遗传算法（Immune Genetic Algorithms，IGA）中的免疫生殖操作方法[42]，即在 N_{ex} 个优秀个体上叠加一个服从正态分布的随机变量 $N(0,1)$ 以产生新的子代群体，

$$x^{t+1}(k,j) = x^t(i,j) + \sigma^{t+1}(j) \cdot N(0,1), \quad (k = 1 \sim M/N_{ex}) \tag{2.97}$$

式中 $N(0,1)$ 为服从标准正态分布的随机数；其他符号意义同前。

步骤 9：摄动试验操作。这里借鉴一些传统优化方法的思想，依次序每次只对某一变量进行试探性搜索而固定其他变量不变，试验说明这对算法跳出局部最优解很有效果，实际上可以把它视为一种特殊的变异操作。

步骤 10：进化迭代。至步骤 9 就可得到若干新的子代群体，算法转入步骤 3。如此循环往复，优秀个体所对应的优化变量将不断进化，与最优点的距离越来越近，直至最优个体的适应度函数值小于某一设定值或达到预定循环迭代次数，便可结束整个算法的运行。

2.5.2 数值试验

为检验 AEGA 的性能，笔者选取如下遗传算法常用的数学测试函数进行数值试验：

(1) Camel 函数 $f_1 = \min[(4 - 2.1x_1^2 + x_1^4/3)x_1^2 + x_1x_2 + (4x_2^2 - 4)x_2^2]$，

$x_i \in [-10,10]$；

(2) Rosenbrock 函数 $f_2 = \min[100(x_1^2 - x_2)^2 + (1-x_1)^2]$, $x_i \in [-10,10]$；

(3) $f_3 = \min\{\frac{1}{n}\sum_{i=1}^{n}[x_i^4 - 16_i^2 + 5x_i]\}$, $x_i \in [-10,10]$, $n = 5$；

(4) $f_4 = \min\sum_{i=1}^{n}[x_1^2 - 10\cos(2\pi x_i) + 10]$, $x_i \in [-10,10]$, $n = 7$；

(5) $f_5 = \min\sum_{i=1}^{n}(\sum_{j=1}^{n}x_j)^2$, $x_j \in [-10,10]$, $n = 11$；

(6) Rastrigin 函数 $f_6 = \min\sum_{i=1}^{n}[x_i^2 - \cos 18x_i]$, $x_i \in [-10,10]$, $n = 15$；

(7) $f_7 = \sum_{i=1}^{n} | x_i | + \prod_{i=1}^{n} | x_i |$, $x_i \in [-10,10]$, $n = 30$.

优化的均匀设计表数 N_u 取 5 个，AEGA 的父代个体数目取 300、N_{ex} 取 10，计算精度 10^{-6}，各函数的维数 n 在试验过程中取若干小于 50 的正整数，为方便这里只给出某维数的计算结果，见表 2－18。同时为比较性能，表中给出了 SGA、(Uniform Genetic Algorithms，UGA) 和 IGA 的结果，其中各算法的父代个体数目、选择概率、交叉概率及变异概率皆相同，GA 与 UGA 最大进化代数取 100，而 IGA 与 AEGA 取 30。

表 2－18　各函数全局最优解及不同算法优化结果比较

函数	维数	全局最优值	SGA		UGA		IGA		AEGA	
			迭代数	最优值	迭代数	最优值	迭代数	最优值	迭代数	最优值
f_1	2	－1.031628	100	－1.031075	83	－1.031075	10	－1.031628	7	－1.031628
f_2	2	0	100	0.019527	100	0.000292	27	0.000000	18	0.000000
f_3	5	－78.33236	47	－78.332340	25	－78.332340	9	－78.332340	8	－78.332340
f_4	7	0	100	0.000023	71	0.000023	13	0.000000	7	0.000000
f_5	11	0	100	0.167565	100	0.167565	89	0.000000	67	0.000000
f_6	15	－15	100	－14.999620	100	－14.999620	18	15.000000	19	－15.000000
f_7	30	0	100	0.003180	100	0.003180	30	0.000001	30	0.000000

由表 2－18 可知：SGA 随着函数维数和复杂度的增大极易早熟而陷入局部较优解，如各测试函数(除函数 f_3 外) 经过 100 代进化都难以获得全局最优解。UGA 是在 SGA 的基础上增加了初始种群的均匀性分布，因而比 SGA 有较大的性能改善，这也验证了邹亮等人的试验结论[37]，即运用均匀设计产生初始种群能够增强 GA 的收敛性，不过这种改善效果却随着优化函数复杂

度和维数的增加而受到限制。IGA 是基于免疫生殖操作的改进遗传算法，测试函数（f_5 除外）一般经过小于 30 次的进化都能获得全局最优解，性能较之 SGA、UGA 有了极大改进。而 APGA 由于在 IGA 的基础上增加了初始种群的均匀性分布、变区间内的均匀性搜索以及同时对多个较优解进行均匀调优试验，因而它的搜索效率和解的精度较 IGA 更胜一筹，从该表测试函数的结果可知，APGA 的进化代数普遍小于 IGA，说明本文所提出的改进遗传算法的有效性。

为进一步全面比较 APGA 与 IGA 的寻优效率，图 2-9 至图 2-12 给出了两种算法分别求解 $f_3 \sim f_6$ 的结果（以各函数的维数 n_d 为横坐标、以遗传算法解的精度达到10^{-6} 时的进化代数 n_{ac} 为纵坐标），由于 SGA 和 UGA 都难以得到全局最优解而与 IGA、AEGA 失去可比性，故图中未显示。

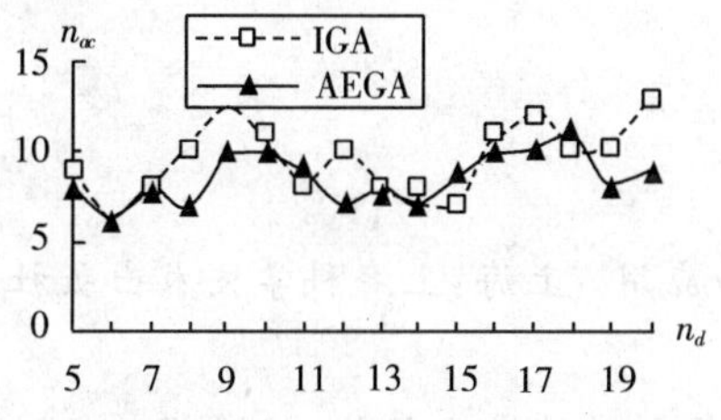

图 2-9　求解函数 f_3 的 $n_{ac} \sim n_d$ 对比

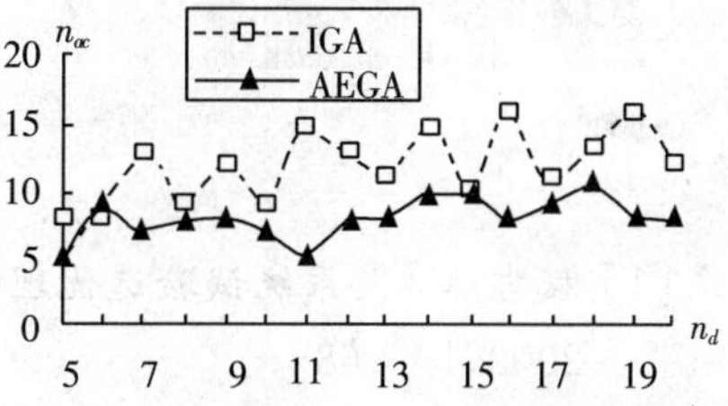

图 2-10　求解函数 f_4 的 $n_{ac} \sim n_d$ 对比

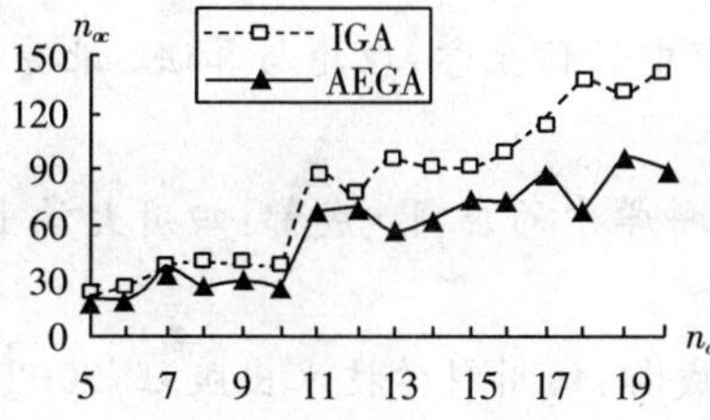

图 2-11　求解函数 f_5 的 $n_{ac} \sim n_d$ 对比

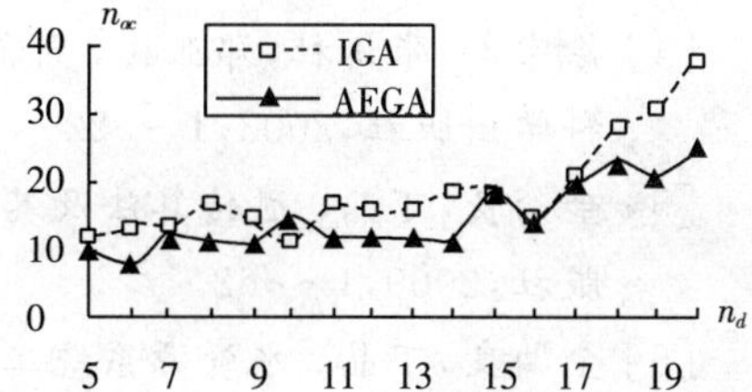

图 2-12　求解函数 f_6 的 $n_{ac} \sim n_d$ 对比

显然，AEGA 的进化代数（除个别点外）一般比 IGA 要少，虽然随着函数复杂度的升高、维数的增大，二者的进化代数都有较大增加，但 AEGA 增加的幅度明显小于 IGA，而且这种优势应该与函数的维数成正比。由此可知，在相同参数设置条件下，由于试验设计方法的引入而使 AEGA 比 IGA 具有更好的收敛效率。

2.5.3 结　　论

通过以上分析、计算，可以获得以下几点结论：

(1) 根据均匀设计原理和方法生成若干任意因素水平的均匀设计表，为试验优化技术与遗传算法真正的有机结合提供了可能。

(2) 本文提出的 AEGA 是一种结合传统优化方法、现代智能算法以及试验设计方法的新的智能全局优化算法，它融合了随机性正态搜索和确定性均匀分布搜索，同时考虑了变量的连续性与离散化，在实际运用中这种方法的交叉达到了预期的良好效果。

(3) 与一般优化方法相比，AEGA 参数设置简便，计算效率高，通用性强，对复杂系统中的非线性、非凸及组合优化等问题的求解具有很强的适应性，因此 AEGA 在系统工程实践中有着广泛的应用前景。

参考文献

[1] 程吉林. 大系统试验选优理论和应用. 上海:上海科学技术出版社，2002，1 ～ 68

[2] 钱学森. 创建系统学. 太原:山西科学技术出版社，2001，7 ～ 18

[3] 朱剑英. 智能系统非经典数学方法. 武汉:华中科技大学出版社，2001，10 ～ 56

[4] 徐宗本，张讲社，郑亚林. 计算智能中的仿生学:理论与算法. 北京:科学出版社，2003，1 ～ 22

[5] 金菊良，丁晶. 遗传算法及其在水科学中的应用. 成都:四川大学出版社，2000，1 ～ 62

[6] 金菊良，丁晶. 水资源系统工程. 成都:四川科学技术出版社，2002，1 ～ 167

[7] Holland J. H. 基因算法. 科学(中译本)，1992，(11):24 ～ 31

[8] 恽为民，席裕庚. 遗传算法的运行机理分析. 控制理论与应用，1996，13(3):297 ～ 304

[9] 石琳珂. 逐步缩小搜索范围的遗传算法. 地球物理学进展，1995，10(4):67 ～ 69

[10] 王强，邵惠鹤. 遗传算法在甲醛生产过程优化中的应用. 控制理论与应用，1996，13(4):477 ～ 481

[11] 金菊良，杨晓华，丁晶. 标准遗传算法的改进方案－加速遗传算法. 系统工程理论与实践，2001，21(4):8 ～ 13

[12] 周双喜，杨彬．影响遗传算法性能的因素及改进措施．电力系统自动化，1996，20(7)：24～31

[13] 韦柳涛，曾庆川等．启发式遗传基因算法及其在电力系统机组组合优化中的应用．中国电机工程学报，1994(2)：67～71

[14] 何耀华，韩守木，程尚模．求解多变量优化问题GAs方法的实现与改进．华中理工大学学报，1996，24(4)：96～99

[15] 张琦，韩祯祥，文福拴．进化规划方法在电力系统静态负荷模型参数辨识中的应用．电力系统自动化，1997，21(2)：9～12

[16] 金菊良，杨晓华，丁晶．基于实数编码的加速遗传算法．四川大学学报(工程科学版)，2000，32(4)：20～24

[17] 刘勇，康立山，陈毓屏．非数值并行算法(第二册)—遗传算法．北京：科学出版社，1997，1～28

[18] 杨荣富，金菊良，丁晶．保持群体多样性的遗传算法．四川联合大学学报(工程科学版)，1999，3(6)：13～16，23

[19] Hinton G. E. 神经网络怎样从经验中学习．科学(中译本)，1993，(2)：77～84

[20] Nielsen H R. Kolmogorov's neural mapping network existence theorem. San Diego：Proc. IEEE First International Conference on Neural Networks. 1987，(3)：11～14

[21] 金菊良，魏一鸣，杨晓华，等．基于遗传算法的神经网络及其在洪水灾害承灾体易损性建模中的应用．自然灾害学报，1998，7(2)：53～60

[22] 张铃，张钹．神经网络中BP算法的分析．模式识别与人工智能，1994，7(13)：191～195

[23] 杨纶标，高英仪．模糊数学原理及应用(第三版)．广州：华南理工大学出版社，2002，1～68

[24] 杨晓华，沈珍瑶．智能算法及其在资源环境系统建模中的应用．北京：北京师范大学出版社，2005，1～12

[25] 汪应洛．系统工程(第2版)．北京：机械工业出版社，2001，1～73

[26] 姚敏．计算机模糊信息处理技术．上海：上海科学技术文献出版社，1999，12～16

[27] 陈守煜．复杂水资源系统优化模糊识别理论与应用．长春：吉林大学出版社，2002，10～16

[28] 金菊良，程吉林，魏一鸣．流域生态环境质量评价的熵模糊模式识别模型．四川大学学报(工程科学版)，2006，38(1)：5～9

[29] 李洪兴,汪培庄. 模糊数学. 北京:国防工业出版社,1994,1 ~ 10
[30] 张礼兵,程吉林,金菊良. 自适应试验遗传算法研究与应用. 系统工程学报,(待刊)
[31] Rudolph G. Convergence analysis of canonical genetic algorithms. IEEE Trans on Neural Networks,1994,5(1):96 ~ 101
[32] 陈国良,王煦法. 遗传算法及其应用. 北京:人民邮电出版社,1996,1 ~ 88
[33] Srinivas M. Adaptive probability of crossover and mutation in genetic algorithms. IEEE Trans Sys,Man and Cybern,1994,26(4):656 ~ 667
[34] Leung YW,Wang Y. An orthogonal genetic algorithm with quantization for global numerical optimization. IEEE Trans. Evolutionary Computation,2001,5(1):41 ~ 53
[35] 何大阔,王福利,张春梅. 基于均匀设计的遗传算法参数设定. 东北大学学报(自然科学版),2003,24(5):409 ~ 411
[36] 王宇平,焦永昌,张福顺. 解多目标优化的均匀正交遗传算法. 系统工程学报,2003,18(6):481 ~ 486
[37] 邹亮,汪国强. 均匀试验设计在遗传算法中的应用. 华南理工大学学报(自然科学版),2003,31(5):90 ~ 92
[38] 方开泰,马长兴. 正交与均匀试验设计. 北京:科学出版社,2001,83 ~ 102
[39] Fang KT,Lu X,Tang Y. Constructions of uniform designs by using resolvable packing and coverings. Discrete Mathematics,2004,(274):25 ~ 40
[40] 任露泉. 试验优化设计与分析. 北京:高等教育出版社,2003,179 ~ 192
[41] 张礼兵,程吉林,金菊良等. 基于整数编码遗传算法的均匀设计表构造. 系统工程理论与实践,2005,25(12):57 ~ 61,82
[42] 张礼兵,金菊良. 一种免疫遗传算法研究及应用. 合肥工业大学学报(自然科学版),2004,27(7):434 ~ 437

第3章 系统预测方法

3.1 系统预测概述[1-3]

系统预测，就是根据研究系统或类似系统发展变化的实际数据、历史资料，以及人们的经验、判断和知识等，在分析和描述系统发展变化的规律的基础上，运用研究系统所在学科的理论和数学方法，对研究系统在未来一定时期内的可能变化进行估计和评价，以减少人们对系统未来状况认识的不确定性。

政治、社会、经济、技术、自然等实际系统，一般都是大规模复杂系统，对这些系统准确而及时的预测具有重要的理论意义和工程价值：① 系统预测是系统决策的基础，系统预测的目的是为系统决策提供科学依据，增强系统决策的主动性，提高系统决策的效率。例如，准确及时的洪水预测，可为防汛指挥决策提供科学依据，可以获得减免洪水灾害损失的巨大经济效益、社会效益和生态环境效益。② 系统预测是某学科理论应用于具体工程实践的最重要的方法之一，也是该学科理论最易被实践检验和修正的重要途径。因此，一些自然科学的学科发展水平往往主要体现在该学科的预测水平。实际系统往往具有高维性、随机性、模糊性、混沌性等诸多复杂特征，有效地预测这些系统至今仍是自然科学和技术科学领域内的一项世界性难题，目前就国内外研究状况而言，该类研究仍处于积极探索和不断发展阶段。

根据预测的对象、时间尺度、空间尺度、精度要求、预测方法的性质等方面，可对现有的系统预测方法进行不同的分类。目前最常用的分类是根据预测方法的性质，把系统预测方法大致分为如下五类：一是定性预测方法，主要是依据人们对系统过去和现在的经验、判断和直觉，通过现场调查、专家打分、主观评价等对系统进行预测，如 Delphi 法、主观概率法等；二是时间序列分析预测法，主要是根据系统对象随时间变化的历史资料，通过系统时间序列的自相关分析、谱分析等对系统发展趋势进行外推，如自回归滑动平均模型方法等；三是因果关系预测方法，主要是根据系统内部要素变化存在的因果关系，通过识别影响系统发展的主要变量，建立它们的数学模型，然后可以根据自变量的变化预测因变量，如回归分析方法、系统动力学方法等；四是非参数预测方法，它不对预测模型的结构形式作出预先假定，而直接在预测对象及其影响因子的历史样本数据资料的驱动下建立预测模型，例如相似预测方法、基于核密度估计的非参数预测方法、最近邻抽样预测方法等；五是组合预测方法，主要是基于单种预测方法的局限性和近似性，通过对多种不同的预测方法进行适当组合（一般是线性加权），形成组合预测方法，以便综合利用各种预测方法所提供的信息，提高预测的精度和可靠度，如可以将定性预测方法与定性预测方法进行综合，定量预测方法与定量预测方法进行综合，以及定性预测方法与定性预测方法进行综合。

系统预测方法的理论源泉主要包括以下两方面的内容：一是预测对象所属学科领域的理论，这些理论主要用以揭示系统发展的规律、指导预测方法的选择和预测对象的历史数据和预测结果的分析检验评价，例如河道洪水期径流预测与枯水期径流预测所采用的预测方法可能明显不同；二是预测方法的理论，这些理论主要是与相关分析有关的各种应用数学、计算机算法理论以及近年来兴起的混沌理论等一些智能化预测方法的理论等。一次成功的系统预测实践，一般是建立在充分、准确地利用预测对象发展的历史和现状资料信息，以及科学合理地选择预测方法的基础上的。目前进行系统预测的基本依据主要有：在系统发展变化过程中，系统内部要素之间、系统与环境之间具有关联性；系统发展的过去、现在和将来具有延续性；存在预测对象的相似对象；系统的未来发展具有不确定性，预测结果只是对系统未来发展各种可能性的估计；根据实际预测误差和反馈原理，可以不断修正预测结果。

从方法论的角度看，系统预测方法一般包括如下八个步骤：① 确定预测对象和预测目标；② 收集、分析资料和数据；③ 确定预测方法；④ 确定预测模型的结构形式和参数，建立预测模型；⑤ 利用预测模型进行预测；⑥ 根据模型的预测结果，对模型的合理性、模型的计算精度和模型的敏感性等进行分析和检验；⑦ 对预测结果进行修正、评定，确定最终的系统预测结果，作为决策依据；⑧ 根据预测的实际效果对以上步骤进行不断修改和完善，是一个多次迭代的过程。其中，建立系统预测模型是系统预测的核心工作。

系统预测涉及的内容十分广泛而复杂，对预测者的知识、经验和能力等在深度和广度方面都具有较高要求。可以说，没有实际系统预测工作的感性认识和具体经验，就很难真正理解系统预测方法的实质，掌握系统预测方法的最好方法就是在具体实践问题中多应用、多总结。

基于以上论述，本章将着重介绍几种智能化预测方法，包括基于遗传算法的自回归模型、基于遗传算法的门限自回归模型、基于遗传算法的门限回归模型和基于遗传算法的双线性模型。

3.2 自回归预测模型[4]

当样本容量较小时，用传统的矩法、最小二乘法、极大似然法估计自回归(auto－regressive，AR)模型参数的结果受样本抽样误差的影响很大。为此，本节采用稳健性好的最小一乘准则作为优化准则来探讨 AGA 在小样本时间序列建模中的应用。

例 3.1 表3-1为文献[5]所给1966至1993年度的冰情等级资料系列，可采用平稳时间序列分析技术建立冰情等级自回归预报模型。由于这里样本容量只有 27，用传统的最小二乘法解模型参数，误差较大。这里我们用 AGA 来优化参数。

表 3-1　冰情等级系列及其预报模型的预报误差　　单位:冰级

年度	实测冰级	预报冰级	预报误差
1966—1967	3.0		
1967—1968	4.5		
1968—1969	5.0		
1969—1970	3.0		
1970—1971	3.5	3.46	－0.04
1971—1972	3.0	2.99	－0.01
1972—1973	1.0	2.18	1.18*
1973—1974	3.0	2.14	－0.86
1974—1975	1.5	2.11	0.61
1975—1976	1.5	1.54	0.04
1976—1977	4.5	2.40	－2.10*
1977—1978	2.5	2.35	－0.15
1978—1979	2.5	2.70	0.20
1979—1980	3.0	3.23	0.23
1980—1981	2.5	1.97	－0.53
1981—1982	2.5	2.45	－0.05
1982—1983	2.0	2.50	0.50
1983—1984	3.0	2.06	－0.94
1984—1985	3.5	2.41	－1.09*
1985—1986	3.0	2.61	－0.39
1986—1987	3.0	2.99	－0.01

（续表）

年度	实测冰级	预报冰级	预报误差
1987—1988	2.0	2.77	0.77
1988—1989	1.5	2.17	0.67
1989—1990	3.0	1.96	−1.04*
1990—1991	1.5	2.03	0.53
1991—1992	1.5	1.96	0.46
1992—1993	1.5	2.27	0.77
1993—1994	1.5	1.41	−0.09

注：打“*”为预报误差绝对值大于1冰级的情况

先计算表3-1中1966至1993年度的冰情等级资料系列的前6阶自相关系数：

$$r(k)=\frac{\sum_{t=k+1}^{n}(x_t-\bar{x})(x_{t-k}-\bar{x})}{\sum_{t=1}^{n}(x_t-\bar{x})^2} \tag{3.1}$$

式中，k 为自相关系数的阶数（本例中 $k=1\sim6$），n 为样本容量（本例中 $n=27$），均值 $\bar{x}=\sum_{t=1}^{n}x_t/n$。结果见表3-2。

表3-2　年度冰情等级系列样本自相关系数

k	1	2	3	4	5	6
$r(k)$	0.251	0.105	0.217	−0.278	−0.100	−0.110

表3-2说明，4阶以上的相关系数与零无显著差异。故对年度冰情等级系列可用下列预报模型描述：

$$x_t^*=c_1+c_2x_{t-1}+c_3x_{t-2}+c_4x_{t-3}+c_5x_{t-4} \tag{3.2}$$

式中，x_t 和 x_t^* 分别为第 t 年度实测冰级和预报冰级，$t=1970$ 表示1970—1971年度，余类推；$c_1\sim c_5$ 为模型参数。

现用AGA优化估计上述模型参数。取优化准则为极小化下式

$$f=\sum_{t=1970}^{1992}\mid x_t^*-x_t\mid \tag{3.3}$$

参数 $c_1\sim c_5$ 初始变化区间均取[−5,5]，用AGA加速寻优6次，得最优参数估计值，见表3-3。对照表3-2的自相关系数值，表3-3的参数估计值反映

了这种自相关结构，因此是合理的。

表 3-3　用 AGA 估计冰情预报模型的参数

参　数	c_1	c_2	c_3	c_4	c_5
AGA 估计值	0.99731	0.31538	0.19106	0.30419	−0.26892

把表 3-3 的参数优计值代入式(3.2)冰情预报模型，模型平均绝对残差为 0.57 冰级，具体预报情况见表 3-1，其中 1993—1994 年度为试报，其余为历史预报。从表 3-1 可知：在 23 次历史预报中有 19 次误差小于 1 冰级，占 83%；在 4 次较大预报误差中，1972—1973 年度、1976—1977 年度为极端冰级情况，发生频率很小，在较短的实测系列中很难探测其规律性，对它们预报精度的提高有待于实测资料的长期积累和其他预报因子的加入；总的说来，试报效果良好，仅利用实测冰情时间序列的自相关结构能有这样的预报精度，是得益于 AGA 独特的优化性能的。

3.3　门限自回归预测模型[1,6]

门限自回归(threshold auto-regressive，TAR)模型能有效地描述具有极限点、极限环(准周期性)、跳跃性、相依性、次谐波、高次谐波等复杂现象的非线性动态系统[3]，在表征时间序列非线性特性上有其独到之处。由于门限的控制作用，保证了 TAR 模型较强的稳健性和广泛的适用性。丁晶等用 TAR 模型在预测黄河干流复杂径流中获得成功且广泛的应用，与多元线性回归、投影寻踪回归、模糊分析、人工神经网络、灰色模型、混沌模型等预测模型相比，TAR 模型的预测精度高且稳健、适用性强、应用简便。目前，TAR 已成为工程分析计算中应用最广且技术较为成熟的非线性时序模型[3]。应用 TAR 模型的主要问题是 TAR 建模过程中需进行大量复杂的寻优工作，常规处理方法如 H. Tong 方法、D. D. C 方法、局部区间方法，不仅计算量大，而且存在局部优化问题，尚无法较多地考虑具体的预测情况[3]。本节介绍基于加速遗传算法(AGA)的 TAR 建模方法及其应用实例。

3.3.1　基于遗传算法的门限自回归模型的建立

TAR 模型是由英籍华人 H. Tong(汤家豪)博士于 1978 年首先提出的，其基本思想为[7]：在观测时序 $\{x(i)\}$ 的取值范围内引入 $L-1$ 个门限值 $(r(j), j=1,2,\cdots,L-1)$，将该范围分成 L 个区间，并根据延迟步数 d 将 $\{x(i)\}$ 按 $\{x(i-d)\}$ 值的大小分配到不同的门限区间内，再对不同区间内的 $x(i)$ 采用不同的 AR 模型来描述，这些 AR 模型的总和完成了对时序 $\{x(i)\}$

整个非线性动态系统的描述。它的一般形式为

$$x(i) = b(j,0) + \sum_{k=1}^{nj} b(j,k)x(i-k) + e(j,i)$$

$$\text{当 } x(i-d) \in (r_{(j-1)}, r_{(j)}] \tag{3.4}$$

式中，$f(0) = -\infty$，$r(L) = +\infty$，$r(j)$ $(j = 1,2,\cdots,L-1)$ 为门限值；L 为门限区间的个数；d 为延迟步数；$b(j,k)$ 为第 j 个门限区间内的自回归系数；nj 为第 j 个门限区间 AR 模型的阶数；$\{e(j,i)\}$ 对每一固定的 j 是固定方差的白噪声序列，各$\{e(j,i)\}(j = 1,2,\cdots,L-1)$之间相互独立。式(3.4)表明，当 $x(i-d)$ 落入第 j 个门限区间$[(r(j-1), r(j)]$时，TAR 对 $x(i)$ 至 $x(i-nj)$ 这 $nj+1$ 个顺序数据建立 AR(nj)，其中 i 为跑标；若有 mj 个 $x(i-d)$ 落入第 j 个门限区间，就大致有 mj 组这样的 $nj+1$ 个顺序数据用于建立 AR(nj) 模型。

由于 TAR 模型是分区间的 AR 模型，TAR 常规的建模方法是沿用 AR 模型的参数估计方法和模型检验准则，如最小二乘法与 AIC 准则[3]。TAR 的建模过程，实质上是一个对 $d, L, r(1), r(2), \cdots, r(L-1), n1, n2, \cdots, nL$ 和 $b(j,k)$ 的多维寻优问题，常规方法的计算量相当大。笔者在上述前人研究成果的基础上，提出了基于 AGA 的一套简便实用的 TAR 建模实施方案，它包括如下三个步骤：

步骤1：用自相关分析技术确定TAR的延迟步数 d 和门限区间 AR 模型的阶数 nj。时序$\{x(i)\}$ 延迟 k 步的自相关系数 $R(k)$ 为[8]

$$R(k) = \sum_{i=k+1}^{n} (x(i) - \bar{x})(x(i-k) - \bar{x}) \Big/ \sum_{i=1}^{n} (x(i) - \bar{x})^2 \tag{3.5}$$

$$\bar{x} = \sum_{i=1}^{n} x(i)/n \tag{3.6}$$

式中，n 为实测时序$\{x(i)\}$ 的容量，$k = 1,2,\cdots,nk$；$nk < [n/4]$，[ ]为取整函数。$R(k)$ 的方差随 k 的增大而增大，$R(k)$ 的估计精度随 k 的增加而降低，因此 nk 应取较小的数值。

根据 $R(k)$ 的抽样分布理论，在容许水平 $1-a$ 的情况下，当自相关系数值

$$R(k) \notin [(-1 - u_{a/2} \cdot (n-k-1)^{0.5})/(n-k),$$
$$(-1 + u_{a/2} \cdot (n-k-1)^{0.5})/(n-k)] \tag{3.7}$$

时则推断时序$\{x(i)\}$ 延迟 k 步相依性显著，其中的某个 k 就是 TAR 模型的延迟步数 d；否则时序$\{x(i)\}$ 延迟 k 步相依性不显著[8]。门限区间 AR模型的

阶数 nj 应不大于相依性显著的最大延迟步数，它的自回归系数项应与这些相依性显著的延迟步数相对应。

步骤 2：用点值图确定 TAR 的门限区间个数 L 和门限值 $r(1) \sim r(L-1)$ 的寻优范围[3]。点值图是数理统计中最常用的非线性检验方法，也称为条件数学期望估计法。对时序 $\{x(i)\}(i=1,2,\cdots,N)$，考虑数据对集合 $\{(x(i), x(i-d)) \mid i=1,2,\cdots,n; d=1,2,\cdots,nk\}$，把 $x(i-d)$ 轴作为横轴，将其分为均匀的 s(s 远大于 L) 段。设共有 N_j 个 $x(i-d)$ 落在 j 段，这 N_j 个 $x(i-d)$ 所对应的 $x(i)$ 值记为 $x(i,j)$，则第 j 段内 $x(i)$ 对 $x(i-d)$ 的条件期望估计值为

$$E(x(i)/x(i-d))_i = \sum_{i=1}^{N_j} x(i,j)/N_j \quad (j=1,2,\cdots,s; d=1,2,\cdots nk) \tag{3.8}$$

以 $x(i-d)$ 轴作为横轴，$E(x(i)/x(i-d))$ 轴作为纵轴，在各段的中心位置上标出点 $E(x(i)/x(i-d))_j$，即得点值图。

可以证明，若 $\{x(i)\}$ 是正态的并可用线性模型描述的，则点值图中的点群呈线性分布[3]。在实用中，当点值图中的点群大致呈线性分布时，可考虑采用线性模型来描述时序 $\{x(i)\}$；而当点值图中的点群大致呈分段线性分布时，就可考虑采用分段线性模型来描述时序 $\{x(i)\}$，这正是 TAR 模型的基本思路。因此，用点值图不仅可以判断时序模型的性质，而且可根据分段线性的段数来确定门限区间的个数 L，在分段线性的转折点附近确定各门限值 $r(1) \sim r(L-1)$ 的搜索范围，从而有效地减少了 TAR 的寻优工作量。

步骤 3：用 AGA 直接在模型拟合误差最小准则下同时优化各门限值 $r(1) \sim r(L-1)$ 和各门限区间内的自回归系数 $b(j,k)$。理论上，TAR 建模所需的数据量要多于 AR 建模所需的数据量，而落在一个门限区间内的数据量应至少与 AR 建模的最少数据量相当。考虑到在实用中落在一个门限区间内的数据量可能不太多，在估计模型参数时用最小一乘法比最小二乘法稳健，因此这里取优化准则函数为 TAR 模型的拟合误差绝对值和这一形式：

$$\min Q(r(1), r(2), \cdots, r(L-1); b(j,k)) = \sum_i \mid x'(i) - x(i) \mid \tag{3.9}$$

式中，$|\ |$ 为取绝对值；x' 为式(3.4)中除白噪声项以外的所有项(即 TAR 模型估计值)，它是各门限值 $r(1) \sim r(L-1)$ 和各门限区间内 AR 模型的自回归系数 $b(j,k)$ 的函数；$x(i)$ 为观测值。作为一种通用的优化方法，AGA 显然可同时求解上述优化问题中的模型参数 $r(1) \sim r(L-1)$ 和 $b(j,k)$ $(j=1,2,\cdots,L; k=0,1,\cdots,nj)$。

3.3.2 应用实例[6]

例 3.2 在年平均气温预测中的应用。这里沿用文献[9]成都市1960—1984年逐年年平均气温时间序列$\{x(i) \mid i = 1 \sim 25\}$来建立TAR预测模型，用1985—1989年年平均气温资料作模型的试报检验。该序列前6阶自相关系数值$R(k)$和与之相应的式(3.7)右边上、下限$R2(k)$、$R1(k)$值见表3-4，其中置信水平取90%。表3-4说明，只有$R(4)$的相依性在置信水平90%的条件下是显著的，故这里只取延迟4步作为门限区间AR模型的自回归系数项，TAR模型的延迟步数d取为4。

表3-4 成都市年平均气温序列自相关系数及其上、下限值

k	1	2	3	4	5	6
$R1(k)$	−0.369	−0.378	−0.387	−0.397	−0.407	−0.419
$R(k)$	0.134	0.013	−0.103	−0.419	−0.068	0.049
$R2(k)$	0.286	0.291	0.296	0.302	0.307	0.314

把$x(i-4)$轴作为横轴，将其分为均匀的6段，以$E(x(i)/x(i-4))$作为纵轴，在各段的中心位置上标出点$E(x(i)/x(i-4))_j$，即得点值图，见图3-1。根据图3-1，点值图中的点群可分为3段直线，据此可确定门限区间的个数$L=3$和两门限值$r(1)$、$r(2)$的搜索范围。

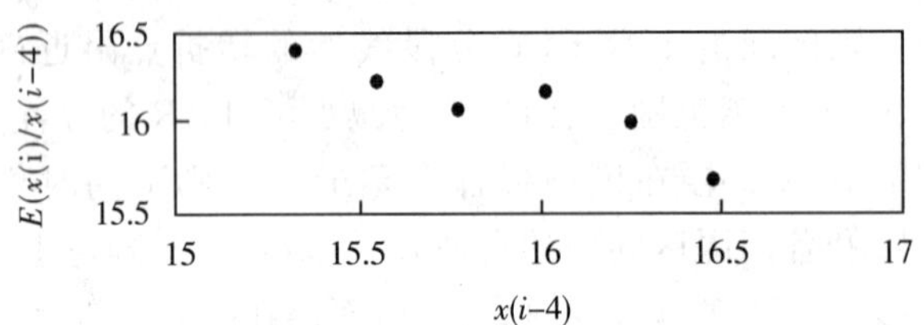

图3-1 年平均气温数据的点值图

综上，可得该气温序列的TAR模型的结构形式为

$$x^*(i) = \begin{cases} b(1,4)x(i-4), x(i-4) \leqslant r(1) \\ b(2,4)x(i-4), r(1) < x(i-4) \leqslant r(2) \\ b(3,4)x(i-4), x(i-4) > r(2) \end{cases} \tag{3.10}$$

考虑到年平均气温序列的观测值与其变幅相比相差很大，故式(3.10)中序列x值都去掉观测序列的均值16.016。把式(3.10)代入式(3.9)，即得此例的目标函数，用RAGA优化TAR模型的参数，群体规模和优秀个体数

目分别取 300 和 20,优化结果参见表 3-5。

表 3-5　用 RAGA 优化 TAR 气温预测模型的参数

加速次数	优秀个体的变化区间					最佳目标函数值 Q_1
	$b(1,4)$	$b(2,4)$	$b(3,4)$	$r(1)$	$r(2)$	
1	−5.000，0.000	0.000，5.000	−5.000，0.000	−0.500，−0.200	−0.200，5.000	6.101
3	−1.409，−0.072	0.029，1.771	−4.404，−0.142	−0.484，−0.215	−0.019，4.375	4.900
6	−1.011，−0.179	0.059，1.271	−3.513，−0.477	−0.468，−0.260	0.012，3.335	4.708
优化值	−0.414	0.257	−1.007	−0.415	0.307	4.708

表 3-5 说明，$x(i) \sim x(i-4)$ 的关系，在 $x(i-4)$ 小于等于 $r(1)$ 时是负相关关系，在 $x(i-4)$ 大于 $r(1)$ 且小于等于 $r(2)$ 时是正相关关系，在 $x(i-4)$ 大于 $r(2)$ 时是负相关关系；三种情况下的相关程度有所差异，这与图 3.1 的点群分布情况相一致。而线性时序模型则认为在整个区间上，$x(i) \sim x(i-4)$ 的关系都是负相关关系，$x(i) \sim x(i-4)$ 的相关程度都是一样的，因为 $R(4) = -0.419$，它们没有利用图 3.1 所反映出的分段性。

把表 3-5 所得的参数优化值代入式(3.10)，即得该时序的 TAR 预测模型。表 3-6 列出了 TAR 模型对 1960—1984 年的拟合误差分析和对 1985—1989 年的预测误差分析的结果，也列出了文献[9] 和线性模型(在式(3.9) 下用 RAGA 优化参数，该模型为 $x^*(i) = -0.471x(i-4)$ 的相应结果。

表 3-6　气温时序各预测模型的误差分析结果对比表

模型类型	平均绝对误差(℃)	平均相对误差(%)	绝对误差(℃)落在下列区间的百分比(%)				
			[0,0.1]	[0,0.3]	[0,0.4]	[0,0.5]	[0,0.7]
线性模型拟合	0.26	1.61	28.57	66.67	80.95	85.71	100.00
均生函数模型拟合[9]	0.30	1.76	23.8	61.90	80.90	90.48	100.00
TAR 模型拟合	0.22	1.40	42.86	71.43	76.19	90.48	100.00
线性模型预测	0.22	1.35	40.00	60.00	80.00	100.00	100.00
均生函数模型预测[9]	0.23	1.38	0.00	80.00	80.00	100.00	100.00
TAR 模型预测	0.21	1.33	40.00	80.00	100.00	100.00	100.00

表 3-6 说明，TAR 模型仅利用年平均气温时序延迟 4 步的相依特征信

息，但由于有了门限的控制作用，可以有效地描述该时序非线性动态系统；TAR 模型的拟合精度和预测精度是一致的，且都好于线性模型和均生函数模型的相应结果，显示出 TAR 模稳健的性能。

3.4 门限回归预测模型[1,10]

门限回归（threshold regressive，TR）模型能有效地描述具有跳跃性、相依性、谐波等复杂现象的非线性动态系统[204]。门限的控制作用保证了 TR 模型良好的稳健性和广泛的适用性。目前应用 TR 模型的主要问题是 TR 建模过程中需进行大量复杂的寻优工作。常规处理方法是根据门限模型各参数的不同取值组合进行试验，从中优选出相对最佳的参数值[11]，该方法计算工作量大且存在局部优化问题，尚无法较多地考虑具体的预测情况。为此，本节介绍基于 AGA 的 TR 建模方法及其应用实例。

3.4.1 基于遗传算法的门限回归模型的建立

TR 模型是门限自回归模型的扩展，其基本思想就是依某变量的不同取值范围，采用若干个线性回归模型来描述非线性关系，其一般形式为[11]

$$y(i)=b(j,0)+\sum_{s=1}^{ns}(j,s)x(s,j)+e(j,i)$$

$$\text{当 } x(k,i-d)\in(r(j-i),r(j)] \tag{3.11}$$

式中，$r(0)=-\infty$，$r(L)=+\infty$，$r(j)$ $(j=1,2,\cdots,L-1)$ 为门限值；L 为门限区间的个数；$b(j,s)$ 为第 j 个门限区间内的回归系数；$\{y(i)\}$ 为因变量序列，i 为时序；$\{x(s,i)\mid s=1,2,\cdots,ns\}$ 为自变量序列；ns 为自变量个数；$\{x(k,i)\}$ 为门限变量；d 为门限延迟步数；$\{e(j,i)\}$ 对每一固定的 j 是固定方差的白噪声序列，各 $\{e(j,i)\}$ 之间相互独立。由于 TR 模型是分区间的线性回归模型，常规的 TR 建模方法是试选一种门限变量，对门限区间个数、门限值和门限延迟步数各种不同参数组合进行试验，以 TR 模型残差平方和或 AIC 函数值最小为准则，多次反复优选，得到一组相对最佳的参数值[11]。TR 建模过程的实质，就是一个对 $d,L,r(1),r(2),\cdots,r(L-1)$ 和 $b(j,s)$ 的高维寻优问题，常规方法的计算量很大。这里给出基于 AGA 的一套实用的建模方案。

步骤 1：根据物理成因机制确定自变量集 $\{x(s)\}$ 与因变量 y，用相关分析技术确定 TR 的回归项、门限变量和门限延迟步数 d。设自变量序列 $\{x(s,i)\}$ 与因变量序列 $\{y(i)\}$ 的样本相关系数为 r，则根据抽样分布理论[12]，当

$$|r|>r_m=t_{a/2}/(t_{a/2}^2+n-2)^{0.5} \tag{3.12}$$

时则认为它们是相关的，否则它们是独立的。式(3.12)中，a 为显著水平，n 为样本容量，$t_{a/2}$ 为自由度为 $n-2$ 的 t 分布双侧检验的临界值，r_m 为相关显著所需的最低相关系数值。TR 的回归项应与这些相关性显著的自变量相对应，其中相关系数绝对值最大的自变量作为门限变量，d 为因变量$\{y(i)\}$ 与门限变量$\{x(k,i)\}$ 之间的时移相关系数绝对值最大值所对应的时移。

步骤 2： 根据门限变量与因变量的散点图确定 TR 模型的门限区间个数 L 和门限值 $r(1) \sim r(L-1)$ 的寻优范围。当散点图中的点群大致呈分段线性分布时，就可考虑采用分段线性模型来描述自变量与因变量之间的关系，这也正是 TR 模型的基本思路，即根据分段线性的段数来确定门限区间的个数 L，在分段线性的转折点附近确定各门限值 $r(1) \sim r(L-1)$ 的搜索范围，从而有效地减少了 TR 建模的寻优工作量。

步骤 3： 用加速遗传算法(AGA)在模型相对误差绝对值和最小准则下优化各门限值 $r(1) \sim r(L-1)$ 和各门限区间回归系数 $b(j,s)$：

$$\min f(r(1),r(2),\cdots,r(L-1);b(j,s)) = \sum_i |y^*(i)-y(i)|/y(i) \tag{3.13}$$

式中，样本序号 $i=1,2,\cdots,ni$，ni 为样本容量；门限标号 $j=1,2,\cdots,L-1$；$y^*(i)$ 为式(3.11)中除白噪声项以外的所有项(即 TR 模型的估计值)，它是各门限值 $r(1) \sim r(L-1)$ 和各门限区间内回归系数 $b(j,s)$ 的函数；$y(i)$ 为因变量的观测值。作为一种通用的优化方法，AGA 可方便地求解上述复杂的优化问题。

3.4.2 应用实例[10]

例 3.3 滦河某观测站 24 个月的地下水位 y 及其影响因子河道流量 x_1、气温 x_2、饱和差 x_3、降水量 x_4、蒸发量 x_5 的实测序列如表 3-7 所示[13]，现据此建立 TR 模型来预测该站地下水位动态。为检验 TR 模型的精度，取序号 1 ～ 5 为模型预测样本，序号 6 ～ 24 为建模样本[13]。

表 3-7 地下水位 TR 模型的拟合和预测结果

序号	气温(℃)	降水量(mm)	水位埋深(m)			
			实测值	模型计算值	误差	相对误差(%)
1	−10.00	1.00	6.92	6.93	0.01	0.18
2	−10.00	1.00	6.97	6.93	−0.04	−0.54
3	−2.00	6.00	6.84	6.70	−0.14	−2.01
4	10.00	30.00	6.50	6.25	−0.25	−3.81

(续表)

序号	气温(℃)	降水量(mm)	水位埋深(m)			
			实测值	模型计算值	误差	相对误差(%)
5	17.00	18.00	5.75	6.04	0.29	5.02
6	22.00	113.00	5.54	5.50	−0.04	−0.78
7	23.00	29.00	5.63	5.63	0.00	0.02
8	21.00	74.00	5.62	5.61	−0.01	−0.20
9	15.00	21.00	5.96	5.92	−0.04	−0.69
10	8.50	15.00	6.30	6.26	−0.04	−0.70
11	0.00	14.00	6.80	6.47	−0.33	−4.79
12	−8.50	11.00	6.90	6.70	−0.20	−2.83
13	−11.00	1.00	6.70	6.83	0.13	1.90
14	−7.00	2.00	6.77	6.72	−0.05	−0.72
15	0.00	4.00	6.67	6.53	−0.14	−2.04
16	10.00	0.00	6.33	6.13	−0.20	−3.14
17	18.00	19.00	5.82	5.82	0.00	0.02
18	21.50	81.00	5.58	5.58	0.00	−0.04
19	22.00	186.00	5.48	5.35	−0.13	−2.35
20	19.00	114.00	5.38	5.60	0.22	4.03
21	13.00	60.00	5.51	5.91	0.40	7.24
22	6.00	35.00	5.84	6.20	0.36	6.13
23	1.00	4.00	6.32	6.51	0.19	2.99
24	−7.00	6.00	6.56	6.70	0.14	2.09

y 与 x_1、x_2、x_3、x_4、x_5 之间的零时移相关系数分别为 −0.5501、−0.9159、−0.5535、−0.7551、−0.7555，这里在显著水平为 0.01 时的 r_m 值为 0.5751。因此，x_2、x_4、x_5 与因变量 y 的相关性是显著的，其中 x_2 的相关系数值最大，故 x_2 作为门限变量。又因 x_2 与 x_5 的相关系数值为 0.8637，它们的相关性很显著，为减少 TR 模型参数的数目，x_5 可由 x_2 代表，不作为回归项。y 与 x_2 延时 0 月、1 月、2 月的相关系数分别为 −0.9159、−0.7880、−0.5054，因此门限延迟步数 d 为 0。总之，x_2、x_4 分别作为 TR 模型的自变量 $x(1,i)$、$x(2,i)$，前者为门限变量。从图 3-2 所示的 $x(1,i)$ 与 $y(i)$ 的散点图中可看出，点群大致呈左、右两段直线分布，据此可确定门限区间的个数 $L=2$，分段线性的转折点在 $\{x(1,i)\}$ 的均值 8.76 附近，据此可确定门限值 $r(1)$ 的搜索范围。

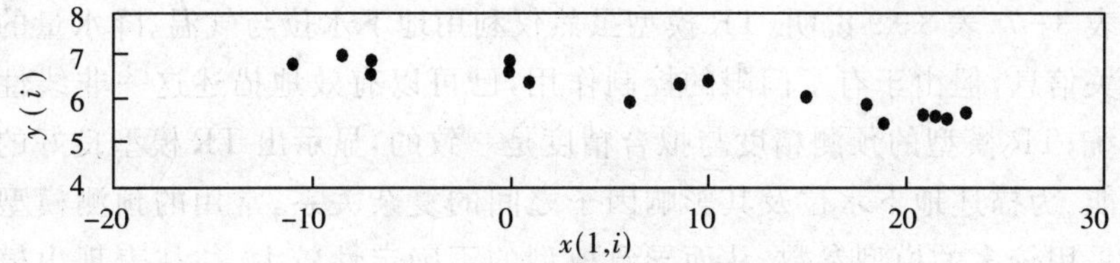

图 3－2　门限变量与因变量 $y(i)$ 的散点图

综上，可得预测该地下水位的 TR 模型的结构形式为

$$y^*(i)=\begin{cases}b(1,1)x(1,i)+b(1,2)x(1,i),x(1,i)\leqslant r(1)\\ b(2,1)x(1,i)+b(2,2)x(2,i),x(1,i)>r(1)\end{cases}\tag{3.14}$$

考虑到地下水位序列的观测值与其变幅相比很大，故式(3.14)中$\{x(1,i)\}$、$\{x(2,i)\}$都去掉各自的观测序列的均值（中心化），所得到的地下水位的预测值 $y^*(i)$ 也是中心化后的值。把式(3.14)代入式(3.13)，即得此例的优化准则函数，用 AGA 优化其中的 TR 模型的参数，它们的初始变化区间和优化结果见表 3－8。

表 3－8　用 AGA 优化地下水位 TR 预测模型的参数

加速次数	优秀个体的变化区间					最小残差平方和(m^2)
	$b(1,1)$	$b(1,2)$	$b(2,1)$	$b(2,2)$	$r(1)$	
1	－1.000,1.000	－1.000,1.000	－1.000,1.000	－1.000,1.000	－1.000,1.000	58.143
7	－0.149,0.077	－0.065,0.044	－0.112,0.042	－0.010,0.008	－0.640,0.553	0.734
14	－0.028,－0.021	－0.008,－0.005	－0.036,－0.031	－0.003,－0.002	－0.214,0.147	0.628
优化值	－0.025	－0.006	－0.034	－0.002	0.026	0.628

把表 3－8 所得 TR 模型参数优化值、预测样本(序号 1～5)和建模样本(序号 6～24)代入式(3.14)，可计算对应的水位埋深，结果见表 3－7。表 3－9 列出了 TR 模型的拟合误差和预测误差的分析结果，也列出了文献[13]的相应结果。

表 3－9　地下水位 TR 预测模型的拟合误差和预测误差

模型类型	绝对误差(m)落在下列区间的百分比(%)					平均绝对误差(m)	平均相对误差(%)
	[0, 0.10]	[0, 0.20]	[0, 0.30]	[0,0.35]	[0,0.40]		
TR 拟合(序号 6－24)	42.11	78.95	84.21	89.47	100.00	0.14	2.25
TR 预测(序号 1－5)	40.00	60.00	100.00	100.00	100.00	0.14	2.31
文献[13]预测(序号 1－5)	40.00	60.00	100.00	100.00	100.00	0.17	2.39

表 3-7、表 3-9 说明，TR 模型虽然仅利用地下水位与气温、降水量的同步相关信息，但由于有了门限的控制作用，已可以有效地描述这一非线性动态系统；TR 模型的预测精度与拟合精度是一致的，显示出 TR 模型良好的稳健性能。为描述地下水位及其影响因子之间的复杂关系，常用的预测模型不得不采用较多的模型参数，从而导致模型的不确定性较大，往往表现出模型拟合精度虽然较高而预测精度却较低，从而影响了模型的实用价值。

3.5 双线性预测模型[1,14]

建立非线性时序模型的主要困难在于迄今尚未找到能用有限个参数表示的一般数学表达式。近代控制理论中提出的双线性模型（bilinear time series model，BM）只包含有限个模型参数，使得用这种模型拟合非线性时序具有实现的可能性。BM 模型利用在实际预测过程中得到的残差信息进行反馈校正，只用较少的模型参数就可保证模型高的拟合精度和稳健的预测性能，对实际复杂非线性动态系统具有很强的适应性。应用 BM 模型的主要问题是 BM 建模过程的复杂性。为此，本节介绍基于 AGA 的 BM 建模方法，并开展了相应的应用研究。

3.5.1 基于遗传算法的双线性模型的建立

BM 模型的一般形式为[11]

$$x(i)=\sum_{k=1}^{p}a(k)x(i-k)-\sum_{j=1}^{q}b(j)e(i-j)-\sum_{k=1}^{m}\sum_{j=1}^{n}c(k,j)x(i-k)e(i-j)+e(i) \tag{3.15}$$

式中，$x(i)$ 为零均值时序，N 为时序样本容量；残差 $e(i)$ 为固定方差的白噪声序列，不同 $e(i)$ 之间相互独立；$a(k)$ 为自回归（AR）模型项的系数，$b(j)$ 为滑动平均（moving average，MA）模型项的系数，$c(k,j)$ 为双线性项的系数，p、q、m 和 n 分别为这三项的阶数。该模型简记为 BM(p,q,m,n)。显然，BM$(p,q,0,0)$ 就是目前时间序列分析中应用最广的自回归滑动平均模型 ARMA(p,q)[8]。BM 模型的主要特点是，在 ARMAd 模型的基础上进一步考虑了预测残差的过去值 $e(i-j)$ 与系统行为的过去值 $x(i-k)$ 之间的交互作用对系统当前行为 $x(i)$ 的影响，当 $x(i)$ 固定时 BM 模型就成为关于 $e(i)$ 的线性模型，而当 $e(i)$ 固定时 BM 模型则成为关于 $x(i)$ 的线性模型，故称双线性模型。可见 BM 模型实质上是 ARMA 模型的非线性推广形式。由于 BM 模型有效利用了预测过程中产生的残差信息，在实际应用中常常表现出模型结构简明、参数少、适应性强等显著优点，因而是一类具有广泛应用价值的非线性时序模型[3,11]。

应用 BM 的主要问题是 BM 建模过程的复杂性。目前常采用 Subba Rao 提出的反复残差法[3,11]，是在模型阶数已定的条件下反复应用最小二乘法来近似估计模型参数，计算量大，操作不便。BM 建模的复杂性在一定程度上限制了它的广泛应用。

BM 模型的建模问题实质上是一复杂的优化问题，可用遗传算法处理。基于这一思想，下面给出一套简便实用的 BM 建模方法，它包括如下 3 个步骤：

步骤 1：用自相关分析技术确定 BM 模型的自回归项。实测时序 $\{x(i)\}$ 延迟 k 步的自相关系数 $R(k)$ 为[8]

$$R(k)=\sum_{i=k+1}^{N}[x(i)-\bar{x}][x(i-k)-\bar{x}]/\sum_{i=1}^{n}[x(i)-\bar{x}]^2 \tag{3.16}$$

$$\bar{x}=\sum_{t=1}^{N}x(i)/N \tag{3.17}$$

式中，N 为实测时序 $\{x(i)\}$ 的容量，$k=1,2,\cdots,nk$。$nk<[n/4]$。$R(k)$ 的方差随 k 的增大而增大，$R(k)$ 的估计精度随 k 的增加而降低，因此 nk 应取较小值。

根据 $R(k)$ 的抽样分布理论，在容许水平 $1-a$ 的情况下，当自相关系数值

$$R(k)\notin[(-1-u_{a/2}(n-k-1)^{0.5})/(n-k),(-1+u_{a/2}(n-k-1)^{0.5})/(n-k)] \tag{3.18}$$

时则推断时序值 $x(i)$ 与 $x(i-k)$ 之间的相依性显著；否则推断时序值 $x(i)$ 与 $x(i-k)$ 之间的相依性不显著[8]。式(3.18)中分位值 $u_{a/2}$ 可从正态分布表中查得。BM模型自回归项应与这些相依性显著的 $x(i-k)$ 项相对应，其中相依性显著的最大延迟步数即为自回归项的阶数 p。

步骤 2：根据自回归项和建模经验确定 BM 模型的滑动平均项和双线性项。基于控制理论中误差反馈校正的思想，BM 模型的滑动平均项和双线性项是利用过去预测所产生的残差信息来修正当前的预测值，因此这两项的具体结构形式与残差对系统行为的作用有关。根据应用 BM 模型的经验，实用中时序样本容量 N 一般不大。笔者认为，这两项中残差的延迟阶数(q 和 n)倾向于取较小值(一般取 1，有时取 2，很少取 3 或以上)，以保持较少的模型参数，提高模型预测的稳健性，而双线性项中的 $x(i-k)$ 应与步骤 1 中确定的 BM 模型的自回归项相一致，故可取 $m=p$。

步骤 3：用加速遗传算法(AGA)同时优化 BM 模型参数。若 BM(p,q,m,n) 模型具有可逆性，则可用下式递推出残差系列$\{e(i)\mid i=1,2,\cdots,N\}$[15]

$$e(i)=\begin{cases}0, i\leqslant M\\ x(i)-\sum_{k=1}^{p}a(k)x(i-k)+\sum_{j=1}^{q}b(j)e(i-j)\\ +\sum_{k=1}^{m}\sum_{j=1}^{n}c(k,j)x(i-k)e(i-j), i>M\end{cases} \tag{3.19}$$

式中，$M=\max(p,q,m,n)$，max( ) 为取最大值函数。BM(p,q,m,n) 模型参数估计问题可转换为如下极小化问题

$$\min Q(a(k),b(j),c(r,s);k=1\sim p,j=1\sim q,r=1\sim m,s=1\sim n)=\sum_{i=1}^{N}e^2(i) \tag{3.20}$$

作为一种通用的优化方法，AGA 显然可同时求解式(3.20) 中所有模型参数。

3.5.2 应用实例[14]

例 3.4 现引用文献[16] 表 5.3 和表 5.4 给出的夏威夷 Mauna Loa 观测台 1968—1982 年的 CO_2 浓度(ppm) 观测年平均值数据序列$\{x(i)\mid i=1\sim 15\}$来建立 BM 模型，1983—1987 年的观测数据序列用于 BM 模型的试报(预测) 检验。计算建模序列前 4 阶自相关系数值 $R(k)$ 和与之相应的式(3.18) 右边上、下限 $R2(k)$、$R1(k)$ 值，结果见表 3-10，其中置信水平取 95%。表 3-10 显示，$R(1)$、$R(2)$ 的相依性在置信水平 95% 的条件下是显著的，$R(2)$、$R(3)$、$R(4)$ 分别近似为 $R^2(1)$、$R^3(1)$、$R^4(1)$、，这正是 AR(1) 模型自相关系数的拖尾特征[8]，故这里取延迟 1 步作为 BM 模型的自回归项，取 $p=1$。

表 3-10 大气 CO_2 浓度序列自相关系数及其上、下限值 (95% 置信水平)

k	1	2	3	4
$R1(k)$	−0.576	−0.599	−0.625	−0.654
$R(k)$	0.791	0.591	0.395	0.218
$R2(k)$	0.433	0.445	0.458	0.473

考虑到该资料序列较短，模型参数不宜太多，根据经验确定该双线性模

型的结构为 BM(1,1,1,1)，同时考虑该序列具有递增趋势，故预测大气 CO_2 浓度的模型的具体形式可表写为

$$x^*(i)=a(1)x(i-1)-b(1)e(i-1)-c(1,1)x(i-1)e(i-1)+di \tag{3.21}$$

式中，i 为时序的序号，1968 年、1982 年所对应的序号分别为 1 和 15，余类推；$x^*(i)$ 为第 i 时刻大气 CO_2 浓度的预测值；序列 $x(i)$ 值都已经去掉建模资料序列的均值 331.586（中心化）；$e(i-1)$ 为拟合第 $i-1$ 时刻大气 CO_2 浓度的残差，通过把式(3.21) 代入式(3.19) 求得；d 为趋势项的系数。把 $\{e(i)\}$ 代入式(3.20)，即得该例的目标函数，用 AGA 优化 BM 模型的参数，它们的初始变化区间和优化结果参见表 3-11。

表 3-11　用 AGA 优化大气 CO_2 浓度序列 BM(1,1,1,1) 模型的参数

加速次数	优秀个体的变化区间				最佳目标函数值
	$a(1)$	$b(1)$	$c(1,1)$	d	
1	0.000 ,1.000	−1.000 ,1.000	−1.000 ,1.000	0.000 , 0.500	0.61
3	0.794 , 0.971	−0.762 , 0.706	−0.103 , 0.169	0.107 , 0.201	0.42
5	0.876 , 0.903	−0.041 , 0.461	−0.078 , 0.101	0.136 , 0.149	0.41
优化值	0.8885	0.3898	−0.0647	0.1406	0.41

把表 3-11 所得的参数优化值代入式(3.21)，即得预测该大气 CO_2 浓度序列的 BM(1,1,1,1) 模型。用该模型拟合 1966—1982 年大气 CO_2 浓度观测序列和试报(预测)1983—1987 年大气 CO_2 浓度观测序列，结果见表 3-12。表 3-13 为 BM(1,1,1,1) 模型拟合误差分析的结果，表 3-13 同时列出了文献[16] 灰色模型的相应结果。

表 3-12　大气 CO_2 浓度序列的观测值、BM(1,1,1,1) 模型的拟合值和试报值　单位：ppm

年份	1968	1969	1970	1971	1972	1973	1974	1975	1976	1977
实测值	322.72	324.21	325.51	326.48	327.60	329.82	330.41	331.01	332.06	333.62
BM 计算值		323.99	325.26	326.56	327.81	329.02	330.60	331.75	332.66	333.63
残差		0.22	0.25	−0.08	−0.21	0.80	−0.19	−0.74	−0.60	−0.01
年份	1978	1979	1980	1981	1982	1983	1984	1985	1986	1987
实测值	335.19	336.54	338.40	339.46	340.76	342.76	344.34	345.65	346.80	348.56
BM 计算值	334.94	336.44	337.81	339.64	340.67	342.01	344.16	345.53	346.82	347.91
残差	0.25	0.10	0.59	−0.18	0.09	0.75	0.18	0.12	−0.02	0.65

表3-13　大气CO_2浓度序列各预测模型的拟合误差分析和预测误差分析的结果对比表

模型类型	拟合残差绝对值(ppm)落在下列区间的百分比(%)				预测残差绝对值(ppm)落在下列区间的百分比(%)				拟合		
	[0，0.2]	[0，0.5]	[0，0.8]	[0，1.0]	[0，0.2]	[0，0.5]	[0，0.8]	[0，1.0]	残差标准差(ppm)	平均残差绝对值(ppm)	平均相对误差(%)
灰色模型[16]	42.9	78.6	92.9	100.0	0.0	0.0	0.02	0.0	0.414	0.324	0.098
BM模型	42.9	71.4	100.0	100.0	60.0	60.0	100.0	100.0	0.412	0.307	0.093

表3-12、表3-13说明：BM(1,1,1,1)模型虽然仅利用大气CO_2浓度序列延迟1步的相依信息，但是由于在预测过程中进一步利用了上次预测的残差信息进行反馈校正，模型的拟合精度和预测精度是一致的，令人满意，表明BM(1,1,1,1)模型已可描述大气CO_2浓度序列这一复杂的非线性动态系统；虽然文献[16]的灰色模型的拟合精度与BM(1,1,1,1)模型的相当，而预测精度明显差于它的拟合精度，也明显劣于BM(1,1,1,1)模型的预测精度，说明灰色模型的预测性能不很稳定，实际预测时宜慎重选择。

[1] 金菊良，丁晶．水资源系统工程．成都：四川科学技术出版社，2002

[2] 夏安邦，王硕．定量预测引论．南京：东南大学出版社，2001

[3] 杨叔子，吴雅．时间序列分析的工程应用．武汉：华中理工大学出版社，1992

[4] 金菊良，杨晓华，储开凤等．加速基因算法在海洋环境预报中的应用．海洋环境科学．1997，16(4)：7～12

[5] 余加艾，刘钦政．利用灰色系统方法预测冰情．海洋环境科学．1995，14(4)：70～75

[6] 金菊良，杨晓华，金保明，丁晶．遗传门限自回归模型在气象时间序列预测中的应用．热带气象学报，2001，17(4)：415～422

[7] H. Tong，K. S. Lim. Threshold Auto－regressive Limit Cycles and Cyclical Data. J. of the Royal Statistical Society，Series B，1980，(3)：245～292

[8] 丁晶，邓育仁．随机水文学．成都：成都科技大学出版社，1988

[9] 李祚泳，张辉军．信息替换的均生函数主分量多步预测．气象，

1994,20(5):16 ～ 19

[10] 金菊良,刘丽,丁晶,等. 地下水动态预测的遗传门限回归模型. 工程勘测,2003,(1):29 ～ 31,35

[11] 杨位钦,顾 岚. 时间序列分析与动态数据建模. 北京:北京工业学院出版社,1986

[12] 金光炎. 水文水资源随机分析. 北京:中国科技出版社,1993

[13] 时光新. 地下水位动态预测的模糊模式识别法. 工程勘察,1999,(4):39 ～ 43

[14] 金菊良,金保明,丁晶. 预测大气 CO2 浓度的非线性时序模型. 自然灾害学报,2000,9(4):76 ～ 79

[15] 安鸿志,陈敏. 非线性时间序列分析. 上海:上海科学技术出版社,1998

[16] 魏凤英,曹鸿兴. 长期预测的数学模型及其应用. 北京:气象出版社,1990,98 ～ 107

第4章 组合预测方法

4.1 组合预测概述

在预测实践中，对于同一个问题，常常采用不同的预测方法。不同的预测方法其预测精度往往也不相同。一般以预测误差平方和作为评价预测方法优劣的标准，从各种预测方法中选取预测误差平方和最小的预测方法。而不同的预测方法往往能提供不同的有用信息，如果简单地将预测误差平方和较大的方法舍弃，将失去一些有用的信息。科学的做法是将不同的预测方法进行适当组合，形成组合预测方法。其目的是综合利用各种预测方法所提供的信息，以提高预测精度。近年来，组合预测研究一直是国内外预测学界研讨的热点问题之一。

组合预测在国外称为 combination forecasting，combined forecasting，combined forecast 等，在国内也称为结合预测、综合预测、复合预测等。

早在 1954 年，美国人 Schmitt 曾经采用组合预测方法对美国 37 个最大城市的人口进行预测使预测精度提高。1959 年，J. M. Bate 和 C. W. J. Grange 对组合预测方法进行比较系统研究，研究成果引起预测学者的重视，C. W. J. Grange 于 2003 年获得诺贝尔经济学奖。此后，国外关于组合预测的研究成果层出不穷，我国近十几年也很重视组合预测的研究，取得一系列研究成果。

采用组合预测的关键是确定单个预测方法的加权系数。设对于同一个问题有 $n(n \geqslant 2)$ 种预测方法。记 y_t—— 实际观察值，f_{it}—— 第 i 种方法的预测值，$e_{it} = y_t - y_{it}$—— 第 i 种方法的预测误差，k_i—— 第 i 种方法的加权系数，$(i = 1, 2, \cdots, n; t = 1, 2, \cdots, N)$，$\sum_{i=1}^{n} k_i = 1$，$f_t = \sum_{i=1}^{n} k_i f_{it}$—— 组合预测方法的预测值，$e_t = y_t - f_t$—— 组合预测方法的预测误差，于是 $e_t = y_t - f_t = \sum_{i=1}^{n} k_i f_{it}$，$(t = , 1, 2, \cdots, N)$。

记组合预测方法的预测误差平方和 $J = \sum_{t=1}^{N} e_t^2$，则

$$J = \sum_{i=1}^{n} \sum_{j=1}^{n} [k_i k_j (\sum_{t=1}^{N} e_{it} e_{jt})],$$

记组合预测方法的预测加权系数向量为 $K = [k_1, k_2, \cdots, k_n]^{\mathrm{T}}$，第 i 种预测方法的预测误差向量为 $E_i = [e_{i1}、e_{i2}、\cdots e_{iN}]^{\mathrm{T}}$，预测误差矩阵为 $e = [E_1, E_2, \cdots, E_n]$，于是

$$J = \boldsymbol{K}^{\mathrm{T}} \boldsymbol{e}^{\mathrm{T}} \boldsymbol{e} \boldsymbol{K} = \boldsymbol{K}^{\mathrm{T}} \boldsymbol{E} \boldsymbol{K}$$

其中，$E = \begin{bmatrix} E_{11} & E_{12} & \cdots & E_{1n} \\ E_{21} & E_{22} & \cdots & E_{2n} \\ \vdots & \vdots & & \vdots \\ E_{n1} & E_{n2} & \cdots & E_{nn} \end{bmatrix}$，

而 $\boldsymbol{E}_{ij} = \boldsymbol{E}_{ji} = \boldsymbol{E}_i^{\mathrm{T}} \boldsymbol{E}_j$，$\boldsymbol{E}_{ii} = \boldsymbol{E}_i^{\mathrm{T}} \boldsymbol{E}_i = \sum_{t=1}^{N} e_{it}^2$。$\boldsymbol{E}_{it}$ 为第 i 种预测方法的预测误差平方和。$\boldsymbol{E}$ 反映了各种预测方法提供的预测误差信息，称为预测误差信息矩阵。

记 $\boldsymbol{R} = [1, 1, \cdots, 1]_{n \times 1}^{\mathrm{T}}$，则加权系数的约束条件 $\sum_{i=1}^{n} k_i = 1$ 改为 $\boldsymbol{R}^{\mathrm{T}} \boldsymbol{K} = 1$。于是组合预测问题可表示成非线性规划模型：

$$\min J(k_1, k_2, \cdots, k_n) = \boldsymbol{K}^{\mathrm{T}} \boldsymbol{E} \boldsymbol{K} \tag{4.1}$$

$$\text{s.t.} \quad \boldsymbol{R}^{\mathrm{T}} \boldsymbol{K} = 1 \tag{4.2}$$

$$\boldsymbol{K} \geqslant 0 \tag{4.3}$$

4.2 组合预测传统计算方法

采用组合预测的主要目的是减少预测误差平方和，即寻求某一加权系数向量 K_n，使组合预测方法的预测误差平方和 J 达到极小值 J_n，$J_n = \min_{\boldsymbol{R}^{\mathrm{T}}\boldsymbol{K}=1} \{J\} = \min_{\boldsymbol{R}^{\mathrm{T}}\boldsymbol{K}=1} \{\boldsymbol{K}^{\mathrm{T}} \boldsymbol{E} \boldsymbol{K}\}$，称 $\boldsymbol{K}_n$ 为最优加权系数向量，相应的组合预测方法称为最优组合预测方法。下面应用 Lagrange 乘数法，探讨关于 $\boldsymbol{R}_n$ 和 J_n 的传统计算方法。

定理 4.1 设 $\boldsymbol{E}_1, \boldsymbol{E}_2, \cdots, \boldsymbol{E}_n$ 线性无关，则有

$$\boldsymbol{K}_n = \frac{\boldsymbol{E}^{-1} \boldsymbol{R}}{\boldsymbol{R}^{\mathrm{T}} \boldsymbol{E}^{-1} \boldsymbol{R}} \tag{4.4}$$

$$J_n = \frac{1}{\boldsymbol{R}^{\mathrm{T}}\boldsymbol{E}^{-1}\boldsymbol{R}} \tag{4.5}$$

证明　在加权系数 k_i 满足式(4.2)的约束条件下，求 J 的极小值。引入 Lagrange 乘数 λ，构造 Lagrange 函数

$$L = \boldsymbol{K}^{\mathrm{T}}\boldsymbol{E}\boldsymbol{K} + \lambda(\boldsymbol{R}^{\mathrm{T}}\boldsymbol{K} - 1)$$

令 $\dfrac{\partial L}{\partial \boldsymbol{K}} = 2\boldsymbol{E}\boldsymbol{K} + \lambda\boldsymbol{R} = 0$

最优加权系数向量 $\boldsymbol{K}_n$ 必须满足上式，即

$$2\boldsymbol{E}\boldsymbol{K}_n + \lambda\boldsymbol{R} = 0 \tag{4.6}$$

由假设，$\boldsymbol{E}_1,\boldsymbol{E}_2,\cdots,\boldsymbol{E}_n$ 线性无关，于是 $\boldsymbol{E}$ 的逆矩阵存在。用 $\boldsymbol{R}^{\mathrm{T}}\boldsymbol{E}^{-1}$ 左乘式(4.6)的两边，得

$$2\boldsymbol{R}^{\mathrm{T}}K_n + \lambda\boldsymbol{R}^{\mathrm{T}}\boldsymbol{E}^{-1}\boldsymbol{R} = 0 \tag{4.7}$$

由式(4.2)，$\boldsymbol{R}^{\mathrm{T}}\boldsymbol{K}_n = 1$。把此结果代入式(4.7)，得

$$2 + \lambda\boldsymbol{R}^{\mathrm{T}}\boldsymbol{E}^{-1}\boldsymbol{R} = 0$$

于是，有

$$\lambda = -\frac{2}{\boldsymbol{R}^{\mathrm{T}}\boldsymbol{E}^{-1}\boldsymbol{R}}$$

代入式(4.6)，解得

$$\boldsymbol{K}_n = \frac{\boldsymbol{E}^{-1}\boldsymbol{R}}{\boldsymbol{R}^{\mathrm{T}}\boldsymbol{E}^{-1}\boldsymbol{R}}$$

于是，有

$$J_n = \boldsymbol{K}_n^{\mathrm{T}}\boldsymbol{E}\boldsymbol{K}_n = \left(\frac{\boldsymbol{E}^{-1}\boldsymbol{R}}{\boldsymbol{R}^{\mathrm{T}}\boldsymbol{E}^{-1}\boldsymbol{R}}\right)^{\mathrm{T}}\boldsymbol{E}\frac{\boldsymbol{E}^{-1}\boldsymbol{R}}{\boldsymbol{R}^{\mathrm{T}}\boldsymbol{E}^{-1}\boldsymbol{R}} = \frac{\boldsymbol{R}^{\mathrm{T}}}{\boldsymbol{R}^{\mathrm{T}}\boldsymbol{E}^{-1}\boldsymbol{R}} \cdot \frac{\boldsymbol{E}^{-1}\boldsymbol{R}}{\boldsymbol{R}^{\mathrm{T}}\boldsymbol{E}^{-1}\boldsymbol{R}} = \frac{1}{\boldsymbol{R}^{\mathrm{T}}\boldsymbol{E}^{-1}\boldsymbol{R}}$$

在实际应用中，有时运用的是两种预测方法所构成的组合预测，它是上述一般组合预测的特例。

定理 4.2　对于两种预测方法所构成的组合预测，若 $\boldsymbol{E}_1,\boldsymbol{E}_2$ 线性无关，则最优加权系数为

$$k_1 = \frac{\boldsymbol{E}_{22} - \boldsymbol{E}_{12}}{\boldsymbol{E}_{11} + \boldsymbol{E}_{22} - 2\boldsymbol{E}_{12}} = \frac{\sum_{t=1}^{N} e_{2t}^2 - \sum_{t=1}^{N} e_{1t}e_{2t}}{\sum_{t=1}^{N} e_{1t}^2 + \sum_{t=1}^{N} e_{2t}^2 - 2\sum_{t=1}^{N} e_{1t}e_{2t}} \tag{4.8}$$

$$k_2 = \frac{\boldsymbol{E}_{11} - \boldsymbol{E}_{12}}{\boldsymbol{E}_{11} + \boldsymbol{E}_{22} - 2\boldsymbol{E}_{12}} = \frac{\sum_{t=1}^{N} e_{1t}^2 - \sum_{t=1}^{N} e_{1t}e_{2t}}{\sum_{t=1}^{N} e_{1t}^2 + \sum_{t=1}^{N} e_{2t}^2 - 2\sum_{t=1}^{N} e_{1t}e_{2t}} \tag{4.9}$$

最优组合预测方法的预测误差平方和为

$$J_2 = \frac{\boldsymbol{E}_{11}\boldsymbol{E}_{22} - \boldsymbol{E}_{12}^2}{\boldsymbol{E}_{11} + \boldsymbol{E}_{22} - 2E_{12}} = \frac{\sum_{t=1}^{N} e_{1t}^2 \sum_{t=1}^{N} e_{2t}^2 - (\sum_{t=1}^{N} e_{1t}e_{2t})^2}{\sum_{t=1}^{N} e_{1t}^2 + \sum_{t=1}^{N} e_{2t}^2 - 2\sum_{t=1}^{N} e_{1t}e_{2t}} \tag{4.10}$$

其中，$\boldsymbol{E}_{11} = \sum_{t=1}^{N} e_{1t}^2, E_{22} = \sum_{t=1}^{N} e_{2t}^2, E_{12} = \sum_{t=1}^{N} e_{1t}e_{2t}$

4.3 简单平均法

简单平均法也称作等权平均法。它是把各种预测方法同等看待，对每种预测方法都赋予相同的权数。在组合预测的早期研究中，简单平均法是一种常用的组合方法。

记简单平均法的加权系数向量为 $\boldsymbol{K}_s$，即 $\boldsymbol{K}_s = \left[\frac{1}{n}, \frac{1}{n}, \cdots, \frac{1}{n}\right]^{\mathrm{T}} = \frac{1}{n}[1,1,\cdots,1]^{\mathrm{T}} = \frac{1}{n}R$。记简单平均法的预测误差平方和为 J_s，则 $J_s = \frac{1}{n^2}\sum_{i=1}^{n}\sum_{j=1}^{n}\boldsymbol{E}_{ij}$。

简单平均法通常不是最优组合预测方法，下面给出简单平均法是最优组合预测方法的充要条件。

定理 4.3　简单平均法是最优组合预测方法的充分必要条件是，预测误差信息矩阵 $\boldsymbol{E}$ 的每一行(或列)元素之和为常数，即

$$\sum_{j=1}^{n} \boldsymbol{E}_{ij} = h_i = h, (i = 1, 2, \cdots, n) \tag{4.11}$$

证明　(充分性)设式(4.11)成立，则

$$[\boldsymbol{E}_{i1}, \boldsymbol{E}_{i2}, \cdots, \boldsymbol{E}_{in}]\boldsymbol{R} = h, (i = 1, 2, \cdots, n) \tag{4.12}$$

把式(4.12)写为矩阵形式，得 $\boldsymbol{ER} = h\boldsymbol{R}$,，于是 $\boldsymbol{E}^{-1}\boldsymbol{R} = \boldsymbol{R}/h$。最优加权系数向量

$$\boldsymbol{K}_n = \frac{\boldsymbol{E}^{-1}\boldsymbol{R}}{\boldsymbol{R}^{\mathrm{T}}\boldsymbol{E}^{-1}\boldsymbol{R}} = \frac{\dfrac{\boldsymbol{R}}{h}}{\boldsymbol{R}^{\mathrm{T}}\dfrac{\boldsymbol{R}}{h}} = \frac{\boldsymbol{R}}{\boldsymbol{R}^{\mathrm{T}}\boldsymbol{R}} = \frac{\boldsymbol{R}}{n} = \boldsymbol{K}_s$$

即简单平均法是最优组合预测方法。

（必要性）设简单平均法是最优组合预测方法，即 $\boldsymbol{K}_s = \boldsymbol{K}_n$，则

$$\frac{1}{n}\boldsymbol{R} = \frac{\boldsymbol{E}^{-1}\boldsymbol{R}}{\boldsymbol{R}^{\mathrm{T}}\boldsymbol{E}^{-1}\boldsymbol{R}}$$

于是得，$\boldsymbol{ER} = \dfrac{n\boldsymbol{R}}{\boldsymbol{R}^{\mathrm{T}}\boldsymbol{E}^{-1}\boldsymbol{R}} = \dfrac{n}{\boldsymbol{R}^{\mathrm{T}}\boldsymbol{E}^{-1}\boldsymbol{R}}\boldsymbol{R}$

记 $\dfrac{n}{\boldsymbol{R}^{\mathrm{T}}\boldsymbol{E}^{-1}\boldsymbol{R}} = h$，于是有 $\boldsymbol{ER} = h\boldsymbol{R}$，即 $\sum_{j=1}^{n}\boldsymbol{E}_{ij} = h,(i = 1,2,\cdots,n)$。

在一般情况下，式(4.11)的假设条件很难满足，简单平均法通常不是最优组合预测方法。当式(4.11)满足时，有下述结论。

定理 4.4 设 $\boldsymbol{E}$ 的每行元素之和为 h，则最优组合预测方法的预测误差平方和为

$$J_s = \frac{h}{n}$$

证明 $J_s = \dfrac{1}{n^2}\sum_{i=1}^{n}\sum_{j=1}^{n}\boldsymbol{E}_{ij} = \dfrac{1}{n^2}\sum_{i=1}^{n}h = \dfrac{h}{n}$

例 4.1 运用最小平方法和三次指数平滑法对居民储蓄余额进行预测，两种预测方法的预测误差信息矩阵为

$$\boldsymbol{E} = \begin{bmatrix} 553.9707 & -88.9283 \\ -88.9283 & 188.8769 \end{bmatrix}$$

$\boldsymbol{E}$ 的第一行元素之和为

$$h_1 = 553.9707 - 88.9283 = 465.051$$

$\boldsymbol{E}$ 的第二行元素之和为

$$h_2 = -88.9283 + 188.8769 = 99.9486$$

$h_1 \neq h_2$，简单平均法不是最优组合预测方法。

最优组合预测方法加权系数为

$$k_1 = \frac{\boldsymbol{E}_{22} - \boldsymbol{E}_{12}}{\boldsymbol{E}_{11} + \boldsymbol{E}_{22} - 2\boldsymbol{E}_{12}} = \frac{188.8769 - (-88.9283)}{553.9707 + 188.8769 - 2(-88.9283)} = 0.3017$$

$$k_2 = \frac{\boldsymbol{E}_{11} - \boldsymbol{E}_{12}}{\boldsymbol{E}_{11} + \boldsymbol{E}_{22} - 2\boldsymbol{E}_{12}} = \frac{553.9707 - (-88.9283)}{553.9707 + 188.8769 - 2(-88.9283)} = 0.6983$$

相应的最优组合预测方法预测误差平方和为

$$J_2 = \frac{\boldsymbol{E}_{11}\boldsymbol{E}_{22} - \boldsymbol{E}_{12}^2}{\boldsymbol{E}_{11} + \boldsymbol{E}_{22} - 2\boldsymbol{E}_{12}} = \frac{553.9707 \times 188.8769 - (-88.9283)^2}{553.9707 + 188.8769 - 2(-88.9283)} = 105.0552$$

例 4.2　运用 3 种预测方法对同一实际问题进行预测，设三种预测方法的预测误差信息矩阵为

$$\boldsymbol{E} = 10^6 \times \begin{bmatrix} 9.9577884674 & 9.498483658 & 7.0515451431 \\ 9.498483658 & 29.6851463318 & 7.8290805817 \\ 7.0515451431 & 7.8290805817 & 8.4275588989 \end{bmatrix}$$

应用公式(4.4)，得到

$$\boldsymbol{K}_3 = \frac{\boldsymbol{E}^{-1}\boldsymbol{R}}{\boldsymbol{R}^{\mathrm{T}}\boldsymbol{E}^{-1}\boldsymbol{R}} = \begin{bmatrix} 0.334675264 \\ -0.018758077 \\ 0.684082811 \end{bmatrix}$$

相应的

$$J_3 = \frac{1}{\boldsymbol{R}^{\mathrm{T}}\boldsymbol{E}^{-1}\boldsymbol{R}} = 7.978268884 \times 10^6$$

其中，第二种预测方法的组合权重出现负值。对于该问题，在后续章节作进一步研究。

4.4　最优组合预测误差平方和的估计

设 $\boldsymbol{E}$ 的特征值为 $\lambda_1, \lambda_2, \cdots, \lambda_n$，记 $\boldsymbol{E}$ 的最小特征值和最大特征值分别为 $\lambda_{\min} = \min\limits_i\{\lambda_i\}$，$\lambda_{\max} = \max\limits_i\{\lambda_i\}$，关于 J_n 的取值范围，有如下结论。

定理 4.5　设 $\boldsymbol{E}$ 为正定矩阵，则 $\frac{\lambda_{\min}}{n} \leqslant J_n \leqslant \frac{\lambda_{\max}}{n}$

证明　$\boldsymbol{E}$ 为正定矩阵，于是 $\boldsymbol{E}^{-1}$ 也为正定矩阵。记 $\lambda_i^* = \frac{1}{\lambda_i}$，则 λ_i^* 为 $\boldsymbol{E}^{-1}$ 的特征值。由于 $\boldsymbol{E}$ 和 $\boldsymbol{E}^{-1}$ 皆为正定矩阵，因此 $\lambda_i > 0, \lambda_i^* > 0, (i = 1, 2, \cdots, n)$。记 $\boldsymbol{E}^{-1}$ 的最小特征值和最大特征值分别为 $\lambda_{\min}^*$ 与 $\lambda_{\max}^*$，则

$$\lambda_{\min}^* = \min_i\{\lambda_i^*\} = \min_i\left\{\frac{1}{\lambda_i}\right\} = \frac{1}{\max\limits_i\{\lambda_i\}} = \frac{1}{\lambda_{\max}}$$

$$\lambda_{\max}^{*}=\max_{i}\{\lambda_{i}^{*}\}=\max_{i}\{\frac{1}{\lambda_{i}}\}=\frac{1}{\min_{i}\{\lambda_{i}\}}=\frac{1}{\lambda_{\min}}$$

记 $\boldsymbol{M}=\left[\frac{1}{\sqrt{n}},\frac{1}{\sqrt{n}},\cdots,\frac{1}{\sqrt{n}}\right]^{\mathrm{T}}=\frac{1}{\sqrt{n}}[1,1,\cdots,1]^{\mathrm{T}}=\frac{1}{\sqrt{n}}\boldsymbol{R}$，显然 $\boldsymbol{M}^{\mathrm{T}}\boldsymbol{M}=1$。

记 $J_{n}^{*}=\boldsymbol{M}^{\mathrm{T}}\boldsymbol{E}^{-1}\boldsymbol{M}$，则

$$J_{n}=\frac{1}{\boldsymbol{R}^{\mathrm{T}}\boldsymbol{E}^{-1}\boldsymbol{R}}=\frac{1}{(\sqrt{n}M)^{\mathrm{T}}\boldsymbol{E}^{-1}(\sqrt{n}\boldsymbol{M})}=\frac{1}{nJ_{n}^{*}}$$

根据矩阵论中瑞利商定理

$$\lambda_{\min}=\min_{\boldsymbol{X}^{\mathrm{T}}\boldsymbol{X}=1}\{\boldsymbol{X}^{\mathrm{T}}\boldsymbol{E}^{-1}\boldsymbol{X}\}$$

$$\lambda_{\max}=\max_{\boldsymbol{X}^{\mathrm{T}}\boldsymbol{X}=1}\{\boldsymbol{X}^{\mathrm{T}}\boldsymbol{E}^{-1}\boldsymbol{X}\}$$

由于 $\boldsymbol{M}^{\mathrm{T}}\boldsymbol{M}=1$，因而

$$\lambda_{\min}^{*}\leqslant J_{n}^{*}\leqslant\lambda_{\max}^{*}$$

即
$$\frac{1}{\lambda_{\max}}\leqslant\frac{1}{nJ_{n}}\leqslant\frac{1}{\lambda_{\min}}$$

于是有
$$\frac{\lambda_{\min}}{n}\leqslant J_{n}\leqslant\frac{\lambda_{\max}}{n}$$

定理4.5表明，最优组合预测的预测误差平方和不可能减小到$\frac{\lambda_{\min}}{n}$以下。

4.5 基于加速遗传算法的组合预测方法

在4.2节公式(4.4)中，未考虑非负约束条件。应用公式(4.4)时，最优组合预测方法达到预测误差平方和最小值，但却不能保证各单项预测方法组合权重的非负性。负权重的意义存在争议，非负权重最优组合预测问题已引起预测学界的关注。预测学界主流观点认为，负权重不符合实际意义，所以当 K_n 出现负分量时，公式(4.4)失效。

本节运用加速遗传算法解决组合预测问题，并给出实例研究，结果表明，可以取得较理想的结果。

最优组合预测问题为如下二次规划模型：

$$\min J(k_{1},k_{2},\cdots,k_{n})=\boldsymbol{K}^{\mathrm{T}}\boldsymbol{E}\boldsymbol{K}\tag{4.13}$$

$$\text{s.t.}\quad k_{1}+k_{2}+\cdots+k_{n}=1\tag{4.14}$$

$$k_1, k_2, \cdots, k_n \geqslant 0 \tag{4.15}$$

加速遗传算法(Accelerating Genetic Algorithm,简称 AGA) 是金菊良教授在传统遗传算法(Traditional Genetic Algorithm,简称 TGA) 基础上提出的一种优化方法,AGA 可以克服传统遗传算法的缺点:对搜索空间(优化变量空间) 的大小变化适应能力差,计算量大,易出现早熟收敛,控制参数的设置技术无明确指导准则。利用在传统遗传算法运行过程中搜索到的优秀个体逐步调整优化变量的搜索区间,即可形成加速遗传算法。

4.5.1 加速遗传算法解决组合预测问题的步骤

步骤 1:变量初始化变化空间的离散和二进制编码。取编码长度为 10,把每个变量的初始化变化区间[0,1] 等分成 $2^{10}-1$ 个子区间,则

$$k_j = I_j d_j, \quad (j = 1,2,\cdots,n) \tag{4.16}$$

式中,子区间长度 $d_j = 1/(2^{10}-1)$,为常数,搜索步数 I_j 为小于 2^{10} 的任意十进制非负整数,为变数。

经过编码,变量的搜索空间离散成$(2^{10})^n$ 个网格点(个体),它对应 n 个变量的一种可能取值状态,并用 n 个 10 位二进制数$\{ia(j,k) \mid j = 1,2,n;k = 1,2,\cdots,10\}$ 表示:

$$I_j = \sum_{k=1}^{10} ia(j,k) \cdot 2^{k-1}, \quad (j = 1,2,\cdots,n) \tag{4.17}$$

通过式(4.16)、(4.17) 的编码,n 个变量 w_j 的取值状态、网格点、个体、n 个二进制数$\{ia(j,k)\}$ 之间可建立一一对应关系。

步骤 2:初始父代群体的随机生成。取群体规模大小为 300,从上述$(2^{10})^n$ 个网格点中均匀随机选取 300 个点作为初始父代群体。生成 300 组[0,1] 区间上的均匀随机数,每组 n 个,即$\{u(j,i) \mid j = 1,2,\cdots,n;i = 1,2,\cdots,300\}$,经下式转换得到相应的随机搜索步数

$$I_j(i) = \mathrm{INT}(u(j,i) \cdot 2^{10}), \quad (j = 1,2,\cdots,n;i = 1,2,\cdots,300)$$

它们可由式(4.17) 对应二进制数$\{ia(j,k,i) \mid j = 1,2,\cdots,n;k = 1,2,\cdots,10;i = 1,2,\cdots,300\}$,又可由式(4.16) 与 300 组优化变量$\{k_j(i) \mid j = 1,2,\cdots,n;i = 1,2,\cdots,300\}$ 一一对应,把它们作为初始父代个体。

步骤 3:二进制数的解码和父代个体适应度评价。把父代个体编码串 $ia(j,k,i)$ 经式(4.17) 和式(4.16) 解码成优化变量 $k_j(i)$,并把 $k_j(i)$ 按照下式进行归一化处理

$$k_j(i) = k_j(i) / \sum_{n=1}^{m} k_j(i)$$

处理后的 $k_j(i)$ 满足式(4.14)的约束条件。把 $k_j(i)$ 代入式(4.13)得相应的优化准则函数 J_i，把$\{J_i \mid i = 1,2,\cdots,300\}$从小到大排序，对应的变量$\{k_j(i)\}$和二进制数$\{ia(j,k,i)\}$也跟着排序，排序后最前面的几个个体称为优秀个体。定义排序后第 i 个父代个体的适应度函数值为

$$F_i = \frac{1}{J_i^2 + 0.001}, (i = 1,2,\cdots,300)$$

步骤 4:父代个体的概率选择。取比例选择方式，个体 i 的选择概率为

$$p'_i = \frac{F_i}{\sum_{i=1}^{300} F_i}, (i = 1,2,\cdots,300)$$

令

$$p_i = \sum_{k=1}^{i} p'_k, (i = 1,2,\cdots,300)$$

序列$\{p_i \mid i = 1,2,\cdots,300\}$把$[0,1]$区间分成300个子区间，并与300个父代个体一一对应。

生成300个随机数$\{(u(k) \mid k = 1,2,\cdots,300\}$。若 $u(k) \in [p_{i-1}, p_i]$，则第 i 个个体被选中，其二进制数记为 $ia_1(j,k,i)$。同理可得另外的 300 个父代个体 $ia_2(j,k,i)$。于是从原父代群体中以概率 p'_i 选择第 i 个个体，共选择两组各 300 个个体。

步骤 5:父代个体的杂交。取杂交率 $p_c = 1.0$，由步骤 4 得到的两组父代个体随机两两配对，成为 300 对双亲，将双亲的二进制数组的任意一段值互换，得到两组子代个体。

步骤 6:子代个体的变异。取变异率 $p_m = 1.0$，它是子代个体发生变异的概率。任取步骤 5 中的一组子代个体，将它们的二进制数组的任意两值以概率 p_m 进行翻转(原值为 0 的变为 1，原值为 1 的变为 0)。

步骤 7:进行迭代。由步骤 7 得到的 300 个子代个体作为新的父代，算法转入步骤 3，进入下一次进化过程，如此循环往复，优秀个体将逼近最优点。

步骤 8:加速循环。用第一次、第二次进化迭代所产生的优秀个体的变量变化区间作为新的初始变化区间，算法进入步骤 1，重新运行 TGA，如此加速循环，优秀个体的变量变化区间将逐步调整和收缩，与最优点的距离越来越近，直到最优个体的优化准则函数值达到一稳定值，结束整个算法的运行。此时，把当前群体中最佳个体指定为 AGA 的结果。

4.5.2 实例研究

例 4.3 三种预测方法的预测误差信息矩阵为

$$\boldsymbol{E}=10^{6}\times\begin{bmatrix}9.9577884674 & 9.498483658 & 7.0515451431\\ 9.4998483658 & 29.6851463318 & 7.8290805817\\ 7.0515451431 & 7.8290805817 & 8.4275588989\end{bmatrix}$$

在 4.3 节中，运用组合预测传统计算方法，加权系数出现负值。

文献[1]用改进 REW 法，得最优组合预测为

$k_1=0.24074076, k_2=0.01851852, k_3=0.74074072$,

$J_{\min}=8.02591705\times10^{6}$。

下面用加速遗传算法(AGA)解决该组合预测问题。AGA 的父代个体数目取为 300，优秀个体数目取为 10，加速寻优 20 次，最优化准则函数值已达到稳定。所得结果见表 4-1。

表 4-1 用 AGA 优化组合预测模型的参数

加速次数	优秀个体各参数的变化区间			最优化准则函数值($\times10^{-6}$)
	k_1	k_2	k_3	
1	[0.0000,1.0000]	[0.0000,1.0000]	[0.0000,1.0000]	8.00635800
5	[0.2535,0.3793]	[0.0000,0.0160]	[0.6191,0.7438]	7.98595700
10	[0.3198,0.3230]	[0.0001,0.0001]	[0.6769,0.6801]	7.98548600
15	[0.3210,0.3216]	[0.0001,0.0001]	[0.6783,0.6789]	7.98548500
20	[0.3212,0.3215]	[0.0001,0.0001]	[0.6784,0.6787]	7.98548500
AGA 估计	0.32132980	0.00010592	0.67856420	7.98548500

于是，有

$k_1=0.32132980,\ k_2=0.00010592,\ k_3=0.67856420$,

$J_{\min}=7.98548500\times10^{6}$。

可以看出它避免负权重的出现，且优于文献[1]中的结果。

4.5.3 用加速遗传算法(AGA)求解组合预测问题优点

(1)AGA 算法的控制参数已有明确设置，比传统遗传算法(TGA)循环次数少，计算量小，可以避免早熟现象发生，易于全局收敛。

(2) 误差信息矩阵无正定性要求，对一般误差信息矩阵皆可用该算法解决，因而更能满足现实组合预测问题处理的要求。

(3) 易于处理组合权重有非负条件限制的情况，而该限制在以往算法中的解决较烦琐。

(4) 算法可以推广到目标函数规模庞大甚至无明确解析表达式的情形。

4.6 组合预测软科学方法

采用组合预测的关键，是确定单一预测方法的加权系数。前面讨论的组合方法皆在“使组合预测误差平方和最小”为准则，以统计方法结合实际观测值确定权重，并给出了误差分析。然而，有关研究表明，对历史数据拟合较高的模型(较高的内推能力)，未必有较高的预测能力(较高的外推能力)，且在解决实际问题时有许多不能量化的因素影响组合权重。对此可以吸收预测专家(包括科学家、政府官员、企业家)的参与，采取“定量”与“定性”相结合的软科学方法，以确定各单一预测方法的权重，这也体现了预测技术中的“科学＋艺术”的本质。其主要有德尔菲法、二项系数加权法、频数统计法、AHP法、逼近理想点法、模糊数学法。

1. 德尔菲(Delphi)法

邀请预测专家就各单一预测方法的权重进行赋值，经四轮反馈后，用算术平均值代表专家们的集中意见，即各单一预测方法的综合权重 $k_i = \frac{1}{m}\sum_{j=1}^{m} p_j$，$k_i$ 为第 i 种预测方法的综合权重，m 为参加应答咨询的预测专家人数，p_j 为第 j 位专家对 i 种单一预测方法权重的赋值。

2. 二项系数加权法

邀请一定数量的预测专家，从估计预测结果在未来出现的可能性大小出发，对 n 种单一预测方法，给出预测结果可能性从大到小的排序。经四轮反馈后，得出意见相对集中的可能性大小顺序 $a_1, a_2, \cdots, a_n$，其中可能性最大值为 a_1，最小值为 a_n。再将 $a_1, a_2, \cdots, a_n$ 按二项系数中间项系数最大、两侧系数最小的方式排列，而以 a_1 为中心，奇数下标项自 a_1 从左向右排列，偶数下标项自 a_1 从右向左排列。排列后相应的各单一预测方法重新标记为 $f_1, f_2, \cdots, f_n$，记 $k_i = C_{n-1}^{i-1}/2^{n-1}$。由于 $\sum_{i=1}^{n} C_{n-1}^{i-1}\left(\frac{1}{2}\right)^{n-1} = \left(\frac{1}{2}+\frac{1}{2}\right)^{n-1} = 1$，表明 k_i 满足权系数的约束条件，则可以取二项式展开系数 $k_i = C_{n-1}^{i-1}/2^{n-1}$ 作为 f_i 的权重。这样中位数(或中间的二位数)将取得最大权重，与专家们的评判相一致。

3. 频数统计法

由 m 位预测专家对单一预测方法集合 $f = \{f_1, f_2, \cdots, f_n\}$ 中各单一预

测方法提出自认为最合适的权重向量，记第 j 位专家给出的权重向量为

$$\boldsymbol{K}^{(j)} = [k_{1j}, k_{2j} \cdots, k_{nj}]^{\mathrm{T}}, \sum_{i=1}^{n} k_{ij} = 1, \quad (j = 1, 2, \cdots, m)$$

然后对每个预测方法 f_i 的权重作统计，按照以下四个步骤进行：

(1) 对 f_i，在它的权数 k_{ij} 中找出最大值 M_i 和最小值 N_i，$M_i = \max\limits_{j}\{k_{ij}\}$，$N_i = \min\limits_{j}\{k_{ij}\}$。

(2) 适当选取正整数 L，计算组距 $(M_i - N_i)/L$，并将权数从小到大分为 L 组。

(3) 计算落在每组内权重的频数及频率。

(4) 由频数及频率的分布情况，确定 f_i 的权重 k_i，从而得权重向量 $K = [k_1, k_2, \cdots, k_n]^{\mathrm{T}}$。

4. AHP 法

层次分析法(Analytic Hierarchy Process)，简称 AHP 法，它由美国匹兹堡大学 T. L. Saaty 教授所创立，可用于求解非序列多层目标准则体系结构问题。

利用 AHP 法可以吸收预测专家的参与，以确定各单一预测方法的权重。用目标层表示预测模型的综合评价，即组合预测的结果；准则层为对单一预测方法评价的准则，分为理论的科学性、方法的简洁实用性，结果的精确性；最底层为要评价的各单一预测方法(如图 4-1 所示)。

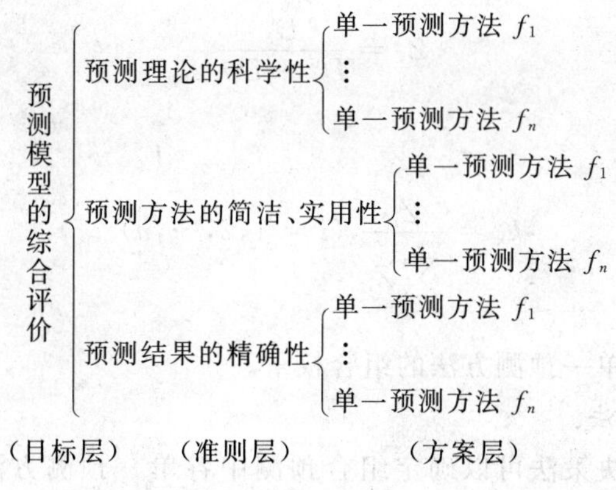

图 4-1 预测模型综合评价的分层结构

在预测专家的参与下，可得到准则层的判断矩阵，并计算出各准则的权重 p_1, p_2, p_3，然后计算方案层的判断矩阵和各方案的权重 $q_{1j}, q_{2j}, \cdots, q_{nj}$。则各单一预测方法的权重为

$$k_i = \sum_{j=1}^{3} p_j q_{ij}。$$

5. 逼近理想点法

由 m 位预测专家对 n 个单一预测方法 $f_1, f_2, \cdots, f_n$ 分别赋予权重。记第 j 位专家给出的权重向量为

$$K^{(j)} = \{k_{1j}, k_{2j}, \cdots, k_{nj}\}, \sum_{i=1}^{n} k_{ij} = 1, (j = 1, 2, \cdots, m)$$

记

$$Y_j^* = \max_i \{k_{ij}\}, \quad Y_j^0 = \min_i \{k_{ij}\}, \quad (j = 1, 2, \cdots, m)$$

则理想点

$$Y^* = \{Y_1^*, Y_2^*, \cdots, Y_m^*\}$$

负理想点

$$Y^0 = \{Y_1^0, Y_2^0, \cdots, Y_m^0\}$$

第 i 个单一预测方法权重到理想点和负理想点的欧氏距离为

$$D_i^* = \left[\sum_{j=1}^{m} (Y_{ij} - Y_j^*)^2\right]^{1/2}, \quad D_i^0 = \left[\sum_{j=1}^{m} (Y_{ij} - Y_j^0)^2\right]^{1/2}$$

则第 i 个预测方法权重到理想点的接近程度为

$$Z_i = \frac{D_i^0}{D_i^0 + D_i^*}$$

归一化得

$$k_i = \frac{Z_i}{\sum_{i=1}^{n} Z_i}, (i = 1, 2, \cdots, n)$$

此即为 n 个单一预测方法的组合权重。

6. 模糊数学法

用模糊协调决策法可以确定组合预测中各单一预测方法的权重。由 m 位预测专家对 n 个单一预测方法 $f_1, f_2, \cdots, f_n$ 分别赋予权重。记第 j 位专家给出的权重分配方案为

$$K^{(j)} = \{k_{1j}, k_{2j}, \cdots, k_{nj}\}, \quad \sum_{i=1}^{n} k_{ij} = 1, (j = 1, 2, \cdots, m)$$

记 m 位预测专家对组合预测方法的综合评判为

$$\boldsymbol{B}=(b_1,b_2,\cdots,b_m)$$

则第 j 位专家对第 i 个预测方法评语的隶属度为

$$r_{ij}=\frac{k_{ij}}{\sum_{j=1}^{m}k_{ij}}$$

于是，评判矩阵为 $\boldsymbol{R}=[r_{ij}]_{n\times m}$

计算 $\boldsymbol{B}_j=\boldsymbol{R}\circ\boldsymbol{K}^{(j)}$，并求 $\boldsymbol{B}_j$ 与 $\boldsymbol{B}$ 的贴近度 $(\boldsymbol{B}_j,\boldsymbol{B})=\frac{1}{2}[\boldsymbol{A}\circ\boldsymbol{B}+(1-\boldsymbol{A}\odot\boldsymbol{B})]$，

记 $\boldsymbol{G}_t=\max\limits_{j}(\boldsymbol{B}_j,\boldsymbol{B})$

则各组合预测方法的权重向量可取为 $\boldsymbol{K}^{(t)}=[k_{1t},k_{2t},\cdots,k_{mt}]^{\mathrm{T}}$。

利用本节研讨的组合预测计算的软科学方法，可以有效地考虑预测问题中不能“定量”因素的影响。在具体操作时，预测专家的选取是关键，应是来自不同阶层的技术专家、政府官员、企业界人士、科学家、市场专家等。还可以考虑预测专家的权重，由专家的权重进行线性加权平均，得各单一预测方法的权重。在条件成熟时，可建立组合预测计算机系统，以及相应的专家库和模型库。

4.7 组合预测综合系统

在预测实践中，对于同一个问题，往往可以采用多种预测方法。不同的预测方法往往能提供不同的有用信息，组合预测方法可以综合利用这些信息，尽可能地提高预测精度。前几节分别讨论组合预测的硬、软计算方法，但这些方法仅是对组合预测系统一个侧面的描述。本节运用系统工程的思想，通过对单一预测方法评价、组合预测的软和硬计算方法、组合预测专家系统支持、组合预测计算机系统构建进行广泛研究，多层次、多角度地研讨组合预测系统。

4.7.1 单一预测方法评价系统

组合预测的关键是确定各单一预测方法的权重。对单一预测方法进行科学的评价，是确定权重的一个重要方面。评价组合预测中单一预测方法的一般准则如下：

(1) 精确性准则：预测方法输出的预测值必须具有相当的精度。

(2) 完备性准则：预测方法能把与预测目标有关的重大因素包括进去。

(3) 简单性准则：当预测能力相差不大时，形式简单、容易运用的预测方法为优方法。

(4) 适用性准则：易于交流，对用户友好。

(5) 鲁棒性准则：对外生变量的各种合理组合能给出灵敏反映。

(6) 稳定性准则：预测方法能在较长时期准确反映预测对象的发展变化。

表 4－2 列出 12 种常用预测方法的应用范围和特点，供评价组合预测中单一预测方法时参考。

表 4－2　常用预测方法的应用范围和特点

预测方法	主要应用范围	预测精确度			转折点鉴别	所需数据条件	预测成本	预测所需时间
		1 年以内	1～3 年	3 年以上				
专家调查法	技术预测，新产品开发	中等至良好	中等至良好	中等至良好	中等至良好	以调查表方式搜集信息	中等	两个月以上
市场调查	产品销售预测	优	良好	中等至良好	中等至良好	需大量搜集市场数据，发调查表	中等偏高	两个月以上
历史类推法	技术预测，产品销售预测	差	良好	中等至良好	差至良好	类似技术或产品的若干年历史数据	费用不高	一个月以内
移动平均法	有历史统计数据的定量预测	差至良好	差	极差	差	一定数量的历史数据	低	几天之内
指数平滑法	有历史统计数据的定量预测	中等至良好	差至良好	极差	差	一定数量的历史数据	低	几天之内
趋势分析法	各种预测对象趋势分析	良好	良好	良好	差	最好有 5 年以上数据，视使用趋势形式而定	低	几天之内
时间序列分析	有历史统计数据的定量预测	良好至优	差至中等	差	差	在模型识别时需 50 个以上历史数据	中等偏低需计算机配合	一个星期

（续表）

预测方法	主要应用范围	预测精确度			转折点鉴别	所需数据条件	预测成本	预测所需时间
		1年以内	1～3年	3年以上				
回归预测技术	可以找到相关因素的定量预测	良好至很好	良好至很好	差	很好	需要数年历史统计数据或调查数据	费用不高	一个月左右
经济计量模型	部门产品综合预测	良好至很好	良好至很好	良好	优	需要数年历史统计数据或调查数据	费用较高,需计算机配合	两个月以上
投入产出模型	部门及企业生产预测	不适用	良好至很好	良好至很好	优	十至十五年历史数据和有关资料	费用高,需计算机配合	六个月以上
生命周期分析	技术预测,产品需求预测	差	差至良好	差至良好	差至良好	至少有该产品或类似产品年度销售数据,通常需进行市场调查	中等	一个月左右
系统动力学模型	制定国民经济的中长期发展规划时作战略研究和政策分析	差	差至良好	优	优	在数据缺乏时仍可研究系统结构及动态行为	费用较高,需计算机配合	四个月以上

4.7.2 组合预测的软、硬方法

依据组合预测对历史数据的拟合程度,有关文献提出组合预测的硬科学方法,这些方法针对样本数据拟合有最大有效性。通过预测专家的参与,考虑到实际问题中有许多不能量化的因素,4.6 节提出组合预测软科学方法。据此,可以建立组合预测模型库,如图 4－2 所示。

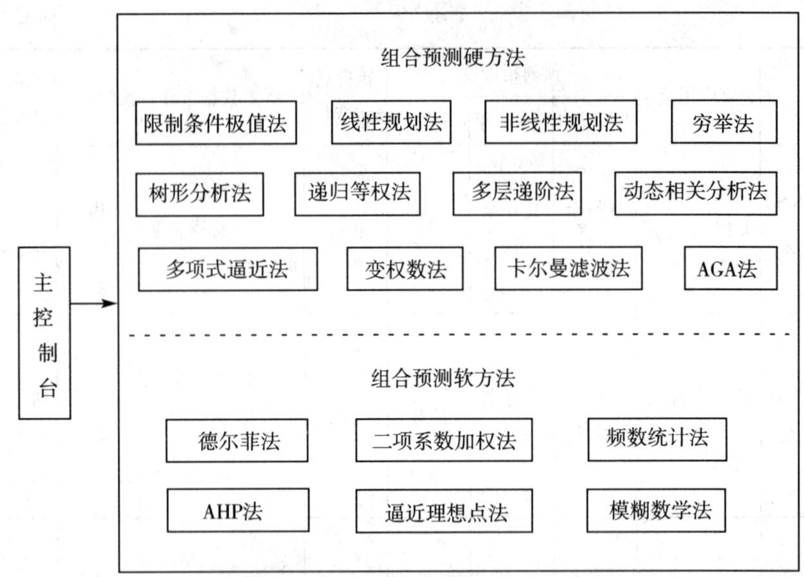

图 4-2　组合预测模型库结构图

研究表明，对历史数据拟合度很好的模型未必有良好的预测结果。组合预测硬方法对样本数据拟合有最大的有效性，但未考虑组合预测有效性的其他方面。组合预测的软方法对单一预测方法评价缺乏研究，对预测专家支持也缺乏详细的讨论。运用组合预测模型库是组合预测研究的重要方面，同时还必须与组合预测系统其他方面的研究相结合。

4.7.3　组合预测专家系统支持

组合预测专家系统研制的目的在于：

(1) 希望系统对组合预测过程与结果给予解释性说明，提供便利的人机接口会话方式；

(2) 希望系统不仅进行数据处理和计算，而且可以推理，通过逻辑推理和系列受控演绎找出那些难以量化的潜在因素，避免单一主、客观认识所造成的局限；

(3) 希望系统能不断积累经验，循环运行并逐渐提高结果的满意度，使组合预测更准确、更有效。

图 4-3 为组合预测专家系统的功能简图。该系统由数据库、模型库、方法库、知识库和知识开发系统、推理机、解释系统以及人机接口对话系统所组成，通过人机智能接口会话系统，用户和专家可方便地对各库进行更新、查询、扩充、修改等。

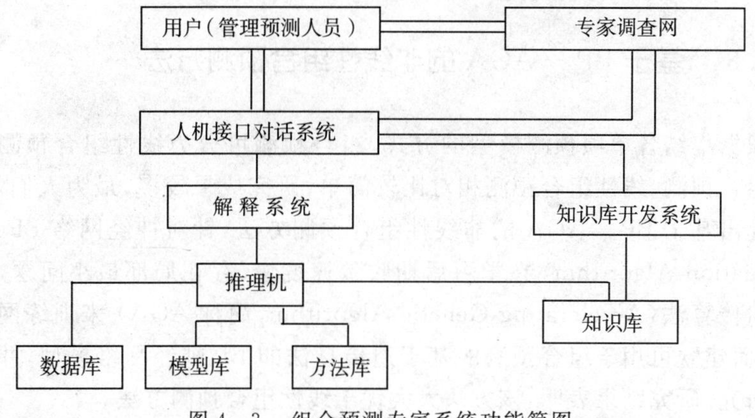

图 4－3　组合预测专家系统功能简图

4.7.4　组合预测计算机系统构建

组合预测计算机系统是一个由人机组成的 DSS 系统，该系统能以一种合适的方式将人的主观经验和计算机的实时数据处理能力相结合，利用过去和现在的数据与信息，经过不断加工和反馈，得出决策者满意的最佳调和组合预测模型，组合预测计算机系统框图如图 4－4 所示。

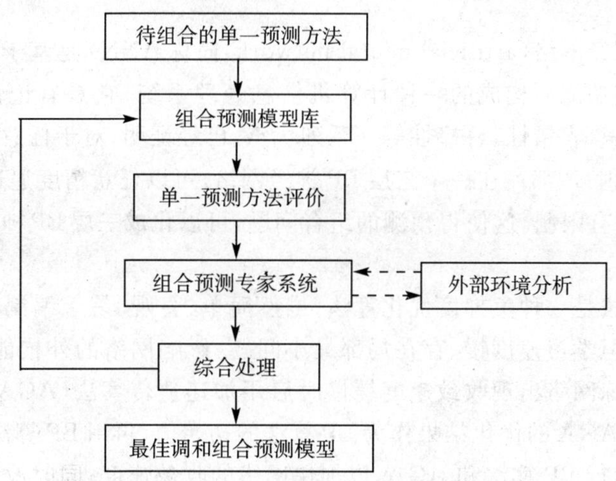

图 4.4　组合预测计算机系统框图

本节讨论的组合预测系统是帮助人们更好地分析问题，而不是使分析过程自动化，即为研究提供一个分析问题、构造模型的模拟环境，从而得出最佳调和解。值得注意的是，该系统是一个实时运营系统，随着时间的流逝，还须将不断得到的当前信息输入系统，一面用于分析、判断，一面补充到系统中去。

4.8 基于 BP－AGA 的非线性组合预测方法

根据集结各单项预测模型的方式，组合预测可分为线性组合预测和非线性组合预测。线性组合预测相对比较简单，研究成果较多，最为人们常用。本节提出基于 BP－AGA 的非线性组合预测方法，针对神经网络 BP(Back Propagation Algorithm) 在学习后期收敛速度慢、存在局部最小问题，引入加速遗传算法(Accelerating Genetic Algorithm，简称 AGA) 来训练网络参数，进而建立可用于组合预测的基于遗传算法的 BP 神经网络模型，并进行实例研究。研究结果表明，该方法大大优于线性组合预测方法。

4.8.1 基于 BP－AGA 的非线性组合预测方法

假设有 n 种方法可用于同一预测问题，实际统计数据有 N 期，Y_k 为第 k 期统计观测值，Y_{ik} 为第 i 种方法第 k 期的拟合预测值，F_k 为基于 BP－AGA 的非线性组合预测方法的拟合预测值，$e_k = Y_k - F_k$ 为组合预测方法的预测误差，$(i = 1,2,\cdots,n; k = 1,2,\cdots,N)$，$SSE = \sum\limits_{k=1}^{N} e_k^2$ 为组合预测方法的预测误差平方和。

人工神经网络(artificial neural network，简称 ANN) 是基于模仿人类大脑的结构和功能而构成的一种计算机信息处理系统，它具有记忆、联想、自适应、自组织、容错性、鲁棒性等一系列优点。已经证明，对于任意 L_2 上从 R_n 到 R_m 的映射 G，都存在一个三层 BP 神经网络，可以任意精度逼近 G，对 n 和 m 的大小没有限制。这使得预测的组合问题，可以化成三层 BP 神经网络来解决。

BP 算法是一种负梯度优化算法，虽然简单、直观、易于编制程序在计算机上实现，但学习速度慢、存在局部最小问题，影响网络的外推能力。本节在 BP 算法训练网络出现收敛速度缓慢时启用加速遗传算法(AGA) 来优化网络参数，把 AGA 的优化结果作为 BP 算法的初始值，再用 BP 算法训练网络，如此交替运行 BP 算法和 AGA，以加快网络的收敛速度，同时改善局部最小问题的缺陷。基于 BP－AGA 的非线性组合预测方法分为如下两部分。

(1) 非线性组合预测 BP 算法

以$\{Y_{1k}, Y_{2k}, \cdots, Y_{nk}\}$ 作为输入样本，$\{Y_k\}$ 作为输出样本，输入神经元和输出神经元节点(即神经元) 数目分别为 n 和 1。隐层神经元节点数目 m 一般根据问题的复杂程度、训练样本容量和实际要求，由建模者的经验和试验工作确定，文[5] 研究表明，m 的取值可在 $n \leqslant m \leqslant 2n+1$ 范围内调试。但 m 较大，网络的概括能力较低，训练时间较长。在达到给定拟合精度条件下，m 应取尽可能小的值。隐层神经元节点数目 m 可取为 n[5]，即 BP 网络的拓扑结构为 $n:n:1$（见图 4－5）。

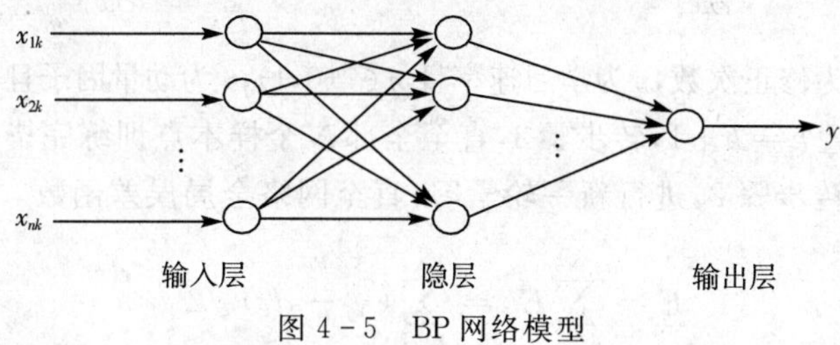

图 4－5　BP 网络模型

记输入神经元为 h、隐层神经元为 i、输出神经元 j，隐层节点 i、输出层节点 j 的阈值分别为 θ_i，θ_j，输入层节点 h 与隐层节点 i 间及隐层节点 i 与输出层节点 j 间的接线的权值分别为 w_{hi}，w_{ij}，各节点的输入、输出分别为 x，y。BP 算法如下：

步骤 1：初始化。设已归一化的输入、输出样本为 $\{x_{hk}, d_k \mid h=1,2,\cdots,n; k=1,2,\cdots,N\}$。给各连接权值、阈值赋予 $(-1,1)$ 区间上的随机值。

步骤 2：置 $k=1$。把样本对 (x_{hk}, d_k) 提供给网络，$(h=1,2,\cdots,n; k=1,2,\cdots,N)$。

步骤 3：计算隐层各节点的输入 x_i、输出 y_i：

$$x_i = \sum_{h=1}^{n} w_{hi} x_{hk} + \theta_i, y_i = 1/(1+e^{-x_i}), (i=1,2,\cdots,n)。$$

步骤 4：计算输出层节点的输入 x_j、输出 y_j：

$$x_j = \sum_{i=1}^{n} w_{it} y_i + \theta_j, y_j = 1/(1+e^{-x_t})$$

步骤 5：计算输出层节点所收到的总输入变化时单样本点误差 $E_k = 0.5(y_j - d_k)^2$ 的变化率：

$$\frac{\partial E_k}{\partial x_j} = y_j(1-y_j)(y_j-d_k)$$

步骤 6：计算隐层各节点所收到的总输入变化时单样本点误差 E_k 的变化率：

$$\frac{\partial E_k}{\partial x_i} = y_i(1-y_i)\left(\frac{\partial E_k}{\partial x_j} w_{ij}\right), (i=1,2,\cdots,n)。$$

步骤 7：修正各连接的权值和阈值

$$w_{ij}^{m+1}=w_{ij}^{m}-\eta\frac{\partial E_k}{\partial x_j}y_i+\alpha(w_{ij}^{m}-w_{ij}^{m-1}),\theta_j^{m+1}=\theta_j^{m}-\eta\frac{\partial E_k}{\partial x_j}+\alpha(\theta_j^{m}-\theta_j^{m-1}),$$

$$w_{hi}^{m+1}=w_{hi}^{m}-\eta\frac{\partial E_k}{\partial x_i}x_{hk}+\alpha(w_{hi}^{m}-w_{hi}^{m-1}),\theta_i^{m+1}=\theta_i^{m}-\eta\frac{\partial E_k}{\partial x_i}+\alpha(\theta_i^{m}-\theta_i^{m-1}),$$

其中,m 为修正次数,η 为学习速率且 $\eta\in(0,1)$,α 为动量因子且 $\alpha\in(0,1)$。

步骤 8:置 $k=k+1$,转步骤 3,直至全部 N 个样本点训练完毕,转步骤 9。

步骤 9:转步骤 2,进行新一轮学习,直至网络全局误差函数

$$E=\sum_{k=1}^{N}E_k=\sum_{k=1}^{N}(y_j-d_k)^2/2 \tag{4.18}$$

小于预先设定的一个较小值或学习次数大于预先设定的值,结束学习。

步骤 10:把待测的第 k 期对应各单项预测模型的预测值作为输入样本,输入已学习完毕的网络,其网络输出值经过与归一化对应的逆处理即为组合预测值 F_k。

(2) 优化组合预测 BP 算法的网络参数

上述 *BP* 网络的参数包括 θ_i、θ_j、w_{hi} 和 w_{ij},BP 网络的参数优化问题是指估计网络各连接的权值和阈值,使式(4.18) 极小化,用于优化 BP 网络参数的加速遗传算法包括如下九步:

步骤 1:BP 网络参数变化区间的构造。设 c_j 是在 BP 算法训练网络出现收敛速度缓慢时网络的任一参数的值,则它的变化区间构造为$[a_j,b_j]$,其中,$a_j=c_j-d\mid c_j\mid$,$b_j=c_j+d\mid c_j\mid$,d 为一正的常数。

步骤 2:网络参数的编码。设编码长度为 e,把区间$[a_j,b_j]$ 等分成 2^e-1 个子区间,于是整个网络参数变化空间被离散成$(2^e)^p$ 个网格点。其中,$p=2n^2+n+1$。每个网格点称为个体,它对应网络 p 个参数的一种可能取值状态,并用 p 个 e 位二进制数表示。于是,p 个网络参数、网格点、个体、二进制数予以一一对应。

步骤 3:初始父代群体的随机生成。从上述$(2^e)^p$ 个网格点中均匀随机选取 n 个点作为初始父代群体。

步骤 4:父代个体适应度的评价。把第 i 个个体代入式(4.18) 表示的优化准则函数,得相应的网络全局误差函数值 E_i,E_i 越小则个体的适应能力越强。

步骤 5:父代个体的选择。把父代个体按优化准则函数值 E_i 从小到大排序,排序后最前面几个个体称为优秀个体。构造与 E_i 成反比的函数 p_i,$p_i>0$,$p_1+p_2+\cdots+p_n=1$,从这些父代个体中以概略 p_i 选择第 i 个个体,于是共选择两组各为 n 个的个体。

步骤 6:父代个体的杂交。由步骤 5 得到的两组个体随机两两配对成为 n 对双亲,将双亲的二进制数组的任意一段值互换,得到两组子代个体。

步骤 7:子代个体的变异。任取步骤 6 中的一组子代个体,将它们的二进制数组的任意两值以概率(变异率)p_m 进行翻转(原值为 0 的变为 1,原值为 1 的变为 0)。

步骤 8:进行迭代。由步骤 7 得到的 n 个子代个体作为新的父代,算法转入步骤 4,进入下一次进化过程。

步骤 9:加速循环。用第一次、第二次进化迭代所产生的优秀个体参数的变化范围,作为参数新的初始变化区间,算法进入步骤 2,如此循环往复,优秀个体的参数变化区间将逐步收缩,与最优点的距离越来越近,直至达到给定加速(循环)次数,结束运行。

4.8.2 算法中控制参数的配置

在基于 BP－AGA 的非线性组合预测算法中,控制参数可预先取定:

(1) 在 BP 网络中,学习因子 $\eta=0.1$,动量系数 $\alpha=0.1$;

(2) 在 AGA 中,编码长度 e 可取定 10,变异率 p_m 可取定 1.0,父代个体数目 q 取 300,优秀个体数目 s 取 10。

4.8.3 实例研究

例 4.4 选用二次回归预测模型(方法 1),一阶线性滞后差分模型(方法 2),多元回归预测模型(方法 3),各模型的预测值及实际值见表 4－3。

表 4－3 三种模型的预测值及实际值

序号 k	实际值 Y_k	方法 1 的预测值 Y_{1k}	方法 2 的预测值 Y_{2k}	方法 3 的预测值 Y_{3k}	BP－AGA 的预测值 F_k
1	2236.0000	2796.3201	2236.0000	2316.7227	2058.8580
2	2266.0000	2766.8301	2395.4663	2500.2888	2113.6450
3	2000.0000	2757.3999	2561.5024	2574.4492	2268.4777
4	2031.0000	2768.0300	2734.3794	2726.3169	2438.0252
5	2916.0000	2798.7200	2914.3789	2809.5042	2723.9982
6	3001.0000	2849.4700	3101.7944	2933.8714	2993.1128
7	3500.0000	2920.2800	3296.9314	3021.1050	3304.1314
8	3700.0000	3011.1499	3500.1079	3122.2019	3573.8488
9	3850.0000	3122.0801	3711.6553	3225.0452	3807.6742

（续表）

序号 k	实际值 Y_k	方法 1 的预测值 Y_{1k}	方法 2 的预测值 Y_{2k}	方法 3 的预测值 Y_{3k}	BP－AGA 的预测值 F_k
10	4000.0000	3253.0701	3931.9185	3471.7153	3900.8359
11	4100.0000	3404.1201	4161.2563	3519.3562	4124.8356
12	4300.0000	3575.2300	4400.0430	3777.6890	4201.1044
13	4011.0000	3766.3999	4648.6680	4191.4141	4193.9663
14	4044.0000	3977.6299	4907.5361	4693.5552	4125.9189
15	4340.0000	4208.9199	5177.0689	4640.4097	4422.6096
16	4640.0000	4460.2700	5457.7080	4576.5806	4649.4203
17	4654.0000	4731.6802	5749.9087	5026.0205	4705.4887
18	4787.0000	5023.1499	6054.1479	5403.2104	4804.3139
19	4977.0000	5334.6802	6370.9219	5570.5864	4997.1064
20	5355.0000	5666.2700	6700.7471	5568.3877	5236.3987
21	5461.0000	6017.9199	7044.1606	5852.3555	5452.4363
22	5316.0000	6389.6299	7401.7231	6167.2144	5714.4276
23	6388.0000	6781.3999	7774.0171	6562.6396	6034.4462
24	6125.0000	7193.2300	8161.6494	6647.6450	6437.4809
25	7152.0000	7625.1202	8565.2520	7043.8604	6926.8099
26	7707.0000	8077.0698	8985.4834	7722.8037	7542.5287
27	8392.0000	8549.0801	9423.0283	8024.0449	8248.1739
28	8960.0000	9041.1504	9878.5996	9038.8711	9084.1661
29	9806.0000	9553.2803	10352.9404	9103.7666	9895.5842
30	10566.0000	10085.4697	10846.8242	9696.4053	10672.907
31	11281.0000	10637.7197	11361.0566	10627.9277	11312.068
32	12230.0000	11210.0303	11896.4756	11824.7695	11720.368
33	11625.0000	11802.4004	12453.9531	12651.8076	11966.019

文[1]用改进 REW 法，得最优线性组合预测为 $k_1 = 0.24074076$，$k_2 = 0.01851852$，$k_3 = 0.74074072$，线性组合预测误差平方和 $SSE_{min} = 8.02591705 \times 10^6$；在 4.4 节中用加速遗传算法（AGA）解决该组合预测问题，得最优线性组合预测为 $k_1 = 0.32132980$，$k_2 = 0.00010592$，$k_3 = 0.67856420$，线性组合预测误差平方和 $SSE_{min} = 7.98548500 \times 10^6$。

现用 BP－AGA 法来进行非线性组合预测，选择输入层的节点为 3 个，隐层节点为3个，输出层节点为1个。先用BP训练40000次，再用AGA加速寻优10次，再用BP训练40000次，其预测值 F_k 见表4－3。网络参数和组合预测误差平方和见表4－4。

表4－4 例4.4的网络参数和组合预测误差平方和

参数	隐层神经元 i			组合预测误差平方和
	1	2	3	
w_{1i}	－1.944 115	－12.283 974	－0.357164	1361856
w_{2i}	－1.698132	28.603524	－9.466318	
w_{3i}	－0.746481	－13.730895	－4.380855	
θ_i	4.581246	0.975723	－5.580472	
w_{i1}	－11.674119	14.075441	－2.808669	
θ_j		－3.659614		

基于BP－AGA的非线性组合预测误差平方和 $SSE_{min}=1.361856\times10^6$，它优于文[1]和4.8节中的结果。

例4.5 在文献[1]中，选用指数自回归模型(方法1)，ARMA模型(方法2)，季节变量回归模型(方法3)，对某地区一年中逐月的社会商品零售进行预测，各模型的预测值及实际值见表4－5。

表4－5 某地区一年中逐月的社会商品零售预测

序号 k	实际值 Y_k	方法1的预测值 Y_{1k}	方法2的预测值 Y_{2k}	方法3的预测值 Y_{3k}	BP－AGA的预测值 F_k
1	4.56	4.29	4.25	4.17	4.5594147
2	4.40	4.24	4.23	4.34	4.3982104
3	4.22	4.08	4.13	4.42	4.2202162
4	4.09	3.89	4.00	4.10	4.0891607
5	3.89	3.82	3.92	4.00	3.8826092
6	4.18	3.90	3.96	3.86	4.1807869
7	4.29	3.97	4.08	4.00	4.2898626
8	4.44	4.17	4.22	4.23	4.4415080
9	4.26	4.06	4.24	4.11	4.2598746
10	4.02	3.91	3.93	3.87	4.0172586
11	3.85	3.86	3.91	3.94	3.8698968
12	4.31	4.11	4.08	4.17	4.3108859

文[1]用变权组合预测方法，得线性组合预测误差平方和 $SSE_{min}=0.0438$。

现用BP－AGA法来进行非线性组合预测，选择输入层的节点为3个，隐层节点为3个，输出层节点为1个，其预测值F_k见表4-5。网络参数和组合预测误差平方和见表4-6。

表4-6　例4.5的网络参数和组合预测误差平方和

参数	隐层神经元 i			组合预测误差平方和
	1	2	3	
w_{1i}	2.507595	9.164539	−3.873299	4.660313×10^{-4}
w_{2i}	−9.187477	1.106704	6.623136	
w_{3i}	2.323270	−9.573456	−8.129233	
θ_i	−1.3495950	−3.153131	−2.295055	
w_{i1}	−12.929947	7.917195	−7.318830	
θ_j		0.429278		

基于BP－AGA的非线性组合预测误差平方和$SSE_{min}=4.660313\times10^{-4}$，它大大优于文[1]中的结果。

参考文献

[1] 唐小我．经济预测与决策的新方法及其应用研究．成都：电子科技大学出版社，1997：9～57，125～126

[2] 王硕，唐小我，曾勇．基于加速遗传算法的组合预测方法研究．科研管理，2002，23(3)：118～121

[3] 王硕，唐小我．组合预测软科学方法研究．运筹与管理，1999，8(1)：83～86

[4] 王硕，唐小我．组合预测系统综合研究．科学管理研究，2000，18(4)：42～45

[5] 王硕，张有富，金菊良．基于BP(AGA的非线性组合预测方法研究．中国工程科学，2005，7(4)：83～87

[6] 唐小我，马永开，曾勇，杨桂元．现代组合预测和组合投资决策方法及应用．北京：科学出版社，2003.

[7] 夏安邦，王硕．定量预测引论．南京：东南大学出版社，2001

[8] 金菊良，丁晶．水资源系统工程．成都：四川科学技术出版社，2002：79～101

第五章　组合投资方法

5.1　组合投资概念

有价证券是指标有票面金额，能定期为持有人带来一定收益，并可在市场上自由流通转让的所有权或债权凭证，狭义的有价证券通常指资本证券。资本证券是指把资本投入企业或把资本贷给企业和国家的一种证书，其形式分为债券和股票两大类。

证券投资是指通过在证券市场上购买有价证券，以利息或股息的形式取得收益的一种投资行为。证券投资常可获得较高的收益，同时必须承担一定的风险。证券投资的风险可以分为两大类：不可分散风险(non-diversifiable risk)和可分散风险(diversifiable risk)。不可分散风险，也称为系统风险(systematic risk)，是指同时存在于整个证券市场而发生影响作用的风险，如利率风险、市场风险、购买力风险等。这类风险不可能通过组合投资而减少。可分散风险与整个证券市场并无系统的联系，也称为非系统风险(non-systematic risk)，是仅存在于个别企业或个别行业的风险，基本上只同某个具体证券相关联，因而也称为独特风险(unique risk)或特定公司风险(firm-specific risk)，如经营风险、违约风险。这类风险可通过投资多样化，构成适当的投资组合来加以减少或避免。

著名作家马克·吐温说："把所有鸡蛋装进一个篮子，然后看好这个篮子"。经济学家会说："不要把所有的鸡蛋都放进同一个篮子里"，其用意是出于分散投资风险的目的，通过构建资产组合，达到高收益低风险的效果。

为了分散投资风险并取得适当的投资收益，投资者往往采用组合投资方式，把一笔资金同时投资于若干不同的证券，投资者对其投资行为最关心的问题是预期收益率的高低和预期风险的大小。由马柯维茨(H. M. Markowitz)创立的现代组合证券投资理论[1]是分散投资风险决策的有效途径。组合证券理论业已引起研究界的广泛重视，国内外学者对此进行了深入研究[2]，H. M. Markowitz 于 1990 年获得诺贝尔经济学奖。

5.2 组合投资决策

5.2.1 最优投资比例系数计算

假设投资者选定 n 种证券进行投资，各单项证券的收益率为 r_i，$(r = 1, 2, \cdots, n)$，r_i 受证券市场波动影响，可视为随机变量。记 r_i 的均值为R_i，r_i 的方差为 σ_{ii}。R_i 是证券盈利性大小的度量指标，σ_{ii} 是证券风险性大小的度量指标。R_i 越大越好，σ_{ii} 越小越好。设各单项证券投资额占总投资额的比例系数为 w_i，$(i = 1, 2, \cdots, n)$，组合证券的收益率为 r，则有

$$r = \sum_{i=1}^{n} w_i r_i$$

记 r 的均值为 R，则

$$R = \sum_{i=1}^{n} w_i R_i$$

设 r_i 和 r_j 的协方差为 σ_{ij}，$(i, j = 1, 2, \cdots, n)$，n 阶协方差矩阵 $\boldsymbol{E}$ 为

$$\boldsymbol{E} = \begin{bmatrix} \sigma_{11} & \sigma_{12} & \cdots & \sigma_{1n} \\ \sigma_{21} & \sigma_{22} & \cdots & \sigma_{2n} \\ \cdots & \cdots & \cdots & \cdots \\ \sigma_{n1} & \sigma_{n2} & \cdots & \sigma_{nn} \end{bmatrix}$$

当 $\boldsymbol{E}$ 为正定矩阵时，$\boldsymbol{E}$ 是可逆矩阵。

投资比例系数向量为 $\boldsymbol{W} = (w_1, w_2, \cdots, w_n)^{\mathrm{T}}$，则 r 的方差 σ^2 为

$$\sigma^2 = \boldsymbol{W}^{\mathrm{T}} \boldsymbol{E} \boldsymbol{W}$$

w_i 满足投资比例系数之和为 1 的约束，即

$$\sum_{i=1}^{n} w_i = 1$$

记 n 维向量 $\boldsymbol{F} = [1, 1, \cdots, 1]^{\mathrm{T}}$，则

$$\boldsymbol{F}^{\mathrm{T}} \boldsymbol{W} = 1$$

于是，可得组合证券投资决策模型为

$$\min \sigma^2 = \boldsymbol{W}^{\mathrm{T}}\boldsymbol{E}\boldsymbol{W}$$

$$\text{s. t.} \quad \boldsymbol{F}^{\mathrm{T}}\boldsymbol{W} = 1$$

记 $\boldsymbol{S} = [R_1, R_2, \cdots, R_n]^{\mathrm{T}}$ 为收益率的均值向量，则 r 的均值 R 为

$$R = \boldsymbol{S}^{\mathrm{T}}\boldsymbol{W}$$

应用 Lagrange 乘数法，仿第 4 章定理 4.1，有

定理 5.1 若 E 可逆，则最优投资比例系数向量为：

$$\boldsymbol{W}_A = \frac{\boldsymbol{E}^{-1}\boldsymbol{F}}{\boldsymbol{F}^{\mathrm{T}}\boldsymbol{E}^{-1}\boldsymbol{F}}$$

最优组合证券投资的方差为：

$$\sigma_A^2 = \frac{1}{\boldsymbol{F}^{\mathrm{T}}\boldsymbol{E}^{-1}\boldsymbol{F}}$$

最优组合证券投资的预期收益率为：

$$\boldsymbol{R}_A = \frac{\boldsymbol{S}^{\mathrm{T}}\boldsymbol{E}^{-1}\boldsymbol{F}}{\boldsymbol{F}^{\mathrm{T}}\boldsymbol{E}^{-1}\boldsymbol{F}}$$

5.2.2 等权投资

等权投资组合通常不是最优证券组合，仿照第 4 章定理 4.3 的证明，有

定理 5.2 等权投资组合是最优组合证券投资的充分必要条件是：协方差矩阵 E 的每一行（或列）元素之和为常数，即

$$\sum_{j=1}^{n} E_{ij} = d_i = d, (i = 1, 2, \cdots, n)。$$

此时，

$$w_i = \frac{1}{n}, \sigma_A^2 = \frac{1}{n^2}\sum_{i=1}^{n}\sum_{j=1}^{n} E_{ij} = \frac{1}{n^2}\sum_{i=1}^{n} d = \frac{d}{n}, R_A = \frac{1}{n}\sum_{i=1}^{n} R_i$$

5.2.3 风险的估计

设 E 的特征值为 $\lambda_1, \lambda_2, \cdots, \lambda_n$，记 E 的最小特征值和最大特征值分别为

$$\lambda_{\min} = \min_i\{\lambda_i\}, \lambda_{\max} = \max_i\{\lambda_i\},$$

关于 σ^2 的取值范围，仿照第 4 章定理 4.5 的证明，有如下结论。

定理 5.3 设 $\boldsymbol{E}$ 为正定矩阵，则 $\dfrac{\lambda_{\min}}{n} \leqslant \sigma^2 \leqslant \dfrac{\lambda_{\max}}{n}$

定理 5.3 表明，通过适当的证券组合，组合证券的风险可以减小，但不可能减小到$\frac{\lambda_{\min}}{n}$以下。

5.2.4 收益率的估计

记$R_{\min}=\min\limits_{i}\{R_i\}$，$R_{\max}=\max\limits_{i}\{R_i\}$，分别为各单项证券收益率均值的最小值和最大值。关于组合证券投资的预期收益率R的取值范围，有如下结论。

定理 5.4 $R_{\min}\leqslant R\leqslant R_{\max}$

证明 $R=\sum_{i=1}^{n}w_iR_i\leqslant\sum_{i=1}^{n}w_iR_{\max}=R_{\max}\sum_{i=1}^{n}w_i=R_{\max}$，

$$R=\sum_{i=1}^{n}w_iR_i\geqslant\sum_{i=1}^{n}w_iR_{\min}=R_{\min}\sum_{i=1}^{n}w_i=R_{\min}$$

由上可得 $R_{\min}^2-R\leqslant R_{\max}$

定理 5.4 表明，通过证券组合投资后，其预期收益率不小于单一证券的预期收益率。

5.3 给定预期水平下的组合投资

应用 5.2 节定理 5.1，在确定组合证券投资比例向量时，只考虑使风险最小，而未考虑收益率的大小。这对于投资者是极端风险厌恶类型者，是适应的。而对大多数投资者而言，他们是风险厌恶型的，但不是极端风险厌恶者。一方面他们希望提高投资的收益率，另一方面又希望降低投资的风险。由于高收益必然伴随着高风险，低风险也只有在较低收益之下才能实现，所以他们不可能使风险最小而同时又使收益最大，而只能在风险与收益之间作出权衡，即在达到预期收益率之下风险最小或在承受预期风险的条件下使收益最大。

5.3.1 给定预期收益率下的组合证券投资

投资者可以预先确定预期的收益水平，然后计算相应的风险水平。定理 5.1 中的R_A，是n种证券的所有优化组合中收益最小的，在预先确定预期的收益时，选择预期投资收益率应不小于R_A。

设预期投资收益率均值为R_0，即：

$$\sum_{i=1}^{n}w_iR_i=R_0$$

同时，w_i满足投资比例系数之和为 1 的约束，即：

$$\sum_{i=1}^{n} w_i = 1$$

记 $\boldsymbol{A} = \begin{bmatrix} R_1 & R_2 & \cdots & R_n \\ 1 & 1 & \cdots & 1 \end{bmatrix}$，$\boldsymbol{B} = \begin{bmatrix} R_0 \\ 1 \end{bmatrix}$，则上述约束条件可统一写为

$$\boldsymbol{AW} = \boldsymbol{B}$$

于是，可得在预期收益率为 R_0 下的组合证券投资决策模型为

$$\min \sigma^2 = \boldsymbol{W}^{\mathrm{T}} \boldsymbol{EW}$$

$$\text{s.t.} \quad \boldsymbol{AW} = \boldsymbol{B}$$

应用 Lagrange 乘数法，可得

定理 5.5 设 E 可逆，给定预期收益率为 R_0，则最优投资比例系数向量为

$$\boldsymbol{W}_B = \boldsymbol{E}^{-1} \boldsymbol{A}^{\mathrm{T}} (\boldsymbol{AE}^{-1} \boldsymbol{A}^{\mathrm{T}})^{-1} \boldsymbol{B}$$

最优组合证券的风险为

$$\sigma_B^2 = \boldsymbol{B}^{\mathrm{T}} (\boldsymbol{AE}^{-1} \boldsymbol{A}^{\mathrm{T}})^{-1} \boldsymbol{B}$$

证明　构造 Lagrange 函数

$L = \boldsymbol{W}^{\mathrm{T}} \boldsymbol{EW} + \boldsymbol{\lambda}^{\mathrm{T}} (\boldsymbol{AW} - \boldsymbol{B})$，其中 $\boldsymbol{\lambda} = [\lambda_1, \lambda_2]$ 为二维常数向量

对等式两边关于 W 求偏导

$$\frac{\partial \boldsymbol{L}}{\partial \boldsymbol{W}} = 2\boldsymbol{EW} + \boldsymbol{A}^{\mathrm{T}} \boldsymbol{\lambda}$$

令

$$2\boldsymbol{EW} + \boldsymbol{A}^{\mathrm{T}} \boldsymbol{\lambda} = 0$$

得

$$\boldsymbol{W} = -\frac{\boldsymbol{E}^{-1} \boldsymbol{A}^{\mathrm{T}} \boldsymbol{\lambda}}{2}$$

代入约束条件 $\boldsymbol{AW} = \boldsymbol{B}$ 得

$$-\frac{\boldsymbol{AE}^{-1} \boldsymbol{A}^{\mathrm{T}} \boldsymbol{\lambda}}{2} = \boldsymbol{B}$$

于是

$$\boldsymbol{\lambda} = -2 (\boldsymbol{AE}^{-1} \boldsymbol{A}^{\mathrm{T}})^{-1} \boldsymbol{B}$$

$$\boldsymbol{W}_B = -\frac{\boldsymbol{E}^{-1} \boldsymbol{A}^{\mathrm{T}} \boldsymbol{\lambda}}{2} = \boldsymbol{E}^{-1} \boldsymbol{A}^{\mathrm{T}} (\boldsymbol{AE}^{-1} \boldsymbol{A}^{\mathrm{T}})^{-1} \boldsymbol{B}$$

$$\sigma_B^2 = \boldsymbol{W}_B^{\mathrm{T}}\boldsymbol{E}\boldsymbol{W}_B = (\boldsymbol{E}^{-1}\boldsymbol{A}^{\mathrm{T}}(\boldsymbol{A}\boldsymbol{E}^{-1}\boldsymbol{A}^{\mathrm{T}})^{-1}\boldsymbol{B})^{\mathrm{T}}\boldsymbol{E}(\boldsymbol{E}^{-1}\boldsymbol{A}^{\mathrm{T}}(\boldsymbol{A}\boldsymbol{E}^{-1}\boldsymbol{A}^{\mathrm{T}})^{-1}\boldsymbol{B})$$

$$= \boldsymbol{B}^{\mathrm{T}}(\boldsymbol{A}\boldsymbol{E}^{-1}\boldsymbol{A}^{\mathrm{T}})^{-T}\boldsymbol{A}\boldsymbol{E}^{-T}\boldsymbol{E}\boldsymbol{E}^{-1}\boldsymbol{A}^{\mathrm{T}}(\boldsymbol{A}\boldsymbol{E}^{-1}\boldsymbol{A}^{\mathrm{T}})^{-1}\boldsymbol{B}$$

$$= \boldsymbol{B}^{\mathrm{T}}[(\boldsymbol{A}\boldsymbol{E}^{-1}\boldsymbol{A}^{\mathrm{T}})^{T}]^{-1}(\boldsymbol{A}\boldsymbol{E}^{-1}\boldsymbol{A}^{\mathrm{T}})(\boldsymbol{A}\boldsymbol{E}^{-1}\boldsymbol{A}^{\mathrm{T}})^{-1}\boldsymbol{B}$$

$$= \boldsymbol{B}^{\mathrm{T}}(\boldsymbol{A}\boldsymbol{E}^{-T}\boldsymbol{A}^{\mathrm{T}})^{-1}(\boldsymbol{A}\boldsymbol{E}^{-1}\boldsymbol{A}^{\mathrm{T}})(\boldsymbol{A}\boldsymbol{E}^{-1}\boldsymbol{A}^{\mathrm{T}})^{-1}\boldsymbol{B}$$

$$= \boldsymbol{B}^{\mathrm{T}}(\boldsymbol{A}\boldsymbol{E}^{-1}\boldsymbol{A}^{\mathrm{T}})^{-1}\boldsymbol{B}$$

5.3.2 具有预期风险的组合证券投资

投资者预先确定风险水平，然后进行相应的预期收益计算。定理 5.1 中的组合证券风险 σ_A^2 是 n 种证券的任一组合所避免不了的，因此，给定的预期风险 σ_0^2 应该不小于 σ_A^2。

在预期风险水平 σ_0^2 下的组合证券投资决策模型为

$$\begin{aligned} &\min R = \boldsymbol{W}^{\mathrm{T}}\boldsymbol{S} \\ &\text{s.t.} \quad \boldsymbol{W}^{\mathrm{T}}\boldsymbol{E}\boldsymbol{W} = \sigma_0^2 \\ &\qquad\quad \boldsymbol{F}^{\mathrm{T}}\boldsymbol{W} = 1 \end{aligned}$$

定理 5.6 设 $\boldsymbol{E}$ 可逆，给定预期风险为 $\sigma_0^2(\geqslant \sigma_A^2)$，则最优投资比例系数向量为

$$\boldsymbol{W}_C = \left[\frac{1}{H}(\sigma_0^2 - \sigma_A^2)\right]^{\frac{1}{2}}\boldsymbol{E}^{-1}\boldsymbol{S} - \left\{\left[\frac{1}{H}(\sigma_0^2 - \sigma_A^2)\right]^{\frac{1}{2}}R_A - \sigma_A^2\right\}\boldsymbol{E}^{-1}\boldsymbol{F}$$

相应的收益率为

$$R_C = R_A + \left[\frac{1}{H}(\sigma_0^2 - \sigma_A^2)\right]^{\frac{1}{2}}$$

其中，$R_A = \dfrac{\boldsymbol{F}^{\mathrm{T}}\boldsymbol{E}^{-1}\boldsymbol{S}}{\boldsymbol{F}^{\mathrm{T}}\boldsymbol{E}^{-1}\boldsymbol{F}}$，$\sigma_A^2 = \dfrac{1}{\boldsymbol{F}^{\mathrm{T}}\boldsymbol{E}^{-1}\boldsymbol{F}}$ 分别为定理 5.1 中的期望收益和风险

$$H = S^{\mathrm{T}}\boldsymbol{E}^{-1}\boldsymbol{S} - \frac{R_A^2}{\sigma_A^2} = \sigma_A^2\det(\boldsymbol{A}^{\mathrm{T}}\boldsymbol{E}^{-1}\boldsymbol{A}) > 0$$

证明　引入 Lagrange 乘数 λ_1、λ_2，构造 Lagrange 函数

$$L = \boldsymbol{W}^{\mathrm{T}}\boldsymbol{S} + \lambda_1(\boldsymbol{W}^{\mathrm{T}}\boldsymbol{E}\boldsymbol{W} - \sigma_0^2) + \lambda_2(F^{\mathrm{T}}\boldsymbol{W} - 1)$$

对上式两边关于 W 求偏导

$$\frac{\partial \boldsymbol{L}}{\partial \boldsymbol{W}} = \boldsymbol{S} + 2\lambda_1\boldsymbol{E}\boldsymbol{W} + \lambda_2\boldsymbol{F}$$

令

$$\boldsymbol{S}+2\lambda_1\boldsymbol{EW}+\lambda_2\boldsymbol{F}=0 \tag{5.1}$$

把 $\boldsymbol{F}^{\mathrm{T}}\boldsymbol{E}^{-1}$ 左乘式(5.1),得

$$\boldsymbol{F}^{\mathrm{T}}\boldsymbol{E}^{-1}\boldsymbol{S}+2\lambda_1\boldsymbol{F}^{\mathrm{T}}\boldsymbol{W}+\lambda_2\boldsymbol{F}^{\mathrm{T}}\boldsymbol{E}^{-1}\boldsymbol{F}=0$$

由 $\boldsymbol{F}^{\mathrm{T}}\boldsymbol{W}=1$,得

$$\boldsymbol{F}^{\mathrm{T}}\boldsymbol{E}^{-1}\boldsymbol{S}+2\lambda_1+\lambda_2\boldsymbol{F}^{\mathrm{T}}\boldsymbol{E}^{-1}\boldsymbol{F}=0 \tag{5.2}$$

把 $\boldsymbol{W}^{\mathrm{T}}$ 左乘式(5.1),得

$$\boldsymbol{W}^{\mathrm{T}}\boldsymbol{S}+2\lambda_1\boldsymbol{W}^{\mathrm{T}}\boldsymbol{EW}+\lambda_2\boldsymbol{W}^{\mathrm{T}}\boldsymbol{F}=0$$

由 $\boldsymbol{W}^{\mathrm{T}}\boldsymbol{EW}=\sigma_0^0,\boldsymbol{F}^{\mathrm{T}}\boldsymbol{W}=1$ 得

$$\boldsymbol{W}^{\mathrm{T}}\boldsymbol{S}+2\lambda_1\sigma_0^2+\lambda_2=0 \tag{5.3}$$

把 $\boldsymbol{S}^{\mathrm{T}}\boldsymbol{E}^{-1}$ 左乘式(5.1),得

$$\boldsymbol{S}^{\mathrm{T}}\boldsymbol{E}^{-1}\boldsymbol{S}+2\lambda_1\boldsymbol{S}^{\mathrm{T}}\boldsymbol{W}+\lambda_2\boldsymbol{S}^{\mathrm{T}}\boldsymbol{E}^{-1}\boldsymbol{F}=0 \tag{5.4}$$

由式(5.2)、(5.3)、(5.4) 联立,解得

$$\lambda_1=-\frac{1}{2}\left[\frac{1}{H}(\sigma_0^2-\sigma_A^2)\right]^{\frac{1}{2}},\lambda_2=-R_A+\sigma_A^2\left[\frac{1}{H}(\sigma_0^2-\sigma_A^2)\right]^{\frac{1}{2}}$$

把 $\boldsymbol{E}^{-1}$ 左乘式(5.1),并把 λ_1、λ_2 的值代入,得

$$\boldsymbol{W}_C=\left[\frac{1}{H}(\sigma_0^2-\sigma_A^2)\right]^{\frac{1}{2}}\boldsymbol{E}^{-1}\boldsymbol{S}-\left\{\left[\frac{1}{H}(\sigma_0^2-\sigma_A^2)\right]^{\frac{1}{2}}R_A-\sigma_A^2\right\}\boldsymbol{E}^{-1}\boldsymbol{F}$$

相应的收益率为

$$R_C=R_A+\left[\frac{1}{H}(\sigma_0^2-\sigma_A^2)\right]^{\frac{1}{2}}$$

下面,结合风险和收益的关系,给出在预期风险给定的条件下,求解最大收益的另一种算法。

如果 $R_1,R_2,\cdots,R_n$ 不完全相同,则 $\operatorname{rank}A=2$,从而 $\boldsymbol{AE}^{-1}\boldsymbol{A}^{\mathrm{T}}$ 为正定阵,其逆矩阵存在,记$(\boldsymbol{AE}^{-1}\boldsymbol{A}^{\mathrm{T}})^{-1}=\begin{bmatrix}m_{11} & m_{12}\\ m_{12} & m_{22}\end{bmatrix}$。

则由 $\sigma_B^2=\boldsymbol{B}^{\mathrm{T}}(\boldsymbol{AE}^{-1}\boldsymbol{A}^{\mathrm{T}})^{-1}\boldsymbol{B}$,得 $\sigma_B^2=m_{11}R_0^2+2m_{12}R_0+m_{22}$

记 $\boldsymbol{C}=\begin{bmatrix}R_C\\ 1\end{bmatrix}$,对于给定的预期风险水平 σ_0^2,对应的收益 R_C 应满足

$$\sigma_0^2=\boldsymbol{C}^{\mathrm{T}}(A\boldsymbol{E}^{-1}\boldsymbol{A}^{\mathrm{T}})^{-1}\boldsymbol{C}$$

即 $\sigma_0^2 = m_{11}R_C^2 + 2m_{12}R_C + m_{22}$

解得

$$R_C = \frac{-m_{12} \pm \sqrt{m_{12}^2 - m_{11}(m_{12} - \sigma_0^2)}}{m_{11}}, (\sigma_0^2 \geqslant \frac{m_{11}m_{22} - m_{12}^2}{m_{11}})$$

因 R_C 要求达到最大，取

$$R_C = \frac{-m_{12} + \sqrt{m_{12}^2 - m_{11}(m_{12} - \sigma_0^2)}}{m_{11}}, (\sigma_0^2 \geqslant \frac{m_{11}m_{22} - m_{12}^2}{m_{11}})$$

R_C 是给定的预期风险水平 σ_0^2 时，对应的最大的期望收益。

把 R_C 代入

$$\boldsymbol{W}_C = \boldsymbol{E}^{-1}\boldsymbol{A}^{\mathrm{T}}(\boldsymbol{A}\boldsymbol{E}^{-1}\boldsymbol{A}^{\mathrm{T}})^{-1}\boldsymbol{C}$$

即得到相应的最优投资比例向量。

例 5.1 已知三种证券的投资收益率均值分别为 $R_1 = 0.05, R_2 = 0.07, R_3 = 0.3$，协方差矩阵为

$$\boldsymbol{E} = \begin{bmatrix} 0.1 & -0.1 & 0 \\ -0.1 & 0.4 & 0.3 \\ 0 & 0.3 & 0.7 \end{bmatrix}$$

在组合证券风险为 $\sigma_0^2 = 0.3$ 时，确定最优投资比例系数向量。

由于 $\boldsymbol{A} = \begin{bmatrix} 0.05 & 0.07 & 0.3 \\ 1 & 1 & 1 \end{bmatrix}, \boldsymbol{C} = \begin{bmatrix} R_C \\ 1 \end{bmatrix}$

于是，$$(\boldsymbol{A}\boldsymbol{E}^{-1}\boldsymbol{A}^{\mathrm{T}})^{-1} = \begin{bmatrix} 8.19455 & -0.26963 \\ -0.26963 & 0.04785 \end{bmatrix}$$

即 $m_{11} = 8.19455, m_{12} = -0.26963$

$$\begin{aligned} R_C &= \frac{-m_{12} + \sqrt{m_{12}^2 - m_{11}(m_{12} - \sigma_0^2)}}{m_{11}} \\ &= \frac{0.26963 + \sqrt{0.26963^2 - 8.19455(0.26963 - 0.3)}}{8.19455} \\ &= 0.21147 \end{aligned}$$

最优投资比例系数向量为

$\boldsymbol{A}_C = \boldsymbol{E}^{-1}\boldsymbol{A}^{\mathrm{T}}(\boldsymbol{A}\boldsymbol{E}^{-1}\boldsymbol{A}^{\mathrm{T}})^{-1}\boldsymbol{C}$

$$
= \begin{bmatrix} 0.1 & -0.1 & 0 \\ -0.1 & 0.4 & 0.3 \\ 0 & 0.3 & 0.7 \end{bmatrix} \begin{bmatrix} 0.05 & 0.07 & 0.30 \\ 1 & 1 & 1 \end{bmatrix}^{\mathrm{T}}
$$

$$
\times \begin{bmatrix} 8.19455 & -0.26963 \\ -0.26963 & 0.04758 \end{bmatrix} \begin{bmatrix} 0.21147 \\ 1 \end{bmatrix}
$$

$$
= \begin{bmatrix} 0.4776 \\ -0.1597 \\ 0.6818 \end{bmatrix}
$$

5.4 组合投资的有效边界

根据现代组合证券投资理论创始人 H. M. Markowitz 的假定，理性的投资行为应具有“风险回避”和“非满足性”两个特征。“风险回避”是指在一定预期收益下最小化风险，“非满足性”是指在给定风险下最大化预期收益。满足“风险回避”和“非满足性”特性的组合证券投资称为有效投资组合。如果以预期收益 R 为横坐标，预期风险 σ^2 为纵坐标，所有有效投资组合在 $R-\sigma^2$ 平面上确定一段曲线，称为有效边界。

5.4.1 允许卖空条件下的有效边界

在投资比例系数 w_i 无非负限制下的投资，即为允许卖空条件下的组合投资。

定理 5.7 设 $\boldsymbol{E}$ 可逆，记 $(\boldsymbol{AE}^{-1}\boldsymbol{A}^{\mathrm{T}})^{-1} = \begin{bmatrix} m_{11} & m_{12} \\ m_{12} & m_{22} \end{bmatrix}$，若 (R,σ^2) 是有效边界上的点，则 (R,σ^2) 在位于横轴以上且开口向上的抛物线 $\sigma^2 = m_{11}R^2 + 2m_{12}R + m_{22}$ 的右半枝上，且 $R \geqslant R_0^*$，$\left(R_0^* = -\dfrac{m_{12}}{m_{11}}\right)$。

证明 若 (R,σ^2) 是有效边界上的点，由定理 5.5 得，$\sigma^2 = m_{11}R^2 + 2m_{12}R + m_{22}$。

因 $\boldsymbol{E}$ 可逆，它为正定阵。如果 $R_1, R_2, \cdots, R_n$ 不完全相同，则 $\mathrm{rank}\boldsymbol{A} = 2$，从而 $\boldsymbol{AE}^{-1}\boldsymbol{A}^{\mathrm{T}}$ 为正定阵，$(\boldsymbol{AE}^{-1}\boldsymbol{A}^{\mathrm{T}})^{-1} = \begin{bmatrix} m_{11} & m_{12} \\ m_{12} & m_{22} \end{bmatrix}$ 为正定阵，有 $m_{11} > 0$，$m_{22} > 0$。

由于 $m_{11}>0$，$\sigma^2=m_{11}R^2+2m_{12}R+m_{22}$ 代表一条开口向上的抛物线。σ^2 的极小值点为

$$R_0^*=-\frac{2m_{12}}{2m_{11}}=-\frac{m_{12}}{m_{11}}$$

相应的极小值为

$$(\sigma_0^*)^2=\frac{m_{11}m_{12}-m_{12}^2}{m_{11}}$$

因 $(\boldsymbol{AE}^{-1}\mathbf{A}^{\mathrm{T}})^{-1}=\begin{bmatrix}m_{11} & m_{12}\\ m_{12} & m_{22}\end{bmatrix}$ 为正定阵，所以 $\det\begin{bmatrix}m_{11} & m_{12}\\ m_{12} & m_{22}\end{bmatrix}=m_{11}m_{22}-m_{12}^2>0$。即 $(\sigma_0^*)^2>0$，表明上述抛物线位于横轴以上。

$\sigma^2=m_{11}R^2+2m_{12}R+m_{22}$ 代表的抛物线关于 $R=R_0^*$ 对称，对于任意的 $\Delta R>0$，有 $R_0^*-\Delta R<R_0^*+\Delta R$，且 $\sigma^2\mid_{R=R_0^*-\Delta R}=\sigma^2\mid_{R=R_0^*+\Delta R}$。因此，位于抛物线左半枝上的点不是有效边界上的点，有效边界上的点只能在抛物线右半枝上，即有 $R\geqslant R_0^*$。

定理 5.7 表明，在设定预期收益率 R_0 时，R_0 不能小于 R_0^*。否则，该组合证券不是有效投资组合。

5.4.2 不允许卖空条件下的有效边界

给定预期收益率为 R_0，按照公式 $\boldsymbol{W}_B=\boldsymbol{E}^{-1}\mathbf{A}^{\mathrm{T}}(\boldsymbol{AE}^{-1}A)^{-1}\boldsymbol{B}$ 求得的比例系数可能为负值。

如果投资比例系数 w_i 有非负限制，即为不允许卖空条件下的组合投资。在投资实践中，卖空有时是不允许的，下面讨论不允许卖空条件下的有效边界。

记

$$\mathbf{V}=\boldsymbol{E}^{-1}\mathbf{A}^{\mathrm{T}}(A\boldsymbol{E}^{-1}\mathbf{A})^{-1}=\begin{bmatrix}a_1 & b_1\\ a_2 & b_2\\ \cdots & \cdots\\ a_n & b_n\end{bmatrix}$$

按照 a_i 的正负分为两组，即 $D_+=\{i\mid a_i>0\}$，$D_-=\{i\mid a_i<0\}$

记

$$d_+=\max_{i\in D_+}\left\{-\frac{b_i}{a_i}\right\},d_-=\min_{i\in D_-}\left\{-\frac{b_i}{a_i}\right\}=-\frac{b_k}{a_k}$$

当 $R \in [d_+, d_-]$ 时，有效边界 $\sigma^2 = m_{11}R^2 + 2m_{12}R + m_{22}$，即与允许卖空时相同。

然后将 E 降维，去掉第 k 行及第 k 列，应用降维后的 E 计算新的 $[d_+, d_-]$ 及其有效边界

$$\sigma^2 = m_{11}R^2 + 2m_{12}R + m_{22}$$

如此往复多次，直到 d_- 等于所有单个证券中收益最大的一个 $R_{\max}$ 时，停止计算。对于 n 种证券进行组合的情形，不允许卖空条件下组合有效边界为一条连续曲线，由至多 $n-1$ 条不同的抛物线光滑连接而成。

5.5 预期收益下非卖空组合投资决策

应用定理 5.5 时，投资比例函数可能出现负值。在投资实践中，卖空有时是不允许的。本节在前期工作的基础上，提出用加速遗传算法解决组合证券投资决策问题，可以取得较理想的结果。

5.5.1 组合证券投资决策模型

假设投资者选定 n 种证券进行投资，各单项证券的收益率均值为 R_i，$(i = 1,2,\cdots,n)$，E 为 n 阶协方差矩阵，投资比例系数向量为 $W = (w_1, w_2, \cdots, w_n)^{\mathrm{T}}$，预期投资收益率为 R_0，风险为 σ^2。于是，非卖空最优组合证券投资决策问题可转化为如下二次规划模型：

$$\min \sigma^2(w_1, w_2, \cdots, w_n) = W^{\mathrm{T}}EW \tag{5.5}$$

$$\text{s.t.} \quad w_1 + w_2 + \cdots + w_n = 1 \tag{5.6}$$

$$w_1R_1 + w_2R_2 + \cdots + w_nR_n = R_0 \tag{5.7}$$

$$w_1, w_2, \cdots, w_n \geqslant 0 \tag{5.8}$$

称 σ^2 为优化准则函数，$w_j (j = 1,2,\cdots,n)$ 为优化变量。

5.5.2 基于加速遗传算法的组合证券投资决策算法

加速遗传算法(Accelerating Genetic Algorithm，简称 AGA) 是我国学者金菊良教授在传统遗传算法(Traditional Genetic Algorithm，简称 TGA)基础上提出的一种优化方法，AGA 可以克服 TGA 的缺点：对搜索空间(优化变量空间) 的大小变化适应能力差，计算量大，易出现早熟收敛，控制参数的设置技术无明确准则指导。利用在传统遗传算法运行过程中搜索到的优秀个体逐步调整优化变量的搜索区间，即可形成 AGA。

加速遗传算法解决组合证券投资问题的步骤为：

步骤 1：变量初始化变化空间的离散和二进制编码。设编码长度为 e，把每个变量 w_j 的初始化变化区间[0,1] 等分成 2^e-1 个子区间，则

$$w_j = I_j d_j, \quad (j = 1,2,\cdots,n) \tag{5.9}$$

式中，子区间长度 $d_j = 1/(2^e-1)$，是常数，搜索步数 I_j 为小于 2^e 的任意十进制非负整数，是变数。

经过编码，变量的搜索空间离散成 $(2^e)^n$ 个网格点(个体)，它对应 n 个变量的一种可能取值状态，并用 n 个 e 位二进制数 $\{ia(j,k) \mid j = 1,2,\cdots,n; k = 1,2,\cdots,e\}$ 表示：

$$I_j = \sum_{k=1}^{e} ia(j,k) \cdot 2^{k-1}, (j = 1,2,\cdots,n) \tag{5.10}$$

通过式(5.9)、(5.10) 的编码，n 个变量 w_j 的取值状态、网格点、个体、n 个二进制数 $\{ia(j,k)\}$ 之间可建立一一对应关系。

步骤 2：初始父代群体的随机生成。设群体规模大小为 q，从上述 $(2^e)^n$ 个网格点中均匀随机选取 q 个点作为初始父代群体。生成 q 组[0,1] 区间上的均匀随机数，每组 n 个，即 $\{u(j,i) \mid j = 1,2,\cdots,n; i = 1,2,\cdots,q\}$，经下式转换得到相应的随机搜索步数

$$I_j(i) = \mathrm{INT}(u(j,i) \cdot 2^e), \quad (j = 1,2,\cdots,n; i = 1,2,\cdots,q) \tag{5.11}$$

它们可由式(5.10) 对应二进制数 $\{ia(j,k,i) \mid j = 1,2,\cdots,n; k = 1,2,\cdots,e; i = 1,2,\cdots,q\}$，又可由式(5.9) 与 q 组优化变量 $\{w_j(i) \mid j = 1,2,\cdots,n; i = 1,2,\cdots,q\}$ 一一对应，把它们作为初始父代个体。

步骤 3：二进制数的解码和父代个体适应度评价。把父代个体编码串 $\{ia(j,k,i)\}$ 经过式(5.10) 和式(5.9) 解码成优化变量 $w_j(i)$，把后者代入式(5.5) 得相应的优化准则函数 σ_i^2，把 $\{\sigma_i^2 \mid i = 1,2,\cdots,q\}$ 从小到大排序，对应的变量 $\{w_j(i)\}$ 和二进制数 $\{ia(j,k,i)\}$ 也跟着排序，排序后且满足约束条件式(5.6) 和式(5.7) 的最前面几个个体称为优秀个体，记优秀个体数目为 s。定义排序后的第 i 个父代个体的适应度函数值为

$$F_i = \frac{1}{(\sigma_i^2)^2 + 0.001}, \quad (i = 1,2,\cdots,q) \tag{5.12}$$

步骤 4：父代个体的概率选择。取比例选择方式，个体 i 的选择概率为

$$p'_i = \frac{F_i}{\sum_{i=1}^{q} F_i}, \quad (i = 1,2,\cdots,q) \tag{5.13}$$

令

$$p_i = \sum_{k=1}^{i} p'_k, \quad (i = 1,2,\cdots,q)$$

序列$\{p_i \mid i=1,2,\cdots,q\}$把$[0,1]$区间分成$q$个子区间，并与$q$个父代个体一一对应。

生成q个随机数$\{u(k) \mid k=1,2,\cdots,q\}$。若$u(k) \in [p_{i-1}, p_i]$，则第$i$个个体被选中，其二进制数记为$ia_1(j,k,i)$。同理可得另外的$q$个父代个体$ia_2(j,k,i)$。于是从原父代群体中以概率$p'_i$选择第$i$个个体，共选择两组各$q$个个体。

步骤5:父代个体的杂交。由于杂交概率p_c控制杂交算子应用的频率，在每代新群体中，有qp_i对串进行杂交，p_c越高，群体中串的更新越快，TGA搜索新区域的机会越大，因此取定杂交率$p_c = 1.0$。由步骤4得到的两组父代个体随机两两配对，成为q对双亲，将双亲的二进制数组的任意一段值互换，得到两组子代个体。

步骤6:子代个体的变异。采用两点变异，比单点变异更有助于增强群体的多样性。设变异率为p_m，它是子代个体发生变异的概率。任取步骤5中的一组子代个体，将它们的二进制数组的任意两值以概率p_m进行翻转(原值为0的变为1，原值为1的变为0)。

步骤7:进行迭代。由步骤6得到的q个子代个体作为新的父代，算法转入步骤3，进入下一次进化过程，如此循环两次，优秀个体将逼近最优点。

步骤8:加速循环。用第一次、第二次进化迭代所产生的优秀个体的变量变化区间作为新的初始变化区间，算法进入步骤1，重新运行TGA，如此加速循环，优秀个体的变量变化区间将逐步调整和收缩，与最优点的距离越来越近，直到最优个体的优化准则函数值达到稳定值，结束整个算法的运行。此时，把当前群体中最佳个体作为AGA的结果。

5.5.3 AGA控制参数的配置

AGA控制参数包括编码长度e，父代个体数目q，优秀个体数目s和变异率p_m。这些参数的不同取值会对AGA的寻优性能产生很大影响，要得到AGA运行的最优性能，必须对这些参数进行适当配置。

下面对这些参数分别加以说明：

1. 关于编码长度

在TGA中，对实变量优化问题，e太小则解的精度太低，失去优化的意义；e越大则变量搜索区间的网格分得越细，网格点就越多，搜索效率越低，需相应增加进化迭代次数或父代群体规模以提高搜索到最优解的成功率，从而导致计算量猛增，影响计算效率。因 AGA 在算法步骤 8 中能逐步调整优化变量的变化空间，随着 AGA 的运行网格自动细分，它采用的是一种动态编码策略，e 可取定 10。

2. 关于变异率

AGA 的 p_m 反映个体向其他个体网格点变迁的概率。由于其可以保证算法的收敛性，p_m 越大，搜索区域越大，优秀个体包围、接近全局最优点的机会也越大，越有利于克服早熟收敛，p_m 可取定 1.0。

3. 关于父代个体数目 q 和优秀个体数目 s

由 AGA 原理知，q 个父代个体是按选择概率从 $(2^e)^n$ 个变量空间网格中的一个随机抽样。大的群体可更好代表优化准则函数在搜索空间上的变化特性，增强基于二进制编码的杂交操作能力，阻止早熟收敛[3]。然而，当 q 继续增加而 s 仍维持较小值不变时，真正优秀个体产生后代的概率相对减少，从而使优秀个体包围、接近最优点的机会也减少。在 q 一定时，s 越大，优秀个体包围、接近最优点的机会越大，但收敛速度越慢。

在 TGA 中，当优秀变量的变化空间很大时，其编码长度、父代个体数目也必须很大，导致计算量大增，算法控制参数的设置技术也趋复杂化。而这些在 AGA 中却是不必要的。由于 AGA 利用进化迭代过程中产生的优秀个体所包含的优化准则函数在最优点附近各参数方向的变化特性的信息，来调整整体优化变量变化空间的大小，使 AGA 同时在 n 个参数方向寻优且收敛，只要 s 与 q 配合合理，就可望增强 AGA 对优化问题变量变化区间大小变化的适应能力。研究表明，q 和 s 的配置应满足 $s/q > q/(2^e e)$。在应用 AGA 时，q 取 300，s 取 10。

5.5.4 实例研究

例 5.2 设三种证券的协方差矩阵为

$$\boldsymbol{E} = \begin{bmatrix} 140 & -120 & -150 \\ -120 & 240 & 100 \\ -150 & 100 & 300 \end{bmatrix}。$$

收益率均值分别为 $R_1 = 16\%$，$R_2 = 18\%$，$R_3 = 20\%$，预期收益率 $R_0 = 19\%$，试确定非负最优投资比例系数和相应的投资风险。

在文献[2]中，得到如下结果：$w_1 = 0.233$，$w_2 = 0.034$，$w_3 = 0.733$，$\sigma^2_{\min} = 120.91$。

用加速遗传算法(AGA)求解该问题，计算过程见表 5-1。

表 5-1　用 AGA 计算例 5.2 组合证券投资模型的权重和最优值

加速次数	优秀个体各参数的变化值			最优化准则函数值
	w_1	w_2	w_3	
1	0.23753670	0.02716763	0.73529570	120.32290000
5	0.23498630	0.03224419	0.73276950	120.31530000
10	0.23498200	0.03225279	0.73276520	120.31530000
15	0.23496530	0.03228606	0.73274860	120.31520000
AGA 结果	0.23496530	0.03228606	0.73274860	120.31520000

于是，有

$w_1 = 0.23496530, w_2 = 0.03228606, w_3 = 0.73274860, \sigma_{\min}^2 = 120.31520000$。

它优于文献[2]中的结果。

5.5.5　用加速遗传算法(AGA)求解组合证券投资决策问题特点

(1) 算法的控制参数已有明确设置，比传统遗传算法循环次数少，计算量小，可以避免早熟现象发生，易于全局收敛。

(2) 协方差矩阵无正定性要求，更接近实际问题的需要。

(3) 易于处理有非卖空(即投资比例系数为非负)条件要求的组合证券投资决策问题。

(4) 算法可以推广到目标函数规模庞大甚至无明确解析表达式的情形。

5.6　给定风险条件下的非卖空组合投资决策

假设投资者选定 n 种证券进行投资，各单项证券的收益率均值为 R_j，$(j = 1,2,\cdots,n)$，$\boldsymbol{E}$ 为 n 种证券所构成的 n 阶协方差矩阵，投资比例系数向量为 $\boldsymbol{W} = (w_1, w_2, \cdots, w_n)^{\mathrm{T}}$。

有的投资者对风险比较敏感，希望将风险控制在一个可以接受的水平，并在该风险水平下使收益率最大化。记预期风险为 σ_0^2，它是投资者指定的相应风险上限，投资收益率为 R，最优组合证券投资决策问题可转化为如下模型：

$$\max R = w_1R_1 + w_2R_2 + \cdots + w_nR_n \tag{5.14}$$

$$\text{s.t.} \quad \boldsymbol{W}^{\mathrm{T}}\boldsymbol{EW} \leqslant \sigma_0^2 \tag{5.15}$$

$$w_1 + w_2 + \cdots + w_n = 1 \tag{5.16}$$

$$w_j \geqslant 0 \quad (j = 1,2,\cdots,n) \tag{5.17}$$

其中，R 为优化准则函数，$w_j(j = 1,2,\cdots,n)$ 为优化变量。

对该问题求解尚不多见，本节用加速遗传算法解决上述组合证券投资决策模型，可以取得较理想的结果。

5.6.1 基于加速遗传算法的组合证券投资决策算法

加速遗传算法(Accelerating Genetic Algorithm，简称 AGA) 采用的二进制编码方法，几乎可以对任何优化问题进行编码；同时它采用动态编码方式，随着 AGA 的运行，搜索空间的网格自动分细，AGA 解的精度不再受二进制编码长度的控制；在每次加速循环中，AGA 只进行两次进化迭代；AGA 控制参数的设置技术简明；AGA 的遗传算子不包含关于搜索区域的任何知识。由此可见，AGA 是一种适用性很强的优化方法。

加速遗传算法解决上述组合证券投资问题的步骤为：

步骤 1：变量初始化变化空间的离散和二进制编码。设编码长度为 e，把每个变量 w_j 的初始化变化区间[0,1] 等分成 $2^e - 1$ 个子区间，则

$$w_j = I_j d_j, \quad (j = 1,2,\cdots,n) \tag{5.18}$$

式中，子区间长度 $d_j = 1/(2^e - 1)$，是常数，搜索步数 I_j 为小于 2^e 的任意十进制非负整数，是变数。

经过编码，变量的搜索空间离散成 $(2^e)^n$ 个网格点(个体)，它对应 n 个变量的一种可能取值状态，并用 n 个 e 位二进制数 $\{ia(j,k) \mid j = 1,2,\cdots,e;k = 1,2,\cdots,e\}$ 表示：

$$I_j = \sum_{k=1}^{e} ia(j,k) \cdot 2^{k-1}, (j = 1,2,\cdots,n) \tag{5.19}$$

通过式(5.18)、(5.19) 的编码，n 个变量 w_j 的取值状态、网格点、个体、n 个二进制数 $\{ia(j,k)\}$ 之间可建立一一对应关系。

步骤 2：初始父代群体的随机生成。设群体规模大小为 q，从上述 $(2^e)^n$ 个网格点中均匀随机选取 q 个点作为初始父代群体。生成 q 组[0,1] 区间上的均匀随机数，每组 n 个，即 $\{u(j,i) \mid j = 1,2,\cdots,n;i = 1,2,\cdots,q\}$，经下式转换得到相应的随机搜索步数

$$I_j(i)=\mathrm{INT}(u(j,i)\cdot 2^e),\quad (j=1,2,\cdots,n;i=1,2,\cdots,q)\tag{5.20}$$

它们可由式(5.19)对应二进制数$\{ia(j,k,i)\mid j=1,2,\cdots,n;k=1,2,\cdots,e;i=1,2,\cdots,q\}$，又可由式(5.18)与$q$组优化变量$\{w_j(i)\mid j=1,2,\cdots,n;i=1,2,\cdots,q\}$一一对应，把它们作为初始父代个体。

步骤3 二进制数的解码和父代个体适应度评价。把父代个体编码串$ia(j,k,i)$经过式(5.19)和式(5.18)解码成优化变量$w_j(i)$，把$w_j(i)$按照下式进行归一化处理

$$w_j(i)=w_j(i)/\sum_{j=1}^{m}w_j(i)\tag{5.21}$$

处理后的比例系数$w_j(i)$满足约束条件式(5.16)，若$w_j(i)$不满足约束条件式(5.15)，则重新生成随机数，直至条件满足为止。把$w_j(i)$代入式(5.14)得相应的优化准则函数R_i，把$\{R_i\mid i=1,2,\cdots,q\}$从大到小排序，对应的变量$w_j(i)$和二进制数$\{ia(j,k,i)\}$也跟着排序，称排序后最前面的个体为优秀个体，记优秀个体数目为s。定义排序后的第i个父代个体的适应度函数值为

$$F_i=R_i\quad (i=1,2,\cdots,q)\tag{5.22}$$

步骤4:父代个体的概率选择。取比例选择方式，个体i的选择概率为

$$p'_i=\frac{F_i}{\sum_{i=1}^{q}F_i}\quad (i=1,2,\cdots,q)\tag{5.23}$$

令

$$p_i=\sum_{i=1}^{i}p'_k\quad (i=1,2,\cdots,q)$$

序列$\{p_i\mid i=1,2,\cdots,q\}$把$[0,1]$区间分成$q$个子区间，并与$q$个父代个体一一对应。

生成q个随机数$\{u(k)\mid k=1,2,\cdots,q\}$。若$u(k)\in[p_{i-1},p_i]$，则第$i$个个体被选中，其二进制数记为$ia_1(j,k,i)$。同理可得另外的$q$个父代个体$ia_2(j,k,i)$。于是从原父代群体中以概率$p'_i$选择第$i$个个体，共选择两组各$q$个个体。

步骤5:父代个体的杂交。由于杂交概率p_c控制杂交算子应用的频率，在每代新群体中，有qp_i对串进行杂交，由步骤4得到的两组父代个体随机两两配对，成为q对双亲，将双亲的二进制数组的任意一段值互换，得到两组子代个体。

步骤6:子代个体的变异。采用两点变异，比单点变异更有助于增强群体

的多样性。设变异率为 p_m，它是子代个体发生变异的概率。任取步骤 5 中的一组子代个体，将它们的二进制数组的任意两值以概率 p_m 进行翻转(原值为 0 的变为 1，原值为 1 的变为 0)。

步骤 7：进行迭代。由步骤 6 得到的 q 个子代个体作为新的父代，算法转入步骤 3，进入下一次进化过程，如此循环两次，优秀个体将逼近最优点。

步骤 8：加速循环。用第一次、第二次进化迭代所产生的优秀个体的变量变化区间作为新的初始变化区间，算法进入步骤 1，重新运行 TGA，如此加速循环，优秀个体的变量变化区间将逐步调整和收缩，与最优点的距离越来越近，直到最优个体的优化准则函数值达到稳定值，结束整个算法的运行。此时，把当前群体中最佳个体指定为 AGA 的结果。

5.6.2 AGA 控制参数的配置

AGA 控制参数包括编码长度 e，父代个体数目 q，优秀个体数目 s 和变异率 p_m。这些参数的不同取值会对 AGA 的寻优性能产生很大影响，要得到 AGA 运行的最优性能，必须对这些参数进行适当配置。

1. 关于编码长度

AGA 在算法步骤 8 中能逐步调整优化变量的变化空间，随着 AGA 的运行网格自动细分，它采用的是一种动态编码策略，e 可取定 10。

2. 关于变异率

AGA 的 p_m 反映个体向其他个体网格点变迁的概率。由于其可以保证算法的收敛性，研究表明，p_m 可取定 1.0。

3. 关于父代个体数目和优秀个体数目

在 TGA 中，当优秀变量的变化空间很大时，其编码长度、父代个体数目也必须很大，导致计算量大增，算法控制参数的设置技术也趋复杂化。而这些在 AGA 中却是不必要的。由于 AGA 利用进化迭代过程中产生的优秀个体所包含的优化准则函数在最优点附近各参数方向的变化特性的信息，来调整整体优化变量变化空间的大小，使 AGA 同时在 n 个参数方向寻优且收敛，只要 s 与 q 配合合理，可增强 AGA 对优化问题变量变化区间大小变化的适应能力。研究表明，应用 AGA 时，q 取 300，s 取 10。

5.6.3 实例研究

例 5.3 设三种证券的协方差矩阵为

$$\boldsymbol{E}=\begin{bmatrix}0.1 & -0.1 & 0\\ -0.1 & 0.4 & 0.3\\ 0 & 0.3 & 0.7\end{bmatrix}。$$

三种证券收益率分别为 $R_1 = 5\%$，$R_2 = 7\%$，$R_3 = 30\%$，预期风险 $\sigma_0^2 = 0.3$，试确定非负最优投资比例系数和相应的收益率。

文献[3]通过建立有效边界模型，得到在允许卖空时组合证券结果为 $w_1 = 0.4776$，$w_2 = -0.1597$，$w_3 = 0.6818$，此时的收益率 $R_0 = 0.21147$，对应的风险为 $\sigma_{\min}^2 = 0.0387$。其投资比例系数有负值，该方法不适合限制卖空时组合证券投资的求解。

采用 AGA 算法解决该问题，计算结果见表 5-2。

表 5-2　用 AGA 计算例 5.3 中三种证券组合投资收益率最优值

加速次数	优秀个体变化区间			收益率	风险
	w_1	w_2	w_3		
1	(0.0000,1.0000)	(0.0000,1.0000)	(0.0000,1.0000)	0.20520180	0.29058480
6	(0.3363,0.3661)	(0.000,0.03929)	(0.6179,0.6403)	0.20961170	0.29917350
12	(0.3575,0.35995)	(0.0000,0.0007)	(0.6386,0.6403)	0.21007820	0.29998030
AGA 结果	0.359462800	0.000244200	0.640293100	0.21007820	0.29998030

可以得到 $w_1 = 0.359462800$，$w_2 = 0.00024420$，$w_3 = 0.640293100$，此时的收益率 $R_0 = 0.21007820$，对应的风险为 $\sigma_{\min}^2 = 0.29998030$。

例 5.4　设六种证券的协方差矩阵为

$$
\boldsymbol{E} = \begin{bmatrix}
.2100 & .2100 & .2210 & -.2160 & .1620 & -.2150 \\
.2100 & .2250 & .2390 & -.2160 & .1680 & -.2190 \\
.2210 & .2390 & .2750 & -.2460 & .1890 & -.2470 \\
-.2160 & -.2160 & -.2460 & .2560 & -.1850 & .2540 \\
.1620 & .1680 & .1890 & -.1850 & .1420 & -.1880 \\
.1620 & -.2190 & -.2470 & .2540 & -.1880 & .2660
\end{bmatrix}
$$

六种证券收益率分别为 $R_1 = 18.5\%$，$R_2 = 20.3\%$，$R_3 = 22.9\%$，$R_4 = 21.8\%$，$R_5 = 16.7\%$，$R_6 = 23.1\%$，预期风险 $\sigma_0^2 = 0.04$，试确定非负最优投资比例系数和相应的收益率。

利用 AGA 方法解决该问题，计算结果见表 5-3。

表 5-3 用 AGA 计算例 5-4 中六种证券组合投资收益率最优值

加速次数	优秀个体变化区间						收益率	风险
	W_1	W_2	W_3	W_4	W_5	W_6		
1	(0.0000, 1.0000)	(0.0000, 1.0000)	(0.0000, 1.0000)	(0.0000, 1.0000)	(0.0000, 1.0000)	(0.0000, 1.0000)	0.00933750	0.00223534
10	(0.0000, 0.0363)	(0.0000, 0.0616)	(0.3438, 0.6085)	(0.0000, 0.1998)	(0.0000, 0.0551)	(0.3245, 0.6562)	0.22745290	0.01034202
20	(0.0000, 0.0044)	(0.0000, 0.0225)	(0.3438, 0.6021)	(0.0000, 0.0319)	(0.0000, 0.0063)	(0.3473, 0.6562)	0.23000760	0.01234856
31	(0.0000, 0.0000)	(0.0000, 0.0009)	(0.3438, 0.3523)	(0.0000, 0.0002)	(0.0000, 0.0000)	(0.6464, 0.6562)	0.23031230	0.03558592
AGA 结果	0.000000000	0.000000000	0.343834000	0.000000000	0.000000000	0.656166100	0.23031230	0.03558592

于是，得到 $w_1 = 0, w_2 = 0, w_3 = 0.343834000, w_4 = 0, w_5 = 0, w_6 = 0.65616610$，收益率 $R_0 = 0.23031230$，对应的风险为 $\sigma^2_{\min} = 0.03558592$。

例 5.5 设三种证券的协方差矩阵为

$$E = \begin{bmatrix} 140 & -120 & -150 \\ -120 & 240 & 100 \\ -150 & 100 & 300 \end{bmatrix}。$$

三种证券收益率分别为 $R_1 = 16\%, R_2 = 18\%, R_3 = 20\%$，预期风险 $\sigma_0^2 = 121$，试确定非负最优投资比例系数和相应的收益率。

利用 AGA 方法解决该问题，计算结果见表 5-4。

表 5-4 用 AGA 计算例 5.5 中三种证券组合投资收益率最优值

加速次数	优秀个体变化区间			收益率 R	风险
	w_1	w_2	w_3		
1	(0.000000000, 1.000000000)	(0.000000000, 1.000000000)	(0.000000000, 1.000000000)	0.18947210	116.294
8	(0.195604400, 0.249573500)	(0.002930403, 0.130402900)	(0.671765100, 0.747985400)	0.18995370	120.576
15	(0.218008300, 0.249266900)	(0.002932551, 0.064839740)	(0.717151900, 0.747258100)	0.18999760	120.977
AGA 结果	0.242246600	0.015628820	0.742124600	0.18999760	120.977

可以得到 $w_1 = 0.242246600$，$w_2 = 0.015628820$，$w_3 = 0.742124600$，收益率 $R_0 = 0.18999760$，对应的风险为 $\sigma^2_{\min} = 120.977$。

5.7 单位风险收益最大化方法

进行组合证券投资时，投资者有两个目标，即收益最大化和风险最小化，它实质上是一个多目标决策问题。由于风险是收益的单调增函数，不可能做到既使收益最大又使风险最小。下面给出一种折中考虑收益最大化和风险最小化的决策方法。

5.7.1 允许卖空情形

构造模型如下

$$\max P = \frac{R_0}{\sigma} \tag{5.24}$$

$$\text{s.t.} \quad w_1 + w_2 + \cdots + w_n = 1$$

式中，R_0 表示收益率，σ 表示风险。

投资者希望风险越小越好，收益率越大越好。P 合理兼顾了风险和收益这两项指标。P 代表单位风险所对应的收益，显然 P 越大越好。

定理 5.8 使单位风险 $P = \dfrac{R_0}{\sigma}$ 最大化的投资点为

$$R_0 = R_0^* + \frac{\sigma_A^2}{m_{11} R_0^*}$$

$$\sigma = \sqrt{R_A^2 + \frac{\sigma_A^4}{m_{11} R_0^*}}$$

此时，单位风险收益最大值为

$$P_{\max} = \frac{R_0^*}{\sigma_A}\sqrt{1 + \frac{\sigma_A^2}{m_{11} R_0^{*2}}}。$$

证明　对于任意给定的风险水平 σ，只有有效边界上对应投资点的风险最小；对于任意给定的预期收益率 R_0，只有有效边界上对应投资点的风险最小。故式(5.24) 中的投资点必是有效边界上的点。由定理 5.7 得

当 $\sigma^2 \geqslant \dfrac{m_{11} m_{22} - m_{12}^2}{m_{11}}$ 时，

$$R_0 = \frac{-m_{12} + \sqrt{m_{12}^2 - m_{11}(m_{22} - \sigma^2)}}{m_{11}}$$

即

$$R_0 = -\frac{m_{12}}{m_{11}} + \sqrt{\frac{m_{11}\sigma^2 - (m_{11}m_{12} - m_{12}^2)}{m_{11}^2}} = R^* + \sqrt{\frac{\sigma^2 - \sigma_A^2}{m_{11}}} \tag{5.25}$$

式中，$R_0^* = -\frac{m_{12}}{m_{11}}, \sigma_A^2 = \frac{m_{11}m_{22} - m_{12}^2}{m_{11}}$

将式(5.25)代入式(5.24)可得

$$P = \frac{R_0}{\sigma} = \frac{R_0^* + \sqrt{\frac{\sigma^2 - \sigma_A^2}{m_{11}}}}{\sigma}$$

当 $\sigma > \sigma_A$ 时，P 对 σ 的一阶导数为

$$\frac{\mathrm{d}P}{\mathrm{d}\sigma} = -R_0^* \frac{\sqrt{\sigma^2 - \sigma_A^2} - \frac{\sigma_A^2}{\sqrt{m_{11}}R_0^*}}{\sigma^2 \sqrt{\sigma^2 - \sigma_A^2}}$$

令 $\frac{\mathrm{d}P}{\mathrm{d}\sigma} = 0$，可得

$$\sqrt{\sigma^2 - \sigma_A^2} = \frac{\sigma_A^2}{\sqrt{m_{11}}R_0^*} \tag{5.26}$$

由式(5.26)可知，$R_0^* > 0$

将式(5.26)代入式(5.25)可得

$$R_0 = R_0^* + \frac{\sigma_A^2}{m_{11}R_0^*} = R_0^*\left(1 + \frac{\sigma_A^2}{m_{11}R_0^*}\right)$$

由式(5.26)可得

$$\sigma = \sqrt{\sigma_A^2 + \frac{\sigma_A^4}{m_{11}R_0^*}}$$

易知，当 $\sigma < \sqrt{\sigma_A^2 + \frac{\sigma_A^4}{m_{11}R_0^*}}$ 时，$\frac{\mathrm{d}P}{\mathrm{d}\sigma} > 0$；当 $\sigma > \sqrt{\sigma_A^2 + \frac{\sigma_A^4}{m_{11}R_0^*}}$ 时，$\frac{\mathrm{d}P}{\mathrm{d}\sigma} < 0$。因而，$\sigma = \sqrt{\sigma_A^2 + \frac{\sigma_A^4}{m_{11}R_0^*}}$ 为 P 的极大点，P 的极大值为

$$P_{\max} = \frac{R_0^*}{\sigma_A}\sqrt{1 + \frac{\sigma_A^2}{m_{11}R_0^{*\,2}}}$$

在实际应用时，应先根据定理 5.8 确定出 R_0，再根据定理 5.5，求出投资比例系数向量 $\boldsymbol{W}_B = \boldsymbol{E}^{-1}\boldsymbol{A}^{\mathrm{T}}(\boldsymbol{A}\boldsymbol{E}^{-1}\boldsymbol{A}^{\mathrm{T}})^{-1}\boldsymbol{B}$。

5.7.2 不允许卖空情形

应用定理5.8时，投资比例系数可能出现负值。在不允许卖空情形下，构造模型如下

$$\max P = \frac{R_0}{\sigma} = \frac{\boldsymbol{W}^{\mathrm{T}}\boldsymbol{W}}{\sqrt{\boldsymbol{W}^{\mathrm{T}}\boldsymbol{E}\boldsymbol{W}}}$$

$$\text{s. t.} \quad w_1 + w_2 + \cdots + w_n = 1$$

$$w_1 \geqslant 0, w_2 \geqslant 0, \cdots, w_n \geqslant 0$$

式中，R_0 表示收益率，σ 表示风险。

该模型可用加速遗传算法(AGA)求解，具体步骤从略。

参考文献

[1] Markowitz H. M. Foundations of Portfolio. J. Finance, 1991, (2): 469 ~ 477

[2] 唐小我. 经济预测与决策的新方法及其应用研究. 成都：电子科技大学出版社，1997. 58 ~ 83, 127 ~ 128

[3] 唐小我，金德运. 组合证券投资决策方法. 投资理论与实践，1994, (1): 23 ~ 24

[4] 王硕，唐小我，曾勇. 基于加速遗传算法的组合证券投资决策. 中国工程科学，2002, 4(9): 59 ~ 62

[5] Wang Shuo, Zhang Ben-zhao, Xu Ruo-mei, Zhou Wei-guang. Research on Investment Decision of Portfolios at Given Risks. In: Proceeding of '2004 International Conference on Management Science & Engineering[C], Harbin: Harbin Institute of Technology Press, 2004: 1927 ~ 1931

[6] 唐小我，马永开，曾勇，杨桂元. 现代组合预测和组合投资决策方法及应用. 北京：科学出版社，2003

[7] 夏安邦，王硕. 定量预测引论. 南京：东南大学出版社，2001

[8] 金菊良，丁晶. 水资源系统工程. 成都：四川科学技术出版社，2002: 79 ~ 101

第6章　系统综合评价方法

6.1　系统综合评价概述[1-3]

系统综合评价，就是对所研究系统各要素(即评价对象，如区域环境质量、区域可持续利用程度)在总体上进行分类排序。根据有无评价标准，系统综合评价可分为两类：一类是在没有评价标准下的评价，可称为聚类评价；另一类是在给定评价标准或模式下的评价，可称为等级评价或模式识别评价。从方法论的角度看，系统综合评价的一般步骤主要有：① 确定评价目标和评价对象系统。② 建立评价指标体系，对复杂评价系统的评价指标体系，一般需要建立评价指标的层次结构模型。③ 评价指标的定量化。④ 评价指标的无量纲化(标准化)。⑤ 建立评价模型(评价函数)，把一个多指标问题综合成一个单指标的形式，包括确定各评价指标的权重和各无量纲化评价指标及其权重的组合形式。⑥ 把评价对象的评价指标值代入评价模型，得到各评价对象的综合评价指标值，据此对各评价对象在总体上进行分类排序。⑦ 反馈与控制，即根据评价结果，有时需要对以上有关步骤进行相应的调整、修正和多次迭代过程。其中，评价模型的建立是系统综合评价的核心工作。从数学变换的角度看，各评价对象是由评价对象各指标所组成的高维空间的一些点，系统综合评价模型就是一种从高维空间到低维空间的映射，要求这种映射能保持评价对象样本在原高维空间的某种结构，其中最重要的是与分类排序有关的结构。

作为系统分析与系统决策分析的结合点，系统综合评价既是系统分析的后期工作，又是系统决策分析的前期工作，在系统工程理论体系中处于枢纽地位，在各种应用系统工程中具有广泛的应用价值。由于实际系统综合评价对象各单项评价指标的评价结果往往不相容，直接利用系统综合评价标准进行评价往往缺乏实用性，因此，相继提出了基于各种平均值的综合评价方法、灰色聚类法、模糊综合评价法等方法，这些方法的计算结果往往是一些离散的评价等级，是半定量化的，等级的分辨率较粗。而实际系统综合评价对象的各评价指标值一般是连续的实数值，也就是说，按目前常用的系统综合评价方法，即使属于同一等级的评价对象，它们对应的各评价指标值常常相差显著，这对指导实际工作十分不利。另外，已制定的系统综合评价标准是否合理，也缺乏必要的检验手段。基于此，本章在上述工作的基础上，介绍投影寻踪评价模型、神经网络评价模型、理想区间法评价模型、Shepard 相似评价模型、属性识别综合评价方法。

6.2 投影寻踪评价模型[1,4,5]

针对目前常规的系统综合评价方法形式化、数学化等局限性，对某些高维、非线性、非正态评价问题的适应能力不强等不足之处，近 20 年来，国际统计界提出了投影寻踪(projection pursuit，PP) 方法[6,7] 这类直接由样本数据驱动的探索性数据分析方法。

PP 方法的基本思路是：把高维数据通过某种组合投影到低维子空间上，对于投影到的构形，采用投影指标函数(目标函数) 来描述投影值暴露原系统综合评价问题某种分类排序结构的可能性大小，寻找出使投影指标函数达到最优(即能反映高维数据结构或特征) 的投影值，然后根据该投影值来分析高维数据的分类结构特征(即投影寻踪聚类评价模型)，或根据该投影值与研究系统实际的评价输出值之间的散点图构造适当的数学模型以模拟系统的评价输出(即投影寻踪等级评价模型)。其中，投影指标函数的构造及其优化问题是应用 PP 方法能否成功的关键。该问题的复杂性在一定程度上限制了 PP 方法的深入研究和广泛应用。为此，本节介绍了基于实数编码的加速遗传算法(RAGA) 的投影寻踪聚类评价模型和等级评价模型，并开展了相应的应用研究。

6.2.1 基于遗传算法的投影寻踪聚类评价模型及其应用

基于 RAGA 的投影寻踪聚类评价模型(projection pursuit classification evaluation model based on RAGA，PPCE 模型) 的建模过程包括如下四个步骤：

步骤 1：评价指标值的归一化处理。设各指标值的样本集(评价对象集)为$\{x^*(i,j) \mid i=1\sim n,\ j=1\sim p\}$。其中 $x^*(i,j)$ 为第 i 个样本第 j 个指标值，n,p 分别为样本的个数(样本容量) 和指标的数目。为消除各指标值的量纲和统一各指标值的变化范围，可采用下式进行极值归一化处理：

$$x(i,j)=[x^*(i,j)-x_{\min}(j)]/[x_{\max}(j)-x_{\min}(j)] \quad (6.1)$$

式中，$x_{\min}(j)$、$x_{\max}(j)$ 分别为样本集中第 j 个指标值的最小值和最大值。

步骤 2：构造投影指标函数。PP 方法就是把 p 维数据 $\{x(i,j) \mid j = 1 \sim p\}$ 综合成以 $\boldsymbol{a} = (a(1), a(2), \cdots, a(p))$ 为投影方向的一维投影值 $z(i)$

$$z(i) = \sum_{j=1}^{p} a(j)x(i,j) \quad (i = 1 \sim n) \tag{6.2}$$

然后根据 $\{z(i) \mid i = 1 \sim n\}$ 的一维散布图进行分类。式(6.2) 中 $\boldsymbol{a}$ 为单位长度向量，即 $\sum_{j=1}^{p} a^2(j) = 1$。

在综合投影值时，要求投影值 $z(i)$ 的散布特征应为：局部投影点尽可能密集，最好凝聚成若干个点团；而在整体上投影点团之间尽可能散开。基于此，投影指标函数可构造为[6]

$$Q(a) = \boldsymbol{S}_z \boldsymbol{D}_z \tag{6.3}$$

式中，S_z 为投影值 $z(i)$ 的标准差，D_z 为投影值 $z(i)$ 的局部密度，即

$$\boldsymbol{S}_z = \left[\sum_{i=1}^{n} (z(i) - \bar{z})^2 / (n-1)\right]^{0.5} \tag{6.4}$$

$$\boldsymbol{D}_z = \sum_{i=1}^{n} \sum_{j=1}^{n} (\boldsymbol{R} - r_{ij}) u(\boldsymbol{R} - r_{ij}) \tag{6.5}$$

式中，$\bar{z}$ 为序列 $\{z(i) \mid i = 1 \sim n\}$ 的均值；R 为求局部密度的窗口半径，它的选取既要使包含在窗口内的投影点的平均个数不太少，避免滑动平均偏差太大，又不能使它随着 n 的增大而增加太快，R 一般可取值为 $0.1S_z$；距离 $r_{ij} = | z(i) - z(j) |$；$u(t)$ 为单位阶跃函数，当 $t \geqslant 0$ 时其函数值为 1，当 $t < 0$ 时其函数值为 0。

步骤 3：优化投影指标函数。当各指标值的样本集给定时，投影指标函数 $Q(a)$ 只随投影方向 $\boldsymbol{a}$ 的变化而变化。不同的投影方向反映不同的数据结构特征，最佳投影方向就是最大可能暴露高维数据某类特征结构的投影方向。可通过求解投影指标函数最大化问题来估计最佳投影方向，即

$$\max \boldsymbol{Q}(a) = S_z \boldsymbol{D}_z \tag{6.6}$$

$$\text{s. t.} \qquad \sum_{j=1}^{p} a^2(j) = 1 \tag{6.7}$$

这是一个以 $\{a(j) \mid j = 1 \sim p\}$ 为优化变量的复杂非线性优化问题，用常规优化方法处理较困难[6,7]。模拟生物优胜劣汰规则与群体内部染色体信息交换机制的加速遗传算法(RAGA) 是一种通用的全局优化方法，可用它来求解上述问题较为简便和有效。

步骤4 聚类。把由步骤3求得的最佳投影方向 a^* 代入式(6.2)后即得各样本点的投影值 $z^*(i)$。投影值 $z^*(i)$ 与 $z^*(j)$ 越接近,表示样本 i 与样本 j 越倾向于分为同一类。按 $z^*(i)$ 值从大到小排序,据此可把对样本集进行分类。

例 6.1 PPCE 模型在农业生产力综合评价中的应用[4]。农业生产力是指农业生产诸要素综合投入及其相应的产出能力,包括农业基础设施装备、科技投入水平、社会经济效益和气候资源潜力等方面的指标。农业生产力综合评价就是把这些指标综合成单一指标,据此从整体上评价研究区域各地农业生产力的综合水平及其差距,为农业生产决策提供科学依据。目前常用的评价方法很多:模糊综合评判方法对各指标进行"特征化"处理后会不同程度地丢失信息,给评判带来误差;层次分析法和灰色关联评价法具有能解决多目标、多层次、多准则决策问题的优点,但评价结果往往受主观因素支配;基于特征向量的最优综合评价法,不需人为确定权重,评价结果接近实际,但难于从系统各层次考察一个地区农业生产力的综合水平及采取的技术措施。

现以南京地区农业生产力综合评价为例[8],进一步说明 PPEPC 模型的应用。农业生产力综合评价指标体系包括劳动生产率、土地生产率、农业总产值、化肥用量、机械总动力、农村用电量、有效灌溉率、耕地复种指数、每劳动力负担耕地能力、净产值率、水稻气候生产力和小麦气候生产力共12个评价指标,指标样本集共有9个样本(5县4郊)、12个评价指标(已归一化处理),参见表6-1。

表 6-1　农业生产力评价指标样本集及其投影值

样本	序号	评价指示 j												投影值
		$j=1$	$j=2$	$j=3$	$j=4$	$j=5$	$j=6$	$j=7$	$j=8$	$j=9$	$j=10$	$j=11$	$j=12$	$z^*(i)$
六合县	1	0.00	0.38	0.67	0.40	0.00	0.20	0.80	0.45	0.60	0.73	1.00	0.24	1.311
江浦县	2	0.10	0.00	1.00	0.00	0.05	0.00	0.00	0.40	0.00	0.00	0.00	0.00	0.264
江宁县	3	0.20	1.00	0.92	0.12	1.00	1.00	0.45	1.00	1.00	1.00	0.80	1.00	2.630
溧水县	4	0.30	0.17	0.42	0.03	0.37	0.29	0.30	0.26	0.06	0.33	0.93	0.45	1.058
高淳县	5	1.00	0.48	0.00	1.00	0.42	0.11	1.00	0.00	0.66	0.12	0.78	0.33	1.335
浦口区	6	0.00	0.40	1.00	1.00	0.76	0.00	1.00	0.47	0.00	0.12	0.00	0.00	0.783
大厂区	7	0.00	1.00	0.00	0.18	1.00	0.00	0.00	0.00	0.05	0.00	0.79	0.43	0.736
栖霞区	8	1.00	0.40	0.33	0.83	0.00	0.31	0.71	0.02	0.06	0.92	0.58	0.03	1.325
雨花区	9	1.00	0.00	0.03	0.00	0.33	1.00	0.67	1.00	1.00	1.00	1.00	1.00	2.598

把该样本集依次代入式(6.2)、式(6.4)、式(6.5)和式(6.3),即得此例的投影指标函数,然后用 RAGA 优化由式(6.6)和式(6.7)所确定的问题,得最大投影指标函数值为1.02,最佳投影方向 $a^*=(0.348, 0.125, 0.095, 0.046, 0.279, 0.503, 0.188, 0.302, 0.286, 0.427, 0.249, 0.262)$。把 a^* 代入式(6.2)后即得各样本的投影值 $z^*(i)$,结果见表6-1和图6-1。

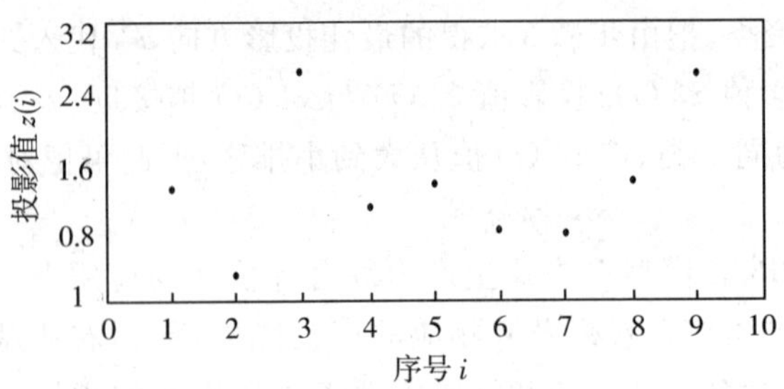

图 6-1　农业生产力评价指标样本投影值 $z^*(i)$ 的散布图

由表 6-1 和图 6-1 可知：

(1) 该样本集按投影值从大到小(即农业生产力综合水平从高到低)排序的样本序号依次为 3(江宁县)、9(雨花区)、5(高淳县)、8(栖霞区)、1(六合县)、4(溧水县)、6(浦口区)、7(大厂区)和 2(江浦县)。其中，样本 3 和 9 可评为优，样本 5、8 和 1 可评为良，样本 4、6 和 7 可评为中，样本 2 可评为差。该评价结果与文献[8]的最优综合评价法的结果和多层灰色关联评价法的结果基本一致。

(2) 根据最佳投影方向，可进一步分析各评价指标对评价结果的影响程度。在本例中，a^* 值说明，评价指标 6、10、1、8、9、5、12、11、7、2、3 和 4 对评价结果的影响程度依次减小，这可为各地区进一步提高农业生产力水平提供决策依据。

(3) 这里给出了 PPEPC 建模的详细步骤，采用实码加速遗传算法简化了投影寻踪的实现过程，克服了传统投影寻踪方法计算复杂、编程实现困难的缺点，为投影寻踪方法在各种综合评价中的广泛应用提供了强有力的工具。

6.2.2　基于遗传算法的投影寻踪等级评价模型及其应用

基于 RAGA 的投影寻踪等级评价模型(projection pursuit grade evaluation model based on RAGA，PPGE 模型)的建模过程，包括如下三个步骤：

步骤 1　构造投影指标函数。设根据系统评价标准表产生的某样本的标准等级及其评价指标分别为 $y(i)$ 及 $\{x^*(j,i)\mid j=1\sim p\}$，$i=1,2,\cdots,n$。其中，$n,p$ 分别为样本的数目和评价指标的数目。设最低评价等级为 1、最高评价等级为 N。建立等级评价模型就是建立 $\{x^*(j,i)\mid j=1\sim p\}$ 与 $y(i)$ 之间的数学关系。PP 方法就是把 p 维数据 $\{x^*(j,i)\mid j=1\sim p\}$ 综合成以 $a=(a(1),a(2),\cdots,a(p))$ 为投影方向的一维投影值 $z(i)$。

$$z(i)=\sum_{j=1}^{p}a(j)x(j,i) \tag{6.8}$$

再根据 $z(i) \sim y(i)$ 的散点图建立数学关系。为消除各评价指标的量纲效应，使 PP 建模具有一般性，式(6.8) 中 $\boldsymbol{a}$ 取单位长度向量，$\{x(j,i) \mid j=1 \sim p\}$ 为 $\{x^*(j,i) \mid j=1 \sim p\}$ 的标准化值：

$$x(j,i) = [x^*(j,i) - \overline{x}(j)]/S_x(j) \tag{6.9}$$

式中，$\overline{x}(j)$、$S_x(j)$ 分别为原第 j 个评价指标 $\{x^*(j,i) \mid i=1 \sim n\}$ 的均值和标准差。

在综合投影值时，要求投影值 $z(i)$ 应尽可能多地提取 $\{x(j,i)\}$ 中的变异信息，即 $z(i)$ 的标准差 S_z 达到尽可能大，同时要求 $z(i)$ 与 $y(i)$ 的相关系数的绝对值 $|R_{zy}|$ 达到尽可能大。这样得到的投影值就可望能尽可能多地携带原评价指标系统 $\{x(j,i) \mid j=1 \sim p\}$ 的变异信息，且能够保证投影值对因变量 $y(i)$ 具有很好的解释性[9]。为此，投影指标函数可构造为：

$$Q(a) = \boldsymbol{S}_z \mid \boldsymbol{R}_{zy} \mid \tag{6.10}$$

式中，$| \quad |$ 为取绝对值，S_z 为投影值 $z(i)$ 的标准差：

$$S_z = \Big[\sum_{j=1}^{n}(z(i)-\overline{z})^2/(n-1)\Big]^{0.5} \tag{6.11}$$

R_{zy} 为 $z(i)$ 与 $y(i)$ 的相关系数：

$$R_{zy} = \frac{\sum_{i=1}^{n}(z(i)-\overline{z})(y(i)-\overline{y})}{\Big[\sum_{i=1}^{n}(z(i)-\overline{z})^2\sum_{i=1}^{n}(y(i)-\overline{y})^2\Big]^{0.5}} \tag{6.12}$$

式(6.11)、式(6.12) 中，$\overline{z}$，$\overline{y}$ 分别为序列 $\{z(i)\}$ 和 $\{y(i)\}$ 的均值。

步骤 2：优化投影指标函数。当给定标准等级及其评价指标的样本数据 $\{y(i) \mid i=1 \sim n\}$ 和 $\{x^*(j,i) \mid j=1 \sim p, i=1 \sim n\}$ 时，投影指标函数 $Q(a)$ 只随投影方向 $\boldsymbol{a}$ 的变化而变化。不同的投影方向反映不同的数据结构特征，最佳投影方向就是最大可能暴露高维数据某类特征结构的投影方向。可通过求解投影指标函数最大化问题来估计最佳投影方向，即：

$$\max Q(a) = S_z \mid R_{zy} \mid \tag{6.13}$$

$$\text{s.t.} \qquad \sum_{j=1}^{p} a^2(j) = 1 \tag{6.14}$$

这是一个以 $\{a(j) \mid j=1 \sim p\}$ 为优化变量的复杂的非线性优化问题，用 RAGA 可方便地求解上述优化问题。

步骤 3：建立投影寻踪等级评价模型。把由步骤 2 求得的最佳投影方向的

估计值 a^* 代入式(6.8)后即得第 i 个样本投影值的计算值 $z^*(i)$，根据 $z^*(i) \sim y(i)$ 的散点图建立相应的数学模型。笔者的研究表明，许多等级评价系统问题的 $z^*(i) \sim y(i)$ 的散点图反映出 $z^*(i)$ 与 $y(i)$ 之间一般呈单调递增关系，当 $z^*(i)$ 值超过某门限值时就判定为最高等级(N 级)，当指标值低于另门限值时就判定为最低等级(1 级)，当 $z^*(i)$ 值介于这两门限值之间时则为中等等级，这是一种上下段有限、中间段变化又迅速的递增关系，因此用逻辑斯谛曲线(logistic curve)作为等级评价模型是很合适的，即：

$$y^*(i) = \frac{N}{1 + e^{c(1) - c(2) z^*(i)}} \tag{6.15}$$

式中，$y^*(i)$ 为第 i 个样本等级的计算值；最大等级 N 为该曲线的上限值；$c(1)$，$c(2)$ 为待定参数，分别表示该曲线的积分常数和增长率，通过求解如下优化问题来确定：

$$\min F(c(1), c(2)) = \sum_{i=1}^{n} (y^*(i) - y(i))^2 \tag{6.16}$$

同样可用加速遗传算法来处理这一非线性优化问题[10]。

例 6.2 PPGE 在洪水灾情等级评价中的应用[5]。洪水灾情等级评价就是根据已有灾情评估指标值和灾情等级评价模型，对因各次洪水灾害造成的破坏程度样本集进行评价。灾情评价的结果(灾情等级，简称灾级或灾度)对洪水灾害管理工作具有重要的指导意义。洪水灾情涉及自然环境与社会经济等许多因素，目前国内外尚无统一的洪水灾情评价指标体系和对各指标的灾情等级标准，洪水灾情等级评价至今仍是洪灾研究的难点和热点之一。由于各单项指标的灾情等级评估结果往往是不相容的，直接利用洪灾历史经验确定的灾情等级标准[11]进行灾情评价十分困难。因此，相继提出了灾度判别法、模糊综合评判、物元分析、神经网络等灾情等级模型，它们的评价结果都是一些离散的灾情等级，灾级的分辨率较粗。而实际洪灾的各灾情指标值一般是连续的实数值，也就是说，按目前的灾情等级模型判定方法，即使属于同一灾级的洪水灾害，它们对应的各灾情指标值常常相差显著，这对指导具体的洪水灾害管理工作十分不便。另外，已订的灾情等级标准是否合理缺乏必要的检验手段。现介绍用 PPGE 模型进行洪水灾情等级评价的实现过程。

文献[11]把成灾面积 $x^*(1,i)$ 和直接经济损失 $x^*(2,i)$ 作为洪水灾情等级 $y(i)$ 评价的指标，并利用河南省 1950—1990 年的 41a 实际系列资料作频率分析，得到该省洪水灾情等级标准，如表 6-2 所示。

表 6-2　河南省洪水灾情等级标准[11]

灾情等级指标	一般灾	较大灾	大灾	特大灾
成灾面积(hm^2)	<46.7	$46.7\sim136.7$	$136.7\sim283.3$	>283.3
直接经济损失(亿元)	<9.5	$9.5\sim31.0$	$31.0\sim85.0$	>85.0

根据表6-2,可用如下方法随机产生各灾情指标值及其对应的标准灾情等级样本系列:① 四个灾情等级值一般灾、较大灾、大灾、特大灾分别对应标准灾情等级值1、2、3、4。② 确定一般灾的左端点值和特大灾的右端点值,这里分别取为一般灾的右端点值的0.5倍和特大灾的左端点值的3倍,这样,所有灾级都有一个范围。③ 利用均匀随机数在每个灾级范围内产生5个值,考虑到直接经济损失一般与成灾面积具有正相关性,同一样本点的直接经济损失的随机数应与成灾面积的随机数相同。④ 在灾情等级标准表中取边界值各一次,灾情等级值取与该边界值有关的两个灾级值的算术平均值。这样得到的样本点如表6-3中序号1～23所示。

表 6.3　洪水灾情等级的标准值和 PPGE 模型的计算值的对比结果

序号	灾情指标		投影	洪水灾情等级		序号	灾情指标		投影	洪水灾情等级	
i	$x^*(1,i)$	$x^*(2,i)$	值 $z^*(i)$	标准值	计算值	i	$x^*(1,i)$	$x^*(2,i)$	值 $z^*(i)$	标准值	计算值
1	38.70	7.900	−1.178	1.0	1.369	17	157.30	38.600	−0.469	3.0	2.486
2	38.50	7.800	−1.180	1.0	1.366	18	283.30	85.000	0.422	3.5	3.498
3	32.10	6.500	−1.215	1.0	1.315	19	556.90	167.100	2.171	4.0	3.967
4	24.20	4.900	−1.257	1.0	1.256	20	649.50	194.900	2.763	4.0	3.987
5	36.40	7.400	−1.191	1.0	1.350	21	602.30	180.700	2.461	4.0	3.979
6	46.70	9.500	−1.135	1.5	1.432	22	446.50	134.000	1.466	4.0	3.897
7	97.60	21.700	−0.840	2.0	1.895	23	694.90	208.500	3.053	4.0	3.992
8	60.40	12.800	−1.056	2.0	1.552	1950	72.92	9.900	−1.042	2.0	1.574
9	112.60	25.200	−0.755	2.0	2.033	1954	148.13	20.656	−0.679	2.0	2.156
10	56.20	11.800	−1.080	2.0	1.515	1956	203.92	27.521	−0.421	3.0	2.559
11	80.60	17.600	−0.939	2.0	1.736	1957	179.10	24.858	−0.532	3.0	2.389
12	136.70	31.000	−0.615	2.5	2.258	1963	375.46	94.927	0.834	4.0	3.726
13	259.10	76.100	0.251	3.0	3.363	1964	301.24	47.836	0.112	3.0	3.233
14	200.10	54.400	−0.166	3.0	2.915	1975	141.97	116.439	0.257	3.0	3.368
15	280.10	83.800	0.399	3.0	3.481	1982	279.84	121.127	0.772	4.0	3.699
16	236.10	67.600	0.088	3.0	3.209	1984	172.06	51.619	−0.289	3.0	2.750

把表6.3中23个灾情指标值$\{x^*(j,i)\mid j=1\sim2,i=1\sim23\}$根据式(6.9)转换成标准化序列$\{x(j,i)\mid j=1\sim2,i=1\sim23\}$,并与$\{y(i)\mid i=1\sim23\}$一起依次代入式(6.8)、式(6.11)～式(6.13),即得此例的投影指标函数,于是可用RAGA优化该函数,得最大投影指标函数值为1.32,最佳投影方向$a^*=(0.7388,0.6739)$。把a^*代入式(6.8)后即得各次洪灾投影值的计算值$z^*(i)$,见表6-3。图6-2为$z^*(i)\sim y(i)$的散点图。

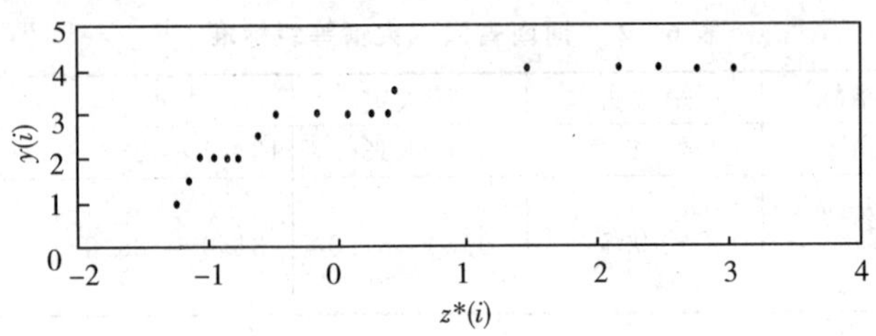

图 6-2　河南省洪水灾情投影值 $z^{*}(i)$ 与标准灾情等级 $y(i)$ 的散点图

图 6-2 表明，可用式(6.15)来描述如图 6-2 所示的 $z^{*}(i)$ 与 $y(i)$ 间的关系，式(6.15)中的参数 $N=4$，$c(1)$ 和 $c(2)$ 通过用 RAGA 优化式(6.16)来估计。这样得到的评估河南省洪水灾情等级的 PPGE 模型为

$$y^{*}(i)=\frac{4}{1+e^{-1.2571-1.6219z^{*}(i)}} \tag{6.17}$$

式中，$y^{*}(i)$ 为第 i 次洪灾的灾情等级的计算值。各次洪灾的 $y^{*}(i)$ 值见表 6-3，$y^{*}(i)$ 与 $y(i)$ 间的误差分析结果见表 6-4。

表 6-4　河南省洪水灾情标准等级与 PPGE 模型灾情等级计算值间的误差分析结果

误差绝对值(灾级)落在下列区间的百分比(%)						平均绝对误差(灾级)	平均相对误差(%)
[0,0.1]	[0,0.2]	[0,0.3]	[0,0.4]	[0,0.5]	[0, 0.6]		
34.78	43.48	60.87	82.61	95.65	100.00	0.22	13.31

对比表 6-3 中灾情等级的标准值和计算值和表 6-2 的灾情等级标准，PPGE 模型的计算值是合理的，它进一步刻画了各灾情指标值的数量差异对灾情等级判定的影响。表 6-4 说明，PPGE 模型可以描述洪水灾情投影值与灾情等级间的关系。用 PPGE 模型和文献[11]中河南省 1950 至 1990 年 41 年中实际发生的 9 次大的洪灾损失资料进行灾情等级评估，结果参见表 6-3 序号 1950 至 1984 这 9 次洪水，它们的灾情等级标准值取文献[12]神经网络模型的评估结果，可见两模型的评定结果相一致，PPGE 模型的灾级分辨率更高。如 1950 年的洪灾，成灾面积和直接经济损失的灾情指标值都在一般灾级与较大灾级的边界处附近，因此 PPGE 模型评估该年的灾级为 1.574 是合理的。

最佳投影方向各分量的绝对值的大小实际上反映了各灾情指标对灾情等级影响的程度，各分量的绝对值越大则对应的灾情指标对灾情等级影响的程度就越大，据此可进一步检验原订的洪水灾情等级标准的合理性。例 6.2 的最佳投影方向 $a^{*}=(0.7388, 0.6739)$，说明成灾面积指标对灾情等级影响的程度略高于直接经济损失指标的影响程度。而目前其他洪水灾情等级模型的灾级计算值大多具有离散性，相邻灾级之间缺乏必要的过渡区，尚无法检验原订灾级标准的合理性。

6.3 神经网络评价模型[1,12]

例 6.3 下面以洪水灾情评价问题为例，说明基于遗传算法的 BP 神经网络模型的建立及其应用过程[12]。取文献[13]中所列举的 1989—1990 年间中国部分省市发生的 33 个暴雨、洪涝、台风等洪水灾害的灾情个例，作为应用实例中的网络训练样本和测试样本的输入，其中，前 30 个个例为训练样本，最后 3 个个例为测试样本。取灾度判别法所得到的评价结果作为各样本的期望输出[13]，见表 6-5。

表 6-5 BP－AGA 混合算法与 BP 算法训练神经网络评价模型结果的比较

序号	省份	洪灾类型	倒房数量（万间）	受灾面积（万亩）	伤亡人数（人）	直接经济损失（亿元）	期望输出			网络输出					
										BP－AGA 混合算法			BP 算法		
1	湖南	暴雨	30.0	2087.0	363	28.2	0	0	1	0.000	0.000	1.000	0.000	0.000	1.00
2	安徽	暴雨	0.08	63	9	2.0	0	1	0	0.016	0.982	0.000	0.018	0.980	0.000
3	陕西	暴雨	4.7	180	78	8.0	0	1	0	0.000	1.000	0.000	0.000	1.000	0.000
4	四川	大暴雨	25.0	55	16	3.5	0	1	0	0.000	1.000	0.000	0.000	1.000	0.000
5	甘肃	暴雨	0.094	67	21	0.158	1	0	0	1.000	0.000	0.000	1.000	0.000	0.000
6	广西	大暴雨	0.2	42	6	0.847	1	0	0	1.000	0.000	0.000	1.000	0.000	0.000
7	四川	大暴雨	2.0	307	59	3.5	0	1	0	0.000	1.000	0.000	0.000	1.000	0.000
8	内蒙	大暴雨	1.0	271	51	0.901	1	0	0	1.000	0.000	0.000	1.000	0.000	0.000
9	安徽	特大暴雨	0.4	96	7	1.4	1	0	0	0.986	0.014	0.000	0.985	0.016	0.000
10	湖南	暴雨	0.9	151	17	0.944	1	0	0	1.000	0.000	0.000	1.000	0.000	0.000
11	山东	暴风雨	0.68	42	2	0.075	1	0	0	1.000	0.000	0.000	1.000	0.000	0.000
12	广东	台风暴雨	3.4	262	71	6.8	0	1	0	0.000	1.000	0.000	0.000	1.000	0.000
13	福建	台风暴雨	1.5	216	69	4.1	0	1	0	0.000	1.000	0.000	0.000	1.000	0.000
14	湖南	暴风雨	2.2	319	37	3.3	0	1	0	0.000	1.000	0.000	0.000	1.000	0.000
15	山东	大雨	0.68	421	2	0.075	1	0	0	1.000	0.000	0.000	1.000	0.000	0.000
16	福建	台风	4.1	283	161	8.99	0	1	0	0.000	1.000	0.001	0.000	1.000	0.001
17	广东	特大暴雨	0.19	44	10	1.2	1	0	0	0.995	0.006	0.000	0.994	0.007	0.000
18	四川	大暴雨	0.7	59	7	1.2	1	0	0	0.996	0.005	0.000	0.994	0.006	0.000
19	浙江	台风	4.0	665	65	18	0	0	1	0.000	0.007	0.994	0.000	0.007	0.994
20	江苏	台风	11.5	2200	52	20	0	0	1	0.000	0.000	1.000	0.000	0.000	1.000
21	安徽	台风	3.0	51	2	2	0	1	0	0.001	0.998	0.000	0.002	0.998	0.000
22	四川	暴雨	0.1	11	2	0.55	1	0	0	1.000	0.000	0.000	1.000	0.000	0.000
23	福建	台风	4.8	450	116	10.0	0	1	0	0.000	1.000	0.005	0.000	1.000	0.005
24	河北	暴雨	0.22	156	11	0.25	1	0	0	1.000	0.000	0.000	1.000	0.000	0.000
25	海南	台风	0.12	43	3	0.197	1	0	0	1.000	0.000	0.000	1.000	0.000	0.000
26	海南	大暴雨	0.19	39	6	0.519	1	0	0	1.000	0.000	0.000	1.000	0.000	0.000
27	湖南	大暴雨	34.0	310	1663	28	0	0	1	0.000	0.000	0.999	0.000	0.000	0.999
28	江西	大暴雨	15	600	15	8	0	0	1	0.000	1.000	0.001	0.000	1.000	0.001

（续表）

序号	省份	洪灾类型	倒房数量（万间）	受灾面积（万亩）	伤亡人数（人）	直接经济损失（亿元）	期望输出			网络输出					
										BP－AGA 混合算法			BP 算法		
29	陕西	暴风雨	11	300	606	9	0	1	0	0.000	1.000	0.001	0.000	1.000	0.001
30	广西	暴风雨	9.0	20	207	0.24	1	0	0	1.000	0.000	0.000	1.000	0.000	0.000
31	鲁豫	暴风雨	1.8	530	800	11.0	0	1	0	0.000	0.998	0.057	0.000	0.998	0.062
32	华南	台风	6.8	1489	254	17.2	0	0	1	0.000	0.000	0.999	0.000	0.000	0.999
33	广东	暴风雨	4.19	20	186	0.24	1	0	0	1.000	0.000	0.000	1.000	0.000	0.000

洪水灾情评价问题实际上可等价于一种模式识别问题，而 BP 神经网络模型具有逼近一般非线性映射以及分类的能力，因此这里介绍用基于 BP－AGA 混合算法的 BP 神经网络模型进行洪水灾情评价。

显然可以把洪水灾情评价指标作为 BP 神经网络的输入项，例如倒房数量、受灾面积、伤亡人数和直接经济损失等；而把灾情评价等级作为网络的输出项，例如，对三级洪水灾情等级情况的轻灾、中灾和重灾，可以分别用向量(1　0　0)，(0　1　0) 和(0　0　1) 来表示它们。至于网络隐层的神经元节点数 ni，一般根据问题的复杂性程度、训练样本容量和实际要求由建模者的经验和试验工作确定。笔者认为，ni 的取值可在下列范围内调试

$$\max(nh, nj) \leqslant ni \leqslant 2 \cdot nh + 1 \tag{6.18}$$

式中，nh，nj 分别为网络输入层和输出层的神经元节点数。ni 越大，则网络的拟合精度越高，但网络的概括能力越低，训练的时间也越长。在达到给定拟合精度的条件下，ni 应取尽可能小的值，这相当于使样本点的误差在允许范围条件下用最平滑的函数去逼近实际问题。在例 6.3 中，我们取 ni 值为 9，确定 BP 网络的拓扑结构为 4∶9∶3。

经归一化后的训练样本数据加载到该 BP 神经网络上，分别用 BP－AGA 混合算法与 BP 算法来训练该网络。其中 BP 算法的学习速率取为 0.85，动量因子取为 0.30，ANNAGA 中的编码长度取为 5，父代个体数目取为 70，优秀个体数目取为 10，变异率取为 1.0。对 BP－AGA 混合算法，我们先用 BP 算法训练 10000 次，再用 ANNAGA 加速寻优 3 次，最后用 BP 算法训练 10000 次，网络全局误差为 0.000605，达到收敛要求，训练结束。用训练后的网络回想测试，其结果也见表 6－5，该表同时列出了只用 BP 算法训练 20000 次的相应结果，它的网络全局误差为 0.000751。

由表 6－5 可知，经 BP－AGA 混合算法或 BP 算法训练后的神经网络都能很好地反映训练样本数据输入、输出之间的关系，并且所建立的神经网络也能识别 3 个测试样本。表 6－6 为 BP－AGA 混合算法优化 BP 神经网络参

数的估计值。表6-7为BP－AGA混合算法与BP算法训练网络效率的比较，该表说明，BP－AGA混合算法的收敛速度和寻优效果比BP算法要好些。用BP神经网络进行洪水灾情评价，不仅适用于单项评价指标的灾情评价结果出现不相容的情况，而且随着当地洪灾个例的不断积累而随时更新网络的训练样本，从而可方便地更新神经网络模型，以满足当代洪水灾情评价业务运行系统对评价的自动化、快速更新的要求。

表6-6 BP－AGA混合算法训练洪水灾害灾情评价神经网络的权值和阈值

参数	隐层神经元 i								
	1	2	3	4	5	6	7	8	9
w_{1i}	−0.2180	−2.4239	−1.5676	0.1900	−1.0142	−2.9878	0.2419	−2.2118	−0.4002
w_{2i}	−3.8843	5.8481	1.8686	−1.7489	4.8668	8.3082	−1.1662	4.3615	−4.2115
w_{3i}	−1.3738	2.9367	1.2321	−0.1490	−0.3480	4.6008	0.0864	2.0726	−1.5756
w_{4i}	−0.7990	−32.1503	−11.6605	−3.4505	12.6124	−44.6558	−3.2789	−23.1578	−0.2878
θ_i	0.8056	1.3423	−0.2022	1.3915	−6.4257	2.0695	1.1194	0.7439	0.7983
w_{i1}	−2.4173	12.5316	5.5291	0.2491	−5.8028	18.0063	0.6562	0.9567	−3.4715
w_{i2}	3.3533	−11.6509	−2.9266	3.9180	−17.4152	−19.4848	3.0650	−8.4367	3.6034
w_{i3}	−2.1923	−2.9292	−2.6895	−4.2311	11.0763	−2.6953	−3.7906	−2.8702	−2.1324
$\theta_j = -15.3746 \quad \theta_{j=2} = 7.9561 \quad \theta_{j=3} = -2.3794$									

表6.7 BP－AGA混合算法与BP算法训练评价神经网络的训练效率的比较

训练次数	网络全局误差		训练次数	网络全局误差	
	BP－AGA	BP		BP－AGA	BP
10000	0.001119	0.001524	16000	0.000754	0.000976
13000	0.000925	0.001248	18000	0.000672	0.000849
15000	0.000804	0.001053	20000	0.000605	0.000751

6.4 理想区间法评价模型

为了简便，下面以洪水灾情评价为例，介绍基于加速遗传算法(AGA)的理想区间法(Ideal Interval Method，AGAIIM)的建模及其应用过程[14]。

6.4.1 AGAIIM的建立

设洪水灾情评价标准为$\{([a^*(i,j),b^*(i,j)],i)\mid i=1\sim ni,j=1\sim nj\}$。其中$a^*(i,j)$，$b^*(i,j)$分别为第$i$级灾情第$j$个评价指标变化区间(即理想区间)的下限值和上限值，i为第i级灾情的标准等级值；ni，nj分别为洪水灾情评价标准的等级数目和评价指标数目。建立AGAIIM的过程包括如下四个步骤：

步骤 1:随机生成洪水灾情评价标准样本系列并进行无量纲化处理。利用均匀随机数在各级指标变化区间$[a^*(i,j),b^*(i,j)]$内随机产生 nu 个指标样本值 $x^*(k,j)$,相应的标准等级值 $y(k)=i$;为充分反映评价标准中各指标的边界值的信息,取各指标的边界值各 1 次,对应的标准等级值取与该边界值有关的两个标准等级值的算术平均值,这样就得到了洪水灾情评价标准样本系列$\{x^*(k,j),y(k)\}\mid k=1\sim nk,j=1\sim nj\}$,其中 nk 为样本容量。为消除各指标的量纲,使 AGAIIM 具有一般性,对各指标作如下规范化处理:

$$x(k,j)=x^*(k,j)/x_{\max}(j)\quad(k=1\sim nk,j=1,nj)\tag{6.19}$$

$$a(i,j)=a^*(i,j)/x_{\max}(j)\quad(i=1\sim ni,j=1,nj)\tag{6.20}$$

$$b(i,j)=b^*(i,j)/x_{\max}(j)(i=1\sim ni,j=1,nj)\tag{6.21}$$

式中,$x_{\max}(j)$ 可取洪水灾情评价标准中第 j 个评价指标的最大值,即 $x_{\max}=\max\limits_{i}\{a(i,j),b(i,j)\}$。

步骤 2:计算各标准样本 $x(k,j)$ 与标准等级理想区间$[a(i,j),b(i,j)]$的距离 $D(k,i)$:

$$D(k,i)=\sum_{j=1}^{nj}w(j)d(k,i,j)\tag{6.22}$$

$$d(k,i,j)=\begin{cases}a(i,j)-x(k,j),x(k,j)<a(i,j)\\0,x(k,j)\in[a(i,j),b(i,j)]\\x(k,j)-b(i,j),x(k,j)>b(i,j)\end{cases}\tag{6.23}$$

式中,$w(j)$ 为第 j 个指标的权重,可通过咨询专家用基于层次分析法(Analytic Hierarchy Process)的主观赋权法确定,或根据洪水灾情评价标准样本系列用基于投影寻踪(Projection Pursuit)方法的客观赋权法确定,或取上述主观权重和客观权重的组合;$k=1\sim nk,i=1\sim ni,j=1\sim nj$。

步骤 3:计算各标准样本 $x(k,j)$ 对第 i 标准等级理想区间的相对隶属度值 $r(k,i)$:

$$r(k,i)=e^{-cD(k,i)}/\sum_{i=1}^{ni}e^{-cD(k,i)}\tag{6.24}$$

式中,c 为待定参数,一般为大于 1 的常数,c 取得越大,标准样本 $x(k,j)$ 越倾向于隶属小的 $D(k,i)$ 值所对应的标准等级。为避免应用最大隶属度原则进行判断所可能造成的失真,需利用全部隶属度值信息,使判断结论更符合实际情况,可取洪水灾情相对等级值[15]:

$$h(k) = \sum_{i=1}^{ni} r(k,i)i \tag{6.25}$$

作为标准样本 $x(k,j)$ 所对应洪水灾情的标准等级的计算值。于是可利用标准样本系列，通过求解如下优化问题来优化估计参数 c

$$\min f(c) = \sum_{k=1}^{nk} \mid h(k) - y(k) \mid \tag{6.26}$$

AGA是模拟生物进化过程中优胜劣汰规则与群体染色体信息交换机制的一种通用的全局性优化方法，用它来求解式(6.26)这一优化问题较为简便和有效。

步骤4：进行洪水灾情等级的综合评判。设研究区域各洪水灾情评价指标值为$\{z^*(k,j) \mid k = 1 \sim nz, j = 1 \sim nj\}$，其中 nz 为需评价的洪水灾害数目。把 $x^*(k,j)$ 换为 $z^*(k,j)$，代入式(6.19)，并根据式(6.20)～式(6.25)，即可计算对应于评价样本$\{z^*(k,j) \mid j = 1 \sim nj\}$ 的洪水灾情等级值 $h(k)$，$k = 1 \sim nz$。

6.4.2 AGAIIM的应用实例

例6-4 根据表6.2河南省洪水灾情等级标准，可随机生成洪水灾情评价标准样本系列，如表6.8中序号1～43所示。

表6-8 洪水灾情评价标准的样本系列及其AGAIIM计算值的对比结果

序号	评价指标		灾情等级		序号	评价指标		灾情等级	
	成灾面积/hm²	直接经济损失/亿元	标准值	AGAIIM/计算值		成灾面积/hm²	直接经济损失/亿元	标准值	AGAIIM/计算值
1	36.057	7.335	1.000	1.411	23	148.107	35.202	3.000	2.632
2	35.845	7.292	1.000	1.409	24	228.445	64.794	3.000	3.045
3	27.226	5.539	1.000	1.329	25	282.708	84.782	3.000	3.492
4	16.734	3.404	1.000	1.244	26	211.041	58.384	3.000	3.001
5	32.963	6.706	1.000	1.381	27	245.441	71.055	3.000	3.118
6	33.181	6.750	1.000	1.383	28	277.460	82.849	3.000	3.424
7	20.321	4.134	1.000	1.272	29	207.529	57.090	3.000	2.994
8	38.363	7.804	1.000	1.433	30	234.717	67.105	3.000	3.067
9	18.852	3.835	1.000	1.260	31	225.666	63.771	3.000	3.037
10	27.294	5.552	1.000	1.330	32	160.120	39.627	3.000	2.765
11	46.700	9.500	1.500	1.517	33	283.300	85.000	3.500	3.500
12	121.868	27.457	2.000	2.313	34	548.682	164.624	4.000	4.000
13	85.649	18.804	2.000	1.941	35	597.599	179.301	4.000	4.000
14	134.760	30.537	2.000	2.461	36	363.700	109.123	4.000	3.978

（续表）

序号	评价指标		灾情等级		序号	评价指标		灾情等级	
	成灾面积/hm^2	直接经济损失/亿元	标准值	AGAIIM/计算值		成灾面积/hm^2	直接经济损失/亿元	标准值	AGAIIM/计算值
15	107.704	24.073	2.000	2.159	37	463.661	139.115	4.000	4.000
16	59.367	12.526	2.000	1.663	38	379.850	113.968	4.000	3.989
17	90.164	19.883	2.000	1.985	39	288.500	86.560	4.000	3.560
18	104.866	23.395	2.000	2.130	40	462.122	138.653	4.000	4.000
19	97.366	21.603	2.000	2.055	41	300.085	90.036	4.000	3.687
20	72.627	15.694	2.000	1.809	42	457.799	137.356	4.000	4.000
21	112.082	25.119	2.000	2.205	43	496.203	148.878	4.000	4.000
22	136.700	31.000	2.500	2.484					

把表 6-8 中 43 个指标值$\{x^*(k,j) \mid k=1\sim 43, j=1\sim 2\}$根据式(6.19) 转换成无量纲化序列$\{x(k,j) \mid k=1\sim 43, j=1\sim 2\}$，表 6-2 各理想区间用式(6.20) 和式(6.21) 进行无量纲化处理，取各指标权重均为 1/2，再根据式(6.22) ～ 式(6.25)，即可计算相应的洪水灾情评价标准等级值 $h(k)$，$k=1\sim 43$，并与$\{y(k) \mid k=1\sim 43\}$一起代入式(6.26)，用 AGA 求解式(6.26) 的优化问题，得参数 c 的优化估计值为 39.884，对应的最小目标函数值 $f(c)=7.993$。表 6-9 给出了在 c 取 39.884 时该样本系列标准等级值与 AGAIIM 计算等级值之间的误差分析结果，并与其他方法的相应结果进行了比较。表 6-8 和表 6-9 说明，AGAIIM 所描述的河南省各洪水灾情评价指标与洪水灾情等级间的非线性关系令人满意。

表 6-9 洪水灾情评价标准等级值与各评价方法计算等级值之间的误差分析结果

评价方法	误差绝对值(级) 落在下列区间的百分比(%)						平均绝对误差(级)	平均相对误差(%)
	[0, 0.1]	[0, 0.2]	[0, 0.3]	[0, 0.4]	[0, 0.5]	[0, 0.6]		
投影寻踪模型[5]	34.78	43.48	60.87	82.61	95.65	100.00	0.22	13.31
逻辑斯蒂曲线[1]	3 9.13	47.83	60.87	78.26	95.65	100.00	0.21	12.21
AGAIIM	44.19	53.49	65.12	83.72	100.00	100.00	0.19	12.16

用 AGAIIM 对文献[11] 中河南省 1950 ～ 1990 年 41 年中实际发生的 9 次大的洪水灾害损失资料进行灾情等级评估，其结果参见表 6-10。表 6-10 中同时给出了其他方法的相应评价结果。表 6-11 给出了 9 次洪水灾害样本与表 6-2 各理想区间的距离 $D(k,i)$，以及各次洪水灾害样本 $x(k,j)$ 对各标准等级的隶属度值 $r(k,i)$。

表 6-10　用各种方法综合评价 9 次大洪水灾情等级的结果

洪水灾害发生年份	评价指标		各评价方法的灾情等级计算值		
	成灾面积 /hm^2	直接经济损失 / 亿元	投影寻踪模型[5]	逻辑斯蒂曲线[1]	AGAIIM
1950	72.92	9.900	1.574	1.704	1.693
1954	148.13	20.656	2.156	2.527	2.326
1956	203.92	27.521	2.559	3.046	2.778
1957	179.10	24.858	2.389	2.831	2.605
1963	375.46	94.927	3.726	3.830	3.950
1964	301.24	47.836	3.233	3.619	3.068
1975	141.97	116.439	3.368	2.553	3.286
1982	279.84	121.127	3.699	3.559	3.940
1984	172.06	51.619	2.750	2.789	2.922

表 6-11　洪水灾情评价样本与各标准等级理想区间的距离值和隶属度值

洪水灾害发生年份	各次样本与各标准等级理想区间的距离值				各次样本对各标准等级理想区间的隶属度值			
	1 级	2 级	3 级	4 级	1 级	2 级	3 级	4 级
1950	0.016	0.000	0.079	0.271	0.334	0.638	0.027	0.000
1954	0.082	0.007	0.020	0.206	0.031	0.612	0.357	0.000
1956	0.128	0.040	0.007	0.159	0.006	0.212	0.780	0.002
1957	0.108	0.025	0.012	0.179	0.013	0.369	0.617	0.001
1963	0.361	0.266	0.074	0.000	0.000	0.000	0.050	0.950
1964	0.225	0.130	0.011	0.073	0.000	0.008	0.916	0.076
1975	0.266	0.171	0.062	0.083	0.000	0.009	0.696	0.295
1982	0.356	0.261	0.071	0.002	0.000	0.000	0.060	0.940
1984	0.156	0.061	0.000	0.131	0.002	0.079	0.914	0.005

表 6-9 至表 6-11 说明：

(1)AGAIIM 的评价结果与其他评价方法的评价结果基本一致。

(2) 对照表 6-2 的洪水灾情评价标准，AGAIIM 的评价结果较其他评价方法更为合理、精确。例如，1956 年的成灾面积为 203.92hm^2，直接经济损失为 27.521 亿元，分别落在第 3 等级和第 2 等级区间内，前者处于区间中间，后者接近第 2 等级与第 3 等级的边界值，因此 AGAIIM 判断 1956 年样本对第 2 等级和第 3 等级的隶属度值分别为 0.212 和 0.780，判断该年的灾情等级为 2.778 是合理的，而投影寻踪模型[5] 和逻辑斯蒂曲线[1] 判断该年的灾情等级分别为 2.559 和 3.046。又如，1975 的成灾面积为 141.97hm^2，直接经济损失为116.439亿元，分别落在第3等级和第4等级区间内，前者接近第2等级与第3等级的边界值，后者接近第3等级与第4等级的边界值，因此AGAIIM判断1975年样本对第3等级和第4等级的隶属度值分别为0.696和0.295，判断该年的灾情等级为3.286是合理的。

(3)AGAIIM的评价结果说明，这9次洪水灾害按照灾情等级从大到小的顺序依次为1963年、1982年、1975年、1964年、1984年、1956年、1957年、1954年和1950年洪水灾害。

(4)AGAIIM属于非函数模式类的评价方法，其评价过程直接由洪水灾情评价标准样本数据驱动，克服了函数模式类评价方法如何合理构造评价指标集与评价等级之间函数关系的困难。AGAIIM的评价结果是实数值，精度高，方法直观、简便、具有通用性，可用于具有评价标准或具有已知评价指标值及其等级值的历史洪水灾害样本系列的系统评价中。

6.5 Shepard 相似评价模型

不失一般性，下面以水质综合评价问题为例，说明基于遗传算法的Shepard相似评价模型的原理及其应用[16]。

6.5.1 Shepard 相似评价模型的建立

水质综合评价就是根据各水质指标值，对某水体的水质等级进行综合评判，为水体的科学管理和污染防治提供决策依据，在地区可持续发展中具有重要意义。由于实际水体各单项水质指标的评价结果常常是不相容的，直接利用水质评价标准表进行水体质量等级评判缺乏实用性。因此，相继提出了灰色聚类法、模糊综合评价法、神经网络方法、投影寻踪、逻辑斯蒂曲线等多种综合评价模型。这些模型大多需确定水质指标与水质等级之间复杂的数学关系式，而且这些关系式需随研究地区水质评价内容的不同而需作相应的改变，不便于推广应用。

水质综合评价实际工作则常常是把研究水体各水质指标值与相应的水质评价标准表或其他水体的水质指标样本系列逐个进行相似比较而进行的。根据水质评价标准表可以随机生成实用上足够完备的样本系列，对研究水体的水质综合评价过程，实质上就是根据该样本系列，内插出对应于研究水体水质指标值的水质等级值。基于这一思路，这里介绍用Shepard插值方法[17]进行水质综合评价的新模型(简称SP模型)。

设根据水质评价标准表产生的某次水样的标准水质等级及其水质指标分别为 $y(i)$ 及 $\{x^*(i,j) \mid j=1\sim m\}$，$i=1\sim n$。其中，$n,m$ 分别为样本容量和水质指标数目。污染越严重，水质等级就越高，最低水质等级设为 1、最高水质等级设为 N。为消除各水质指标的量纲效应，使建模具有一般性，对水质指标进行标准化处理

$$x(i,j)=[x^*(i,j)-\bar{x}(j)]/S_x(j) \tag{6.27}$$

式中，$\bar{x}(j)$，$S_x(j)$ 分别为原第 j 个水质指标 $\{x^*(i,j) \mid i=1\sim n\}$ 的均值和标准差。Shepard 插值的基本思想是[17]，当得到研究水体的水质指标值 $\{x(n+1,j) \mid j=1\sim m\}$ 后，利用上述 n 个样本来内插研究水体的水质等级 $yc(n+1)$，使下式

$$E=\sum_{i=1}^{n} w_i[yc(n+1)-y(i)]^2 \tag{6.28}$$

达到最小。式(6.28) 中：

$$\begin{cases} w_i = d_i^{-b} \\ d_i = \left\{ \sum_{j=1}^{m} [x(i,j)-x(n+1,j)]^2 \right\}^{0.5} \end{cases} \tag{6.29}$$

式中，d_i 为第 i 个样本的水质指标与研究水体水质指标之间的距离；w_i 为权重，表示第 i 个样本对内插研究水体的水质等级 $yc(n+1)$ 的贡献大小；b 为待定参数，一般为大于 1 的常数，b 取得越大，则在点 $\{x(n+1,j) \mid j=1\sim m\}$ 附近的拟合曲面将变得越平坦，而使远离点 $\{x(n+1,j) \mid j=1\sim m\}$ 处的拟合曲面将变得越陡峻。对式(6.28) 求导数并令其为 0，可解得式(6.28) 的最小值为：

$$yc(n+1)=\sum_{i=1}^{n} w_i y(i) \Big/ \sum_{i=1}^{n} w_i \tag{6.30}$$

这就是所求的对应点 $\{x(n+1,j) \mid j=1\sim m\}$ 的水质等级值。建立 SP 模型的步骤可归纳为如下三个步骤：

步骤 1：根据水质评价标准表随机生成水质等级样本系列 $x(i,j)$ 及 $y(i)$，$i=1\sim n$，$j=1\sim m$。

步骤 2：根据样本系列对参数 b 进行优化估计。在样本系列中任取某样本 i，由其他 $n-1$ 个样本进行 Shepard 插值，得到相应于水质等级 $y(i)$ 的插值，记为 $yc(i)$。可通过求解如下优化问题来优化估计参数 b：

$$\min f(b)=\sum_{i=1}^{n} | yc(i)-y(i) | \tag{6.31}$$

$$\text{s.t.} \quad 1 \leqslant b \leqslant 5 \tag{6.32}$$

式(6.32)的区间是根据笔者的经验确定的。这是一个一维非线性优化问题,模拟生物进化过程中优胜劣汰规则与群体内部染色体信息交换机制的加速遗传算法(AGA)是一种通用的全局性优化方法,用它来求解该问题显得十分简便和有效。

步骤3:进行水质综合评价。当得到研究水体各水质指标值$\{x(n+1,j) \mid j=1\sim m\}$后,与样本系列一起代入式(6.29)、式(6.30),即可由n个样本内插出研究水体的水质等级$yc(n+1)$,作为该次水质综合评价的结果。

6.5.2 应用实例

例6.5 现以湖泊水质富营养化综合评价为例[18],进一步说明应用SP模型的过程。湖泊水质评价标准见表6-12。

表6-12 湖泊水质评价标准

水质指标	水质等级				
	极贫营养 1	贫营养 2	中营养 3	富营养 4	极富营养 5
总磷/(μg/l)	<1	4	23	110	660
耗氧量/(mg/l)	<0.09	0.36	1.80	7.10	27.10
透明度/m	>37	12	2.4	0.55	0.17
总氮/(mg/l)	<0.02	0.06	0.31	1.20	4.60

根据表6-12,可用如下方法随机生成标准水质等级样本系列:①5个水质等级值“极贫营养”、“贫营养”、“中营养”、“富营养”和“极富营养”分别对应水质等级值1,2,3,4和5;②对极贫营养水质等级:总磷变化区间为[0,1],耗氧量变化区间为[0,0.09],总氮变化区间为[0,0.02],经验取极贫营养等级透明度的右端点值为左端点值的2倍,得透明度变化区间为(37,74),这样所有水质指标都有一个变化区间;③对贫营养水质等级:总磷变化区间为[1,4],耗氧量变化区间为[0.09,0.36],透明度变化区间为(12,37),总氮变化区间为[0.02,0.06],同理可得其余水质等级各水质指标的相应变化区间;④利用均匀随机数在各水质等级每个水质指标变化区间内随机产生10个水质指标值;⑤为充分反映水质评价标准表中各指标的边界值的意义,取各指标的边界值各两次,水质等级值取与该边界值有关的两个水质等级值的算术平均值。这样就得到了由58个样本点组成的样本系列,如表6-13中序号1～58所示。

表 6-13　湖泊水质等级的标准值和 SP 模型的计算值的对比结果

序号	水质指标				标准值	SP 模型计算值	序号	水质指标				标准值	SP 模型计算值
	总磷/(μg/l)	耗氧量/(mg/l)	透明度/m	总氮/(mg/l)				总磷/(μg/l)	耗氧量/(mg/l)	透明度/m	总氮/(mg/l)		
1	0.658	0.059	50.857	0.001	1.000	1.000	30	12.631	0.479	4.738	0.257	3.000	3.006
2	0.559	0.051	42.650	0.015	1.000	1.000	31	7.879	1.129	4.840	0.249	3.000	3.011
3	0.106	0.034	67.902	0.009	1.000	1.001	32	14.074	1.405	3.723	0.140	3.000	3.001
4	0.978	0.061	42.207	0.010	1.000	1.000	33	21.122	1.442	3.487	0.142	3.000	3.002
5	0.646	0.051	47.659	0.015	1.000	1.000	34	9.431	0.655	11.033	0.091	3.000	2.443
6	0.078	0.056	73.851	0.010	1.000	1.001	35	23.000	1.800	2.400	0.310	3.500	3.500
7	0.742	0.086	54.876	0.013	1.000	1.000	36	23.000	1.800	2.400	0.310	3.500	3.500
8	0.607	0.014	54.330	0.011	1.000	1.000	37	36.301	2.753	1.872	0.802	4.000	3.998
9	0.142	0.029	43.305	0.000	1.000	1.000	38	63.988	3.232	1.064	1.159	4.000	3.998
10	0.316	0.003	48.395	0.008	1.000	1.000	39	84.708	4.817	2.045	0.465	4.000	3.939
11	1.000	0.090	37.000	0.020	1.500	1.500	40	95.742	5.358	0.594	0.805	4.000	4.036
12	1.000	0.090	37.000	0.020	1.500	1.500	41	50.872	5.349	0.816	1.151	4.000	4.043
13	2.790	0.195	14.496	0.040	2.000	2.000	42	34.379	2.639	2.191	0.917	4.000	3.999
14	3.862	0.356	18.619	0.049	2.000	2.000	43	87.044	3.024	1.423	0.856	4.000	3.994
15	3.569	0.338	12.537	0.055	2.000	2.499	44	32.149	4.351	1.692	0.382	4.000	3.547
16	1.816	0.300	14.218	0.034	2.000	2.000	45	84.474	1.817	1.552	1.138	4.000	3.994
17	3.011	0.268	29.132	0.057	2.000	1.984	46	67.301	3.868	2.334	0.758	4.000	3.989
18	1.060	0.132	25.247	0.059	2.000	2.001	47	110.000	7.100	0.550	1.200	4.500	4.500
19	3.368	0.187	33.033	0.034	2.000	1.673	48	110.000	7.100	0.550	1.200	4.500	4.500
20	3.842	0.324	20.456	0.036	2.000	2.001	49	649.959	21.826	0.210	3.396	5.000	4.910
21	3.889	0.299	17.987	0.058	2.000	2.000	50	161.122	19.802	0.428	3.580	5.000	4.926
22	3.414	0.270	18.595	0.033	2.000	2.000	51	281.367	10.708	0.515	2.934	5.000	4.970
23	4.000	0.360	12.000	0.060	2.500	2.500	52	443.507	26.418	0.364	2.626	5.000	4.994
24	4.000	0.360	12.000	0.060	2.500	2.500	53	355.354	8.808	0.438	2.126	5.000	4.831
25	21.883	1.292	8.447	0.165	3.000	2.993	54	549.721	9.753	0.250	2.602	5.000	4.834
26	10.488	0.797	2.943	0.196	3.000	3.016	55	184.419	11.128	0.263	3.523	5.000	4.985
27	13.009	1.414	9.719	0.197	3.000	2.982	56	342.262	24.807	0.370	2.658	5.000	4.992
28	9.853	1.116	6.878	0.255	3.000	3.002	57	181.062	12.666	0.274	2.875	5.000	4.975
29	9.925	1.479	6.117	0.079	3.000	2.998	58	233.632	26.579	0.250	1.943	5.000	4.934

把表 6-13 中 58 个水质指标值$\{x^*(i,j) \mid j=1\sim 4, i=1\sim 58\}$根据式(6.27)转换成标准化序列$\{x(i,j) \mid j=1\sim 4, i=1\sim 58\}$，并与$\{y(i) \mid i=1\sim 58\}$一起构成样本系列，用 AGA 求解式(6.31)和式(6.32)组成的优化问题，得参数 b 的优化估计值为 5.000，对应的最小目标函数值 $f(b)=2.739$。再根据式(6.29)和式(6.30)，即可得到该样本系列各水质等级的内插值，见表 6-13 中"SP 模型计算值"一栏。表 6-14 给出了该样本系列水质等级标准值与 SP 模型计算值之间的误差分析结果。表 6-13 和表 6-14 说明，SP 模型可以描述各水质指标与水质等级间的非线性关系。于是，我们可用 SP 模型和文献[18]表 1 中 5 个湖泊的水质指标实测数据，对各湖泊水质富营养化等级进行评价，其结果参见表 6-15。表 6-15 中同时给出了文献[19]和文献[18]的评价结果。

表 6-14 湖泊水质等级的标准值与 SP 模型计算值间的误差分析结果

误差绝对值(级)落在下列区间的百分比(%)						平均绝对误差(级)	平均相对误差(%)
[0,0.1]	[0,0.2]	[0,0.3]	[0,0.4]	[0,0.5]	[0, 0.6]		
89.66	93.10	93.10	94.83	98.28	100.00	0.047	1.58

表 6-15 用 SP 模型评价五大湖泊水环境质量等级

水体	水质指标				水质综合评价模型的计算值		
	总磷/(μg/l)	耗氧量/(mg/l)	透明度/m	总氮/(mg/l)	神经网络模型[18]	LOG模型[19]	SP 模型
杭州西湖	130	10.30	0.35	2.76	5	4.92	4.860
武汉东湖	105	10.70	0.40	2.00	4	4.80	4.546
青海湖	20	1.40	4.50	0.22	3	3.09	3.028
巢湖	30	6.26	0.25	1.67	4	4.59	4.058
滇池	20	10.13	0.50	0.23	4	3.67	3.638

对照表6-12的评价标准,SP模型的评价结果较类似文献[18]的评价方法更为合理、精确。例如,西湖与东湖各水质指标值十分相近,东湖的总磷指标值已接近5级(极富营养)水质标准的下限值,其余指标值都在5级水质区间内但与5级的下限值相近,SP模型对这两湖泊的评价分别为水质4.860级和4.546级,西湖的水质比东湖的要差些;而文献[18]的模糊神经网络方法则认为这两湖泊分别属5级和4级,模糊综合评价方法和模糊灰色评价方法则认为这两湖泊均属4级[18]。又例如巢湖和滇池,总磷指标值分别落在4级和3级水质区间内,耗氧量指标分别落在4级和5级区间内且都与4级的上限值相近,透明度指标值都落在5级水质区间内,但巢湖接近5级上限值而滇池接近4级上限值,总氮指标值分别落在5级和3级水质区间内,文献[18]给出的6种方法认为这两湖泊均为4级;而SP模型评价该两湖泊的水质分别为4.058级和3.638级,巢湖的水质比滇池的水质要差些。青海湖各水质指标值都落在3级水质区间内,且均与3级水质的上限值相近,因此SP模型评价该湖泊为3.028级是合理的。

用SP模型进行水质综合评价属于非函数模式类的评价方法,其评价过程直接由样本系列驱动,方法直观、简便,可在具有评价标准表或具有评价样本系列的其他系统综合评价中推广应用。

6.6 属性识别综合评价方法

不失一般性,下面以环境质量评价问题为例,介绍属性识别综合评价方法模型的原理及其应用[20]。

6.6.1 属性识别模型

环境质量评价是环境科学研究中的重要课题之一，而大气环境质量评价又是环境质量评价的一个重要方面。目前国内外对大气环境质量进行综合评价的方法已有很多，如层次分析法，污染贡献率法，模糊综合评判法，灰色关联度法和物元分析法等[21-26]，它们各有特点，也各有不足之处。层次分析法中指标权重多由专家判断给定而带有主观经验性，采用模糊数学或灰色系统方法作综合评价时，需要设计各指标对各评价等级的隶属度函数或白化函数，这些函数的设计形式往往因人而异，缺乏客观标准。同时以上各模型的评价结果一般都是离散、半定量化值，因而不能准确反映大气环境质量评价值的连续实值性，也就无法给出属于同一等级的不同大气样本对应指标值的差异性，所以这些评价结果较难客观地反映大气环境质量的真实属性，给环境监测管理部门的工作带来较大不便。

大气环境质量综合评价的核心问题就是如何科学、客观地从高维空间到低维空间的映射，并要求这种映射能尽可能反映评价对象样本在原高维空间中的分类信息和排序信息[27]。20 世纪末，中国数学家程乾生教授提出了属性集理论和属性测度的概念，并创立了属性数学这一数学分支[28-20]。属性识别理论在有序分割类和属性识别准则的基础上，能对事物进行有效识别和比较分析，较好地克服了其他识别方法如模糊识别理论的某些不足[29]，在大气环境及水土资源系统的预测、评价、决策等问题中都得到了成功应用[30-35]。然而在实际应用属性识别模型进行综合评价过程中，对评价指标权重的确定均有欠妥之处，笔者根据近年兴起的数据挖掘原理与方法，提出基于数据驱动的改进属性识别模型，并应用于某大气环境质量综合评价的实例，取得较为满意的效果。

设 X 为研究对象的全体，称为对象空间。F 为 X 中元素的某类属性，称为属性空间或最大属性集[30]。如令 $X = \{$所有大气样本$\}$，则 X 中的元素 x 表示某时刻、某地点的大气样本，又令 $F = \{$大气污染程度$\}$，则属性空间 F 中的任何一种情况都是一个属性集。

在研究对象空间 X 取 n 个样本 x_i，$i = 1,2,\cdots,n$，每个样本需测量 m 个指标 I_j，$j = 1,2,\cdots,m$，则以 x_{ij} 表示第 i 个样本的第 j 个指标的测量值。设 $C_k(k = 1,2,\cdots,K)$ 为 F 的一个有序分割类，且满足 $C_1 > C_2 > \cdots C_K$。若每个指标的分类标准已知，则可用如下分类标准矩阵表示：

$$
\begin{array}{c|cccc|}
 & C_1 & C_2 & \cdots & C_k \\
I_1 & a_{11} & a_{12} & \cdots & C_{1k} \\
I_2 & a_{21} & a_{22} & \cdots & C_{2k} \\
\vdots & \vdots & \vdots & \vdots & \vdots \\
I_m & a_{m1} & a_{m2} & \cdots & C_{mk}
\end{array}.
$$

其中 a_{jk} 满足 $a_{j1} < a_{j2} < \cdots < a_{jK}$ 或者 $a_{j1} > a_{j2} > \cdots > a_{jK}$。

6.6.2 样本属性测度的计算

利用属性识别模型进行综合评价的关键是计算每个样本的属性测度，即求 x_{ij} 具有属性 C_k 的程度 $\mu_{ijk} = \mu(x_{ij} \in C_k)$。为方便不妨假定 $a_{j1} < a_{j2} < \cdots < a_{jK}$，文献[30] 定义单样本线性属性函数如图 6－3 所示，

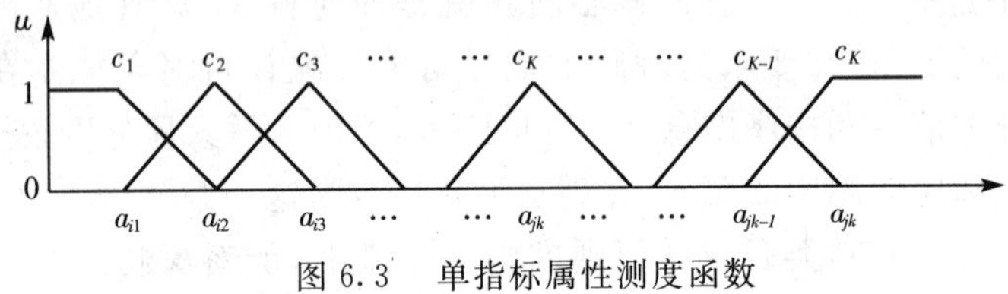

图 6.3 单指标属性测度函数

即：

当 $x_{ij} \leqslant a_{j1}$ 时，取 $\mu_{ij1} = 1, \mu_{ij2} = \mu_{ij3} = \cdots = \mu_{ijK} = 0$。

当 $x_{ij} \geqslant a_{jK}$ 时，取 $\mu_{ijK} = 1, \mu_{ij1} = \mu_{ij2} = \cdots = \mu_{ijK-1} = 0$。

当 $a_{jl} \leqslant x_{ij} \leqslant a_{jl+1}$ 时，则取 $\mu_{ijl} = \dfrac{|x_{ij} - a_{jl+1}|}{|a_{jl} - a_{jl+1}|}, \mu_{ijl+1} = \dfrac{|x_{ij} - a_{jl}|}{|a_{jl} - a_{jl+1}|}$，

其他 $\mu_{ijk} = 0$，

获得样本 i 的所有 m 个单指标测量值的属性测度后，一般通过各指标权重 $(w_1, w_2, \cdots, w_m)$，$w_j \geqslant 0$，$\sum_{j=1}^{m} w_j = 1$，按式(6.33)计算该样本的综合测度值，

$$
\mu_{ik} = \mu(x_i \in C_k) = \sum_{i=1}^{n} w_j \mu_{ijk}, 1 \leqslant i \leqslant n, 1 \leqslant k \leqslant K。 \quad (6.33)
$$

在应用属性识别模型进行综合评价时，指标权重 $(w_1, w_2, \cdots, w_m)$ 的确定方法一般有专家评分法[29]，污染贡献率法[24,31]（即动态权重法）以及等权重假设检验法[32,33] 等。专家评分法对专家主观知识经验依赖性较强，在评价

指标较多时实现起来较为困难，且对指标评价标准信息提取不多。污染贡献率法直接利用样本的测量数据确定权重，致使不同样本各指标权重也各异，因而所计算出的各样本指标综合测度可比性不高。等权重假设检验法的做法是，当对各评价指标重要性分辨不清时，先假定各测量指标等权重，即 $w_j = 1/m(j=1,2,\cdots,m)$，然后按式(6.33) 求出各样本综合评价测度向量，并用它与前述单指标向量的内积按式(6.34) 计算新的指标权重

$$w'_j = r_j / \sum_{j=1}^{n} r_j, \tag{6.34}$$

式中，$r_j = \frac{1}{4}\sum_{i=1}^{n}\sum_{k=1}^{k}\mu_{ik}\mu_{ijk}$ 称之为相似系数。已有文献对权重重新修正与否并没有给出确切判断标准，只检验 w'_j 与 w_j 的差别，若相差不太大则确定指标权重为 w'_j。笔者认为有失客观。指标的客观权重的大小应该由分类标准矩阵和样本测度矩阵确定，而与权重的初始假定值无关。因此初始权重值 w_j^0 可以任意给定，只需满足 $w_j^0 \geqslant 0$，$\sum_{j=1}^{m} w_j^0 = 1$，将其代入式(6.33) 和式(6.34)，计算出新的权重，如此通过有限次的迭代直至前后两次计算的权重差别满足设定的精度要求 ε_s，即

$$\varepsilon = \{\sum_{j=1}^{m}(w_j^{t+1} - w'_j)^2\}^{0.5} \leqslant \varepsilon_s \tag{6.35}$$

同时，基于数据驱动的思想，从分类标准矩阵均匀随机地抽取若干组样本代入上述过程，藉此可在一定程度上改进计算权重值的科学合理性，详细过程见应用实例。

6.6.3 识别与比较分析

获得了综合属性测度就可进行样本识别以及比较分析。按照置信度准则，对置信度 λ，如果

$$k_i = \min\{k: \sum_{l=1}^{k}\mu_{xi}(C_l) \geqslant \lambda, 1 \leqslant k \leqslant K\} \tag{6.36}$$

则认为 x_i 属于 C_{ki} 类。

按照评分准则如式(6.37)，计算样本 i 的得分

$$q_{x_i} = \sum_{l=1}^{k} n_l \mu_{x_i}(C_l), \tag{6.37}$$

则可根据 q_{xi} 的大小对 x_i 进行比较和排序。

6.6.4 应用实例

例 6.6 现以 GB3095－1996《大气环境质量标准》为评价标准，用改进属性识别模型对文献[31]提供的武汉市大气环境监测结果进行综合评价。据原文献选取 SO_2、NO_2 和 TSP 为 3 个评价指标，把大气环境质量（即污染程度）分为 4 级或 4 类：C_1 = {Ⅰ | 清洁}，C_2 = {Ⅱ | 污染}，C_3 = {Ⅲ 重污染}，C_4 = {Ⅳ 严重污染}，则分类标准矩阵为：

$$\begin{array}{c} \\ SO_2 \\ NO_2 \\ TSP \end{array}\begin{array}{c} \begin{array}{cccc} C_1 & C_2 & C_3 & C_4 \end{array} \\ \left|\begin{array}{cccc} 0.05 & 0.15 & 0.25 & 0.85 \\ 0.05 & 0.10 & 0.15 & 0.50 \\ 0.12 & 0.30 & 0.50 & 1.70 \end{array}\right| \end{array}.$$

对武汉市市区 8 个测点进行大气监测，得到测量数据矩阵有：

$$\begin{array}{c} \\ SO_2 \\ NO_2 \\ TSP \end{array}\begin{array}{c} \begin{array}{cccccccc} \text{测点1} & \text{测点2} & \text{测点3} & \text{测点4} & \text{测点5} & \text{测点6} & \text{测点7} & \text{测点8} \end{array} \\ \left|\begin{array}{cccccccc} 0.075 & 0.107 & 0.166 & 0.063 & 0.037 & 0.061 & 0.032 & 0.012 \\ 0.046 & 0.124 & 0.105 & 0.059 & 0.026 & 0.040 & 0.027 & 0.021 \\ 0.362 & 0.661 & 0.537 & 0.392 & 0.194 & 0.420 & 0.314 & 0.171 \end{array}\right| \end{array}.$$

借助数据挖掘技术，由大气环境质量标准随机抽样产生样本序列 $\{x'_{ij} \mid j = 1 \sim 3, i = 1 \sim 40\}$，即在各级等级取值范围内随机产生 10 个实测大气样本，与上述 8 个测点值一起组成样本系列进行属性识别模型综合评价，迭代停止误差取 10^{-6}，迭代计算 17 次得指标权重向量为 $w = (0.347, 0.337, 0.316)$，取置信度 $\lambda = 0.65$，由式(6.35)置信度准则判别各样本级别。应用评分准则取 $n_l = 5 - l$, $1 \leqslant l \leqslant 4$，按式(6.36)计算各样本分数，结果见表 6－16。

表 6－16 大气环境质量样本和属性识别模型综合评价值

样本序列	SO_2 (mg/m³)	NO_2 (mg/m³)	TSP (mg/m³)	属性综合测度分布矩阵 μ_{ik}				级别排序值 q_{xi}	样本综合评价级(类)别		
				C_1	C_2	C_3	C_4		经验等级	属性识别	绝对误差
1	0.033	0.033	0.045	1.000	0.000	0.000	0.000	4.000	1	1	0
2	0.002	0.028	0.068	1.000	0.000	0.000	0.000	4.000	1	1	0
3	0.008	0.037	0.013	1.000	0.000	0.000	0.000	4.000	1	1	0
4	0.019	0.042	0.052	1.000	0.000	0.000	0.000	4.000	1	1	0
5	0.049	0.034	0.017	1.000	0.000	0.000	0.000	4.000	1	1	0
6	0.024	0.032	0.068	1.000	0.000	0.000	0.000	4.000	1	1	0
7	0.014	0.036	0.009	1.000	0.000	0.000	0.000	4.000	1	1	0
8	0.031	0.050	0.061	1.000	0.000	0.000	0.000	4.000	1	1	0
9	0.037	0.048	0.058	1.000	0.000	0.000	0.000	4.000	1	1	0

（续表）

样本序列	SO_2 (mg/m³)	NO_2 (mg/m₃)	TSP (mg/m₃)	属性综合测度分布矩阵 μ_{ik}				级别排序值 q_{xi}	样本综合评价级（类）别		
				C_1	C_2	C_3	C_4		经验等级	属性识别	绝对误差
10	0.033	0.030	0.019	1.000	0.000	0.000	0.000	4.000	1	1	0
11	0.097	0.078	0.146	0.608	0.392	0.000	0.000	3.608	2	2	0
12	0.082	0.059	0.122	0.170	0.830	0.000	0.000	3.830	2	2	0
13	0.082	0.051	0.175	0.782	0.218	0.000	0.000	3.782	2	1	1
14	0.088	0.080	0.190	0.547	0.453	0.000	0.000	3.547	2	2	0
15	0.060	0.075	0.292	0.493	0.507	0.000	0.000	3.493	2	2	0
16	0.149	0.063	0.250	0.340	0.660	0.000	0.000	3.340	2	2	0
17	0.136	0.096	0.124	0.391	0.609	0.000	0.000	3.391	2	2	0
18	0.139	0.064	0.260	0.354	0.646	0.000	0.000	3.354	2	2	0
19	0.059	0.067	0.241	0.641	0.359	0.000	0.000	3.641	2	2	0
20	0.116	0.084	0.286	0.248	0.752	0.000	0.000	3.248	2	2	0
21	0.152	0.108	0.406	0.000	0.771	0.229	0.000	2.771	3	2	1
22	0.248	0.139	0.372	0.000	0.283	0.717	0.000	2.283	3	3	0
23	0.234	0.118	0.489	0.000	0.287	0.713	0.000	2.287	3	3	0
24	0.237	0.117	0.379	0.000	0.461	0.539	0.000	2.461	3	3	0
25	0.246	0.139	0.348	0.000	0.333	0.667	0.000	2.333	3	3	0
26	0.244	0.140	0.434	0.000	0.193	0.807	0.000	2.193	3	3	0
27	0.176	0.117	0.488	0.000	0.496	0.504	0.000	2.496	3	3	0
28	0.215	0.131	0.384	0.000	0.432	0.568	0.000	2.432	3	3	0
29	0.184	0.115	0.311	0.000	0.763	0.237	0.000	2.763	3	2	1
30	0.204	0.124	0.446	0.000	0.419	0.581	0.000	2.419	3	3	0
31	0.631	0.315	0.654	0.000	0.000	0.455	0.545	1.455	4	4	0
32	0.512	0.290	0.890	0.000	0.000	0.413	0.587	1.413	4	4	0
33	0.406	0.383	0.694	0.000	0.000	0.508	0.492	1.508	4	4	0
34	0.289	0.286	0.541	0.000	0.000	0.795	0.205	1.795	4	3	1
35	0.372	0.386	0.602	0.000	0.000	0.587	0.413	1.587	4	4	0
36	0.517	0.226	0.877	0.000	0.000	0.489	0.511	1.489	4	4	0
37	0.515	0.368	0.569	0.000	0.000	0.530	0.470	1.530	4	4	0
38	0.410	0.420	0.876	0.000	0.000	0.347	0.653	1.347	4	4	0
39	0.307	0.249	0.643	0.000	0.000	0.759	0.241	1.759	4	3	1
40	0.352	0.420	0.563	0.000	0.000	0.589	0.411	1.589	4	4	0
测点1	0.075	0.046	0.362	0.593	0.308	0.100	0.000	3.493		2	
测点2	0.107	0.124	0.661	0.148	0.370	0.378	0.103	2.564		3	
测点3	0.166	0.105	0.537	0.000	0.590	0.386	0.024	2.567		3	
测点4	0.063	0.059	0.392	0.574	0.278	0.148	0.000	3.426		2	
测点5	0.037	0.026	0.194	0.868	0.132	0.000	0.000	3.868		1	
测点6	0.061	0.040	0.420	0.641	0.166	0.193	0.000	3.448		2	
测点7	0.032	0.027	0.314	0.679	0.299	0.022	0.000	3.657		1	
测点8	0.012	0.021	0.171	0.909	0.091	0.000	0.000	3.909		1	

从表 6-16 中数据可见，改进的属性识别模型对大气环境质量综合评价

等级的平均绝对误差 0.125 级,级别识别正确率 87.5%。为进一步检验其评价效果,由大气环境质量分类标准再随机生成 40 个样本(每级 10 个),结果平均绝对误差 0.10 级,识别正确率 90%,值得一提的是,以上是置信度 λ 取 0.65 的结果,若取 $\lambda = 0.8$,则识别准确率几乎可达到 100%,因此可知改进的属性识别模型对该大气质量评价结果是较为可靠的,其对武汉市区 8 个测点综合评价结果见表 6-17,为方便比较将文献[26]的模糊综合评判法与文献[31]的属性识别法评价结果也同列于表 6-17 中。

表 6-17　各方法综合评价结果

评价方法		测点 1	测点 2	测点 3	测点 4	测点 5	测点 6	测点 7	测点 8
模糊评判法		Ⅱ	Ⅲ	Ⅲ	Ⅲ	Ⅰ	Ⅲ	Ⅱ	Ⅰ
属性识别法	类别	Ⅰ	Ⅲ	Ⅲ	Ⅱ	Ⅰ	Ⅱ	Ⅰ	Ⅰ
	排序	3	7	8	6	2	5	4	1
改进属性识别法	类别	Ⅱ	Ⅲ	Ⅲ	Ⅱ	Ⅰ	Ⅱ	Ⅰ	Ⅰ
	排序	4	8	7	6	2	5	3	1

由表 6.17 结果对比可知,模糊评判法无法给出测点 4 与测点 3 大气质量的差异性,且对测点 6 和测点 7 的级别评判有失合理,这是由于该法的隶属函数构造,取大取小运算以及最大隶属原则等并不适用于有序质量评价集的识别问题[29],因而出现分级不清的情况。相比之下,属性识别模型由于概念清晰,数学理论严谨,所以其评价结果更能客观地反映大气环境质量的实际情况,且能给出各评价样本评分值,使样本排序成为可能。但指标权重定得正确与否将对属性识别模型的识别准确率及评分排序产生重要影响,文献[31]的污染贡献率法会使样本某项强势指标值较大的干扰权重取值而导致判断失真,如测点 1,其 3 个指标分属 Ⅱ 级、Ⅰ 级和 Ⅲ 级,文献[31]判为 Ⅰ 级欠妥,本文与文献[26]评价结果一致,判断为 Ⅱ 级较符合实际。

6.6.5　小结

属性识别理论模型是建立在属性空间基础上的,以最小代价原则、最大测度准则、置信度准则和评分准则为基础的新型综合评价方法,但在指标权重的合理确定上有待完善,笔者借鉴近年兴起的数据挖掘(如投影寻踪,人工神经网络等)技术,对权重向量的计算提出基于数据驱动的改进方法,使其在实际运用中更趋科学合理。实践表明,该方法不仅能对大气环境质量进行准确合理的识别分类,还可以对各个大气样本的环境质量打分排序,为环境管理决策部门进行定量分析提供依据。同时该模型还可广泛应用于河流湖泊水质评价、区域环境质量评价、流域水资源承载力评价等领域,为各领域的评价方法提供了一种新的思路。

参考文献

[1] 金菊良,丁晶．水资源系统工程．成都:四川科学技术出版社，2002

[2] 胡永宏,贺思辉．综合评价方法．北京:科学出版社，2000

[3] 汪应洛．系统工程(第2版)．北京:机械工业出版社，2001

[4]金菊良,魏一鸣,付强,等．农业生产力综合评价的投影寻踪模型．农业系统科学与综合研究,2001,17(4)：1～3

[5] 金菊良,张欣莉,丁晶．评估洪水灾情等级的投影寻踪模型．系统工程理论与实践，2002,22(2)：140～144

[6] Friedman J H，Turkey J W．A Projection Pursuit Algorithm for Exploratory Data Analysis. IEEE Trans．on Computer，1974,23(9)：881～890.

[7] 李祚泳．投影寻踪技术及其应用进展．自然杂志，1997,19(4)：224～227

[8] 景元书,李湘阁,张育萍．南京地区农业综合生产能力评价．农业系统科学与综合研究．1997,13(3)：161～164

[9] 任若恩,王惠文．多元统计数据分析—理论、方法、实例．北京:国防工业出版社,1998

[10] 金菊良，杨晓华，刘宇敏,等．基因算法在Logistic曲线参数估计中的应用．农业系统科学与综合研究，1997，13(3)：186～190

[11] 蒋全才,季新菊,刘良,等．河南省1950～1990年水旱灾害分析．灾害学，1996,11(4)：69～73

[12] 金菊良,魏一鸣,杨晓华．基于遗传算法的洪水灾情评估神经网络模型探讨．灾害学，1998,13(2)：6～11

[13] 李祚泳,邓新民．自然灾害的物元分析灾情评估模型初探．自然灾害学报，1994,3(2)：28～33

[14]金菊良,张礼兵,魏一鸣．基于遗传算法的理想区间法在洪水灾情评价中的应用．地理科学，2004,24(5)：586—590

[15]陈守煜．复杂水资源系统优化模糊识别理论与应用．长春:吉林大学出版社,2002

[16]金菊良,魏一鸣,付强,等．水质综合评价的插值模型．水利学报，2002，(12)：91～94,100

[17] 严华生,谢应齐,曹杰．非线性统计预报方法及其应用．昆明:云南科技出版社,1998. 71～73

[18] 胡明星，郭达志．湖泊水质富营养化评价的模糊神经网络方法．环境科学研究，1998，11(4)：40～42

[19] 金菊良,杨晓华,金保明,等．水环境质量综合评价的新模型．中国环境监测，2000,16(4)：42～47

[20]张礼兵,程吉林,金菊良,蒋晓红．改进属性识别模型及其在大气环境质量综合评价中的应用．环境工程,2006,24(3)：74～76

[21] 李祚泳,邓新民．大气环境质量综合评价的B—P网络模型．重庆环境科学,1994,16(6):37～40

[22]陈德明,李祚泳．大气环境质量的物元分析评价法．环境科学研究，1994,7(2):24～28

[23]刘开第,庞彦军等．大气环境质量评价的未确知测度模型．环境科学，2000,21(3):11～15

[24]何斌,高登好．大气质量综合评价的变权识别模型及其应用．环境工程,2001,19(6):57～58

[25]魏云鹤,王镇,郭晓玉．灰色关联度模型及其在大气环境质量评价中的应用．山东大学学报(工学版),2004,34(2):121～123

[26]刘晖,王飞越．用计算机模糊评价环境质量．环境科学,1990,11(2):80～84

[27]金菊良,黄慧梅,魏一鸣．基于组合权重的水质评价模型，水力发电学报 2004,23(3):13～19

[28]程乾生．属性数学——属性测度与属性统计．数学的实践与认识，1998,28(2):97～107

[29]程乾生．质量评价的属性数学模型和模糊数学模型．数理统计与管理,1997,16(6):18～23

[30]程乾生．属性识别理论模型及其应用．北京大学学报(自然科学版),1997,33(1):12～20

[31]郭奇,曹洪洋．大气环境质量评价的属性识别法．环境监测管理与技术，2004,16(3):41～44

[32]刘开第,庞彦军,张博文．水环境质量评价的未确知测度模型．环境工程，2000,18(2):58～60

[33]门宝辉,梁川．属性识别方法在水资源系统可持续发展程度综合评价中的应用．浙江大学学报(农业与生命科学版),2002,28(6):675～678

[34]陈志航，程乾生．属性识别方法及其在期货价格预测中的应用．系统工程理论与实践，1999，(6)：90～94
[35]甄苓，王来生．属性层次模型的决策方法与应用．中国农业大学学报，2000，5(6)：8～11

第7章　系统决策分析方法

7.1　决策分析概述[1-4]

决策就是人们选择行动方案的过程，它关系到人类生活的各个方面，特别是在系统规划、设计、制造和运行等方面决策具有重要意义。决策正确与否往往关系到事业的成败和利益的重大得失，因此决策被认为是管理科学和系统工程的核心内容。作为人与自然之间的“对弈”，实际决策过程是认识自然、利用自然、应付自然和改造自然的过程，其中涉及自然变化、社会发展等客观因素以及决策者经验积累、心理素质等主观因素，具有高度的复杂性和不确定性，这些特性在不确定型决策问题中反映最为明显。各种决策问题，一般可转换为以益损值为目标函数、行动方案为优化变量、自然状态为约束条件的复杂优化问题。自然状态、行动方案、益损值和决策准则是决策分析问题的四大要素。决策分析，就是解决决策问题的一般方法（方法论），它是以行动方案为评价对象的一类特殊的评价问题，因此许多综合评价方法都可适用于决策分析问题，成为有效的决策分析方法。根据决策者对所面临的自然状态规律的认识和掌握程度，可把决策分析问题分为三类：只存在一个确定的自然状态的决策分析问题，称为确定型决策分析问题；存在两个或两个以上不受决策者主观意志影响的自然状态且这些自然状态出现的概率可以估计的决策分析问题，称为风险型决策分析问题；存在两个或两个以上不受决策者的主观意志影响的自然状态且这些自然状态出现的概率不可预知的决策分析问题，称为不确定型决策分析问题。此外，还有多目标决策问题（益损值分别属于不同的目标值）、群体决策问题（有多个决策者）和动态多指标决策问题等。

从方法论的角度看，决策分析的一般步骤可归纳为如下七个步骤：①确定决策目标和决策准则。根据所面临的问题，尽可能用可度量的指标集，如效益、损失等，来描述决策目标。决策准则要考虑到整体效益与局部效益相结合、长远效益与近期效益相结合、潜在效益与实际效益想结合、内部条件与外部条件相结合、定量分析与定性分析相结合。②设计多个具有可行性和替代性的行动方案。要利用定性、定量、定时、定地和定人的分析方法,对各方案进行评价。这包括:所收集资料和信息是否正确和完善,在设计中使用的方法是否科学,方案的经济、手段等方面是否可行,是否违法等。③研究和预测未来可能遇到的、对实施行动方案有影响而决策者又无法控制和改变的自然状态。④采用历史统计资料或主观概率等方法尽可能对这些自然状态出现的概率进行估计。⑤估算各行动方案在不同自然状态下的益损值。⑥根据决策准则,运用相应的决策分析方法,为决策者选择出最满意的行动方案作为决策方案。⑦反馈与控制。准确而迅速地把决策方案实施过程中出现的问题和信息反馈给决策者或决策机构,使决策者或决策机构能够及时根据实际情况的变化,对决策方案进行相应的调整与修正,以提高决策的科学性。本章探讨不确定型决策分析方法、基于改进 AHP 的模糊综合评价决策分析方法、基于模糊层次分析法的投影寻踪决策分析方法、用试验遗传算法优选工程方案的决策分析方法。

7.2 不确定型决策分析方法[5,6]

决策分析问题可转换为以益损值为目标函数、行动方案为优化变量、自然状态为约束条件的复杂优化问题,其中的益损值矩阵反映了该决策分析问题的客观性、复杂性和不确定性,这些益损值的变化信息包含着决策者所面临的机会风险,益损值的变化程度越大,则对应的机会风险就越大。目前求解不确定型决策问题(Uncertain Decision-Making analysis problems, UDM)[2-4]的常规方法有乐观法、悲观法、折中法(乐观系数法)、等概率法、后悔值法、效用函数法[7]、相对极差法[8]等,它们反映了不同的决策准则,都有一定的适用性和局限性,由于益损值矩阵的变化信息不充分,它们处理同一问题的计算结果之间往往有很大差异,目前在理论上尚无法通过逻辑程序证明何种方法最为合理,在实际应用中存在相当程度的主观随意性[2-8]。为此,这里介绍直接根据益损值矩阵,用基于加速遗传算法的投影寻踪(Projection Pursuit,PP)方法确定反映方案之间各益损值变化信息的方案权重,用基于加速遗传算法的改进层次分析法(Improved Analytic Hierarchy Process,IAHP)确定反映自然状态之间各益损值变化信息的状态权重,并把这两种客观权重进行综合得到各自然状态的客观组合权重(Impersonal Combined Weights,ICW)的新方法(ICW-UDM),并进行了实例分析。

7.2.1 ICW-UDM 的建立

设不确定型决策分析问题中行动方案 A_i 在自然状态 S_j 下的益损值(收

益取正值、损失取负值）记为 $C_{i,j}$，益损值矩阵记为 $C=\{C_{i,j} \mid i=1\sim m, j=1\sim n\}$。益损值矩阵包含着可供决策者利用的客观信息。常规方法解不确定型决策分析问题的实质，就是根据某决策准则，把 $m\times n$ 阶实数益损值矩阵 $(C_{i,j})_{m\times n}$ 变换为一维实数压缩向量 $\{Z_i \mid i=1\sim m\}$ 的过程：

$$Z_i=\sum_{j=1}^{n}[w^i(j)C_{i,j}] \quad (i=1\sim m) \tag{7.1}$$

式中，$(w^i(1), w^i(2), \cdots, w^i(n))$ 为变换向量。

压缩向量第 i 个分量反映了第 i 个方案 A_i 在该决策准则下所可期望得到的益损值，$i=1\sim m$，其中的最大分量所对应的方案就是最优方案。例如对乐观法：

$$Z_{i,1}=\max_j\{C_{i,j}\}=\sum_{j=1}^{n}[w_1^i(j)C_{i,j}] \tag{7.2}$$

式中，当 $C_{i,j}=\max\limits_j\{C_{i,j}\}$ 时 $w_1^i(j)=1$，否则 $w_1^i(j)=0$。对悲观法：

$$Z_{i,2}=\min_j\{C_{i,j}\}=\sum_{j=1}^{n}[w_2^i(j)C_{i,j}] \tag{7.3}$$

式中，当 $C_{i,j}=\min\limits_j\{C_{i,j}\}$ 时 $w_2^i(j)=1$，否则 $w_2^i(j)=0$。对折中法：

$$Z_{i,3}=\alpha Z_{i,1}+(1-\alpha)Z_{i,2}=\sum_{j=1}^{n}[w_3^i(j)C_{i,j}] \tag{7.4}$$

式中，$w_3^i=\alpha w_1^i(j)+(1-\alpha)w_2^i(j)$，其中权重 $\alpha\in[0,1]$ 称为乐观系数。对等概率法：

$$Z_{i,4}=\sum_{j=1}^{n}[C_{i,j}/n]=\sum_{j=1}^{n}[w_4^i C_{i,j}] \tag{7.5}$$

式中：$w_4^i(j)=1/n$。对后悔值法，其后悔值矩阵为：

$$D_{i,j}=\max_i C_{i,j}-C_{i,j} \tag{7.6}$$

后悔值法的压缩向量为：

$$Z_{i,5}=\min_j\{-D_{i,j}\}=\sum_{j=1}^{n}[w_5^i(j)D_{i,j}] \tag{7.7}$$

式中，当 $D_{i,j}=\max\limits_j\{D_{i,j}\}$ 时 $w_5^i(j)=-1$，否则 $w_5^i(j)=0$。对相对极差法，其相对极差为[8]：

$$E_i=[\max_j C_{i,j}-\min_j C_{i,j}]\Big[\sum_{j=1}^{n}C_{i,j}/n\Big] \tag{7.8}$$

相对极差法的压缩向量为：

$$Z_{i,6}=-E_i=\sum_{j=1}^{n}[w_6^i(j)C_{i,j}] \tag{7.9}$$

式中，$w_6^i(j)=[-w_1^i(j)+w_2^i(j)]\left[\sum_{j=1}^{n}C_{i,j}/n\right]$。可见，它是以$\left[-n/\sum_{j=1}^{n}C_{i,j}\right]$为乐观系数的折中法。

上述方法的相同点在于定义了用以反映不同决策准则的变换向量，这些变换向量由于只用取大、取小或取平均运算等来提取益损值矩阵或相应的后悔值矩阵各元素的信息，丢失信息多，或者由于只利用益损值的极值的相对变化信息或绝对变化信息，因此都具有局限性，它们的计算结果较为粗糙，可靠性较差。可见解不确定型决策分析问题的关键就是如何充分利用益损值矩阵的变化信息，合理、全面地构造作为以益损值矩阵为自变量的实值函数的变换向量，变换向量的各分量对应于各自然状态的权重。基于此，这里提出用ICW－UDM解不确定型决策分析问题的完整过程，它包括如下六个步骤：

步骤1：构造投影指标函数。PP方法把矩阵$(C_{i,j})_{m\times n}$转换(投影)成m维压缩向量$\{Z_i \mid i=1\sim m\}$

$$Z_i=\sum_{j=1}^{n}a(j)C_{i,j} \tag{7.10}$$

式中：$(a(1),a(2),\cdots,a(n))$为投影方向$\boldsymbol{a}$的n个分量(即方案权重$w(j,1)$，$j=1\sim n$)，需满足条件$a(j)\in[0,1](j=1\sim n)$和$\sum_{j=1}^{n}a(j)=1$。投影时要求压缩向量各分量尽可能分散以便于决策，故投影指标函数$Q(\boldsymbol{a})$可取[5]

$$Q(\boldsymbol{a})S_z=\left[\sum_{i=1}^{m}(Z_i-\bar{z})^2/m\right]^{0.5} \tag{7.11}$$

式中：$\bar{z}\sum_{i=1}^{m}Z_i/m$为压缩向量各分量的均值。

步骤2：优化投影指标函数。当益损值矩阵给定时$Q(\boldsymbol{a})$只随投影方向$\boldsymbol{a}$而变化时。最佳投影方向就是最大可能暴露高维数据分类特征的投影方向，可用加速遗传算法解下列问题来估计：

$$\max Q(\boldsymbol{a})=S_z \tag{7.12}$$

$$\text{s.t.}\ \sum_{j=1}^{n}a(j)=1,a(j)\in[0,1](j=1\sim n) \tag{7.13}$$

步骤3：由矩阵$(C_{i,j})_{m\times n}$构造用于确定基于自然状态间各益损值变信息的状态权重（记为 $w(j,2)$，$j=1\sim n$）的判断矩阵 $\boldsymbol{B}=(b_{ij})_{n\times n}$。从决策的观点看，若自然状态 $j1$ 的益损值系列 $\{C_{i,j1}\mid i=1\sim m\}$ 的变化程度比状态 $j2$ 的益损值系列 $\{C_{i,j2}\mid i=1\sim m\}$ 的变化程度大，则状态 $j1$ 传递的决策信息（决策作用）比状态 $j2$ 传递的决策信息（决策作用）多（大）[7]。基于此，可用各自然状态下益损值的标准差 $s(j)=\left[\sum_{i=1}^{m}(C_{i,j}-\bar{C}_j)^2/m\right]^{0.5}$ 反映自然状态的决策作用，其中 $\bar{C}_j=\sum_{i=1}^{m}C_{i,j}/m$。按照式(14)可得到 $1\sim9$ 级判断尺度[2]的判断矩阵 $\boldsymbol{B}=(b_{ij})_{n\times n}$：

$$b_{ij}\begin{cases}\dfrac{s(i)-s(j)}{s_{\max}-s_{\min}}(b_m-1)+1, s(i)\geqslant s(j)\\[2ex] 1/\left[\dfrac{s(j)-s(i)}{s_{\max}-s_{\min}}(b_m-1)+1\right], s(i)<s(j)\end{cases}\tag{7.14}$$

式中：$s_{\min}$，$s_{\max}$ 分别为 $\{s(j)\mid j=1\sim n\}$ 的最小值和最大值；参数 $b_m=\min\{9,s_{\max}/s_{\min}\}$，min 为取小函数。

步骤 4：用加速遗传算法计算矩阵 $\boldsymbol{B}$ 各要素的权重 $w(j,2)$。根据判断矩阵的定义，理论上有：

$$b_{ij}=w(i,2)/w(j,2)\quad(i,j=1\sim n)\tag{7.15}$$

若矩阵 $\boldsymbol{B}$ 满足式(7.15)，决策者能精确度量 $b_{ij}=w(i,2)/w(j,2)$，判断矩阵 $\boldsymbol{B}$ 具有完全的一致性，则有：

$$\sum_{i=1}^{n}\sum_{j=1}^{n}\mid b_{ij}w(j,2)-w(i,2)\mid=0\tag{7.16}$$

在实用中要求 $\boldsymbol{B}$ 具有满意的一致性。若 $\boldsymbol{B}$ 不具有满意的一致性则需修正。设 $\boldsymbol{B}$ 的修正矩阵为 $\boldsymbol{Y}=\{y_{ij}\}_{n\times n}$，$\boldsymbol{Y}$ 各要素的权重值仍记为 $\{w(i,2)\mid i=1\sim n\}$，则称使式(7.17)最小的 $\boldsymbol{Y}$ 为 $\boldsymbol{B}$ 的最优一致性判断矩阵：

$$\mathrm{CIC}(n)=\sum_{i=1}^{n}\sum_{j=1}^{n}\mid y_{ij}-b_{ij}\mid/n^2+\sum_{i=1}^{n}\sum_{j=1}^{n}\mid y_{ij}w(j,2)-w(i,2)\mid n^2\tag{7.17}$$

s. t. $\quad y_{ii}=1\quad(i=1\sim n)$

$1/y_{ji}=y_{ij}\in[b_{ij}-db_{ij},b_{ij}+db_{ij}]\cap[1/9,9](i=1\sim n,j=i+1\sim n)$

$w(i,2)(0(i=1\sim n),\sum_{i=1}^{n}w(i,2)=1$

式中，目标函数 CIC(n) 为一致性指标系数(Consistency Index Coefficient,CIC)；d 为非负参数,根据笔者的经验可从[0,0.5]内选取；权重值 $w(i,2)(i=1\sim n)$ 和修正矩阵 $\boldsymbol{Y}=\{y_{ij}\}_{n\times n}$ 的上三角矩阵元素为优化变量,对 n 阶判断矩阵 B 共有 $n(n+1)/2$ 个独立的优化变量。显然,式(7.17)左端的 CIC(n) 值越小则判断矩阵 B 的一致性程度就越高,当取全局最小值 CIC(n) = 0 时则 $\boldsymbol{Y}=\boldsymbol{B}$ 且式(7.16)和式(7.15)成立,此时判断矩阵 B 具有完全的一致性,又根据约束条件 $\sum_{i=1}^{n}w(i,2)=1$ 知,该全局最小值是唯一的。用加速遗传算法来求解式(7.17)所示的问题较为简便而有效。数值试验的结果表明,用上述 IAHP 计算排序权重具有稳定性。

步骤 5:确定各自然状态的组合权重:

$$w(j)=\beta w(j,1)+(1-\beta)w(j,2)(j=1\sim n) \tag{7.18}$$

式中:$\beta\in[0,1]$ 为方案权重系数。式(7.18)表明组合权重 $w(j)$ 综合利用了方案之间各益损值的变化信息,以及自然状态之间各益损值的变化信息,利用益损值矩阵信息较为全面。

步骤 6:把各自然状态的组合权重 $w(j)$ 作为变换向量,得到 ICW－UDM 的压缩向量:

$$z_i=\sum_{j=1}^{n}w(j)C_{i,j} \quad (i=1\sim m) \tag{7.19}$$

取压缩向量最大分量所对应的行动方案作为最佳方案。

7.2.1 实例分析与讨论

例 7.1[4] 3种方案 A_1,A_2 和 A_3 在3种未知概率的自然状态 S_1,S_2 和 S_3 下的益损值矩阵如表 7-1 所示。参数 d 取 0.2,方案权重系数取 0.5,用 ICW－UDM 求得的压缩向量{Z_i}为(13.978,7.607,4.000),据此可判断最优方案为 A_1,见表 7-1。表 7-1 中同时列出了其他方法的计算结果以资比较。

表 7-1 益损值矩阵及不同决策方法的决策结果(例 7.1)

方案＼益损值＼状态	压缩向量				最优方案						
	S_1	S_2	S_3	Z_i^*	ICW－UDM	PP 方法	乐观法	悲观法	折中法	等概率法	后悔值法
A_1	20.0	1.0	－6.0	13.978	*	*	*		*		*
A_2	9.0	8.0	0.0	7.607						*	
A_3	4.0	4.0	4.0	4.000				*			
组合权重	0.735	0.124	0.141								

注:* 为所选的最优方案;折中法中的乐观系数取 0.6;表 7-2 同此。

例 7.2[9]　3 种方案 $\boldsymbol{A}_1$，$\boldsymbol{A}_2$ 和 $\boldsymbol{A}_3$ 在 3 种未知概率的自然状态 $\boldsymbol{S}_1$，$\boldsymbol{S}_2$ 和 $\boldsymbol{S}_3$ 下的益损值矩阵如表 7－2 所示。同例 7.1 可得 ICW－UDM 的压缩向量$\{Z_i\}$为(－3.410，6.300，12.000)，据此可判断最优方案为 A_3，见表 7－2。表 7－2 中同时列出了其他方法的计算结果以资比较。

表 7－2　益损值矩阵及不同决策方法的决策结果(例 7.2)

状态 \ 益损值 \ 方案	压缩向量				最优方案						
	S_1	S_2	S_3	Z_i^*	ICW－UDM	PP 方法	乐观法	悲观法	折中法	等概率法	后悔值法
$\boldsymbol{A}_1$	30	23	－15	－3.410			*				
$\boldsymbol{A}_2$	25	20	0	6.300					*	*	*
$\boldsymbol{A}_3$	12	12	12	12.000	*	*		*			
组合权重	0.152	0.125	0.723								

上述结果说明：

(1)ICW－UDM 利用了益损值矩阵全部元素的变化信息。当收益机会的风险大于(小于)损失机会的风险时，ICW－UDM 积极地(稳妥地)选取收益机会最大(损失机会最大)的自然状态下最大益损值所对应的方案，这时一般与乐观法(悲观法)的决策结果相同，如例 7.1(例 7.2)；当损失机会的风险等于收益机会的风险时，ICW－UDM 的决策结果将与等概率法的决策结果相同。可见 ICW－UDM 利用益损值矩阵的信息比这些常规方法全面，根据决策问题所包含的机会风险力决策时能进能退。

(2)ICW－UDM 利用的机会风险比文献[5]的投影寻踪方法更全面和可靠，是对投影寻踪方法的改进。

(3)ICW－UDM 可进一步与自然状态的主观权重法结合得到各自然状态的主客观组合权重，以提高解不确定型决策分析问题的有效性。

7.3　基于改进 AHP 的模糊综合评价决策分析方法[10]

作为定性分析和定量分析综合集成的一种常用方法，模糊综合评价(Fuzzy Comprehensive Evaluation，FCE) 已在工程技术、经济管理和社会生活中得到广泛应用[2-11]。目前模糊综合评价的研究难点之一，就是如何科学、客观地将一个多指标问题综合成一个单指标的形式，以便在一维空间中实现综合评价，其实质就是如何合理地确定这些评价指标的权重。在近年来提出的确定权重的主要方法中，等权重法在各方案的综合评价值相差不大时常常给决策带来困难[11]；统计试验法、专家评分法和集值统计迭代法在评价指标较多时实现起来较为困难[12]；权重随各评价指标值的不同取值状态而变化的变权重法[12]，是将权重作为各评价指标值的函数，而构造该函数的形式需根据对研究问题具体情况的深刻理解和丰富的应用数学经验进行，有时需要通过大量的统计来描绘权重矢量场，进而得出近似公式，因此变权重法实际应用起来很困难；层次分析法（AHP），是从定性分析到定量分析综合集成的一种典型的系统工程方法，它将人们对复杂系统的思维过程数学化，将人的主观判断为主的定性分析进行定量化，将各种判断要素之间的差异数值化，帮助人们保持思维过程的一致性，适用于复杂的模糊综合评价系统，是目前一种被广泛应用的确定权重的方法[1-4]，AHP 在实用中存在的主要问题是如何构造、检验和修正判断矩阵的一致性问题和计算判断矩阵各要素的权重，目前已提出的处理方法的主要问题是主观性强、修正标准对原判断矩阵而言不能保证是最优的或只对判断矩阵的个别元素进行修正，至今尚没有一个统一的修正模式，实际应用 AHP 时多数是凭经验和技巧进行修正，缺乏相应的科学理论和方法指导[13]。

在上述研究的基础上，这里介绍根据模糊评价矩阵构造用于确定各评价指标权重的判断矩阵的新思路，进而研制了用加速遗传算法（AGA）检验、修正判断矩阵的一致性和计算 AHP 中各要素的权重的模糊综合评价新模型（AHP－FCE），并用于实际决策问题中。

7.3.1　基于改进层次分析法的模糊综合评价模型（AHP－FCE）

为了简便、且不失一般性，下面以工程方案优选为例，说明 AHP－FCE 的建模过程，它包括如下四个步骤：

步骤 1：根据所研究评价系统的实际情况，从代表性、系统性和适用性等角度，建立模糊综合评价的评价指标体系，由各评价指标的样本数据建立单评价指标的相对隶属度的模糊评价矩阵。模糊综合评价的最终目的就是在论域 m 个方案之间作相对优劣的比较，从中选择相对最优的方案，这种优选与论域以外的方案无关，根据这一优化的相对性可以确定各评价指标值的相对隶属度和论域中相对优等方案与相对次等方案[11]。不失一般性，设有 n 个评价指标组成对全体 m 个方案的评价指标样本集数据 $\{x(i,j) \mid i = 1 \sim n, j = 1 \sim m\}$，各指标值 $x(i,j)$ 均为非负值。为确定单个评价指标的相对隶属度的模糊评价矩阵，消除各评价指标的量纲效应，使建模具有通用性，需对样本数据集 $\{x(i,j)\}$ 进行标准化值处理。为了尽可能保持各评价指标值的变化信息[11]，对越大越优型指标的标准化处理公式可取：

$$r(i,j) = x(i,j)/[x_{\max}(i) + x_{\min}(i)] \tag{7.20}$$

对越小越优型指标的标准化处理公式可取：

$$r(i,j) = [x_{\max}(i) + x_{\min}(i) - x(i,j)]/[x_{\max}(i) + x_{\min}(i)] \tag{7.21}$$

对越中越优型指标的标准化处理公式可取

$$r(i,j)=\begin{cases}x(i,j)/[x_{\text{mid}}(i)+x_{\min}(i)], x_{\min}(i)\leqslant x(i,j)<x_{\text{mid}}(i)\\ [x_{\max}(i)+x_{\text{mid}}(i)-x(i,j)]/[x_{\max}(i)+x_{\text{mid}}(i)],\\ x_{\text{mid}}(i)\leqslant x(i,j)<x_{\max}(i)\end{cases}\tag{7.22}$$

式中，$x_{\min}(i)$，$x_{\max}(i)$ 和 $x_{\text{mid}}(i)$ 分别为方案集中第 i 个指标的最小值、最大值和中间最适值；$r(i,j)$ 为标准化后的评价指标值，也就是第 j 个方案第 i 个评价指标从属于优的相对隶属度值，$i=1\sim n, j=1\sim m$。以这些 $r(i,j)$ 值为元素可组成单评价指标的模糊评价矩阵 $\boldsymbol{R}=(r(i,j))_{n\times m}$。

步骤 2：根据模糊评价矩阵 $\boldsymbol{R}=(r(i,j))_{n\times m}$ 构造用于确定各评价指标权重的判断矩阵 $\boldsymbol{B}=(b_{ij})_{n\times m}$。模糊综合评价的实质是一种优选过程，从综合评价的角度看，若评价指标 $i1$ 的样本系列 $\{r(i1,j)\mid j=1\sim m\}$ 的变化程度比评价指标 $i2$ 的样本系列 $\{r(i2,j)\mid j=1\sim m\}$ 的变化程度大，则评价指标 $i1$ 传递的综合评价信息比评价指标 $i2$ 传递的综合评价信息多[7]。基于此，可用各评价指标的样本标准差 $s(i)=\left[\sum_{j=1}^{m}(r(i,j)-\bar{r}_i)^2/m\right]^{0.5}$ 反映各评价指标对综合评价的影响程度，并用于构造判断矩阵 $\boldsymbol{B}$。其中 $\bar{r}_i=\sum_{j=1}^{m}x(i,j)/m$ 为各评价指标下样本系列的均值，$i=1\sim n$。于是，按照式(7.23) 可得到 $1\sim 9$ 级判断尺度的判断矩阵[2]：

$$b_{ij}=\begin{cases}\dfrac{s(i)-s(j)}{s_{\max}-s_{\min}}(b_m-1)+1, s(i)\geqslant s(j)\\ 1/\left[\dfrac{s(j)-s(i)}{s_{\max}-s_{\min}}(b_m-1)+1\right], s(i)<s(j)\end{cases}\tag{7.23}$$

式中，$s_{\min}$，$s_{\max}$ 分别为 $\{s(i)\mid i=1\sim n\}$ 的最小值和最大值；相对重要性程度参数值 $b_m=\min\{9, int[s_{\max}/s_{\min}+0.5]\}$，$min$ 和 int 分别为取小函数和取整函数。

步骤 3：判断矩阵 B 的一致性检验、修正及其权重 $w_i(i=1\sim n)$ 的计算，要求满足：$w_i>0$ 和 $\sum_{i=1}^{n}w_i=1$。根据判断矩阵 B 的定义，理论上有[2]

$$b_{ij}=w_i/w_j\qquad (i,j=1\sim n)\tag{7.24}$$

这时矩阵 $\boldsymbol{B}$ 具有如下性质：① $b_{ii}=w_i/w_i=1$；② $b_{ji}=w_j/w_i=1/b_{ij}$；③ $b_{ij}b_{jk}=(w_i/w_j)(w_j/w_k)=w_i/w_k=b_{ik}$。其中：称性质 ① 为判断矩阵的单位性；

称性质 ② 为判断矩阵的倒数性(互反性)；称性质 ③ 为判断矩阵的一致性条件，它表示相互关系可以定量传递。性质 ③ 也是性质 ① 和性质 ② 的充分条件。

现在的问题就是由已知判断矩阵 $\boldsymbol{B}=\{b_{ij}\}_{n\times n}$，来推求各评价指标的权重值 $\{w_i \mid i=1\sim n\}$。若判断矩阵 $\boldsymbol{B}$ 满足式(7.24)，决策者能精确度量 w_i/w_j，即 $b_{ij}=w_i/w_j$，判断矩阵 $\boldsymbol{B}$ 具有完全的一致性，则有

$$\sum_{i=1}^{n}\sum_{j=1}^{n}\mid b_{ij}w_j-w_i\mid=0 \tag{7.25}$$

式中，| | 为取绝对值。由于实际评价系统的复杂性、人们认识上的多样性以及主观上的片面性和不稳定性，判断矩阵 B 的一致性条件不完全满足在实际应用中是客观存在、无法完全消除的，AHP 法只要求判断矩阵 B 具有满意的一致性，以适应各种复杂系统。若 $\boldsymbol{B}$ 不具有满意的一致性，则需要修正。设 $\boldsymbol{B}$ 的修正判断矩阵为 $\boldsymbol{Y}=\{y_{ij}\}_{n(n}$，$\boldsymbol{Y}$ 各要素的权重值仍记为 $\{w_i \mid i=1\sim n\}$，则称使式(7.26) 最小的 $\boldsymbol{Y}$ 矩阵为 $\boldsymbol{B}$ 的最优一致性判断矩阵：

$$\min\mathrm{CIC}(n)=\sum_{i=1}^{n}\sum_{j=1}^{n}\mid y_{ij}-b_{ij}\mid/n^2+\sum_{i=1}^{n}\sum_{j=1}^{n}\mid y_{ij}w_j-w_i\mid/n^2 \tag{7.26}$$

$$\text{s.t.}\quad y_{ii}=1(i=1\sim n)$$

$$1/y_{ji}=y_{ij}\in[b_{ij}-db_{ij},b_{ij}+db_{ij}]\quad(i=1\sim n,\ j=i+1\sim n)$$

$$w_i(0(i=1\sim n)$$

$$\sum_{i=1}^{n}w_i=1$$

式中，称目标函数 CIC(n) 为一致性指标系数(Consistency Index Coefficient)；d 为非负参数，根据笔者的经验可从[0,0.5] 内选取；其余符号同前。式(7.26) 是一个常规方法较难处理的非线性优化问题，其中权重值 $w_i(i=1\sim n)$ 和修正判断矩阵 $\boldsymbol{Y}=\{y_{ij}\}_{n\times n}$ 的上三角矩阵元素为优化变量，对 n 阶判断矩阵 B 共有 $n(n+1)/2$ 个独立的优化变量。显然，式(7.26) 左端的 CIC(n) 值越小则判断矩阵 B 的一致性程度就越高，当取全局最小值 CIC(n) = 0 时则 $\boldsymbol{Y}=\boldsymbol{B}$ 且式(7.25) 和式(7.24) 成立，此时判断矩阵 $\boldsymbol{B}$ 具有完全的一致性，又根据约束条件 $\sum_{i=1}^{n}=1$ 知，该全局最小值是唯一的。模拟生物优胜劣汰规则与群体内部染色体信息交换机制的加速遗传算法(AGA)，是一种通用的全局优化方法，用它来求解式(7.26) 所示的问题较为简便而

有效。

对于不同阶数 n 的判断矩阵，其一致性指标系数 CIC(n) 值也不同。为了度量判断矩阵是否具有满意的一致性，这里引入判断矩阵的平均随机一致性指标系数 RIC(n) 值。用随机模拟方法分别对 $3 \sim n$ 阶各构造500个随机判断矩阵，它们满足判断矩阵的单位性和倒数性，但不保证判断矩阵满足一致性条件，计算这些随机矩阵的一致性指标系数值，然后平均即得 RIC(n) 值，参见表 7-3。可见，RIC(n) 值在 $0.277 \sim 0.578$ 之间。经大量的实例计算，笔者初步认为，当判断矩阵的一致性指标系数 CIC(n) < 0.10 时，可认为该判断矩阵具有满意的一致性，据此计算的各评价指标的权重值 w_i 是可以接受的；否则需提高参数 d，直到具有满意的一致性为止。

表 7-3　判断矩阵平均随机一致性指标系数 RIC(n) 值

阶数 n	3	4	5	6	7	8	9
RIC(n)	0.578	0.487	0.451	0.377	0.321	0.308	0.277

步骤4：把各评价指标的权重值 w_i 与各方案相应评价指标的相对隶属度值 $r(i,j)$ 相乘并累加，可得模糊评价的综合指标值 $z(j)$：

$$z(j) = \sum_{i=1}^{n} w_i r(i,j) \qquad (j = 1 \sim m) \tag{7.27}$$

综合指标值 $z(j)$ 越大说明第 j 个方案越优，据此可进行科学决策。

现对上述 AHP－FCE 法再作初步的理论分析。AHP 法的主要内容，就是将待评价的复杂系统各要素按其关联隶属关系建立递阶层次结构模型，构造两两比较的判断矩阵，并据此求解各要素权重和检验、修正判断矩阵的一致性。AHP－FCE 法，直接从原判断矩阵 $\boldsymbol{B}$ 的一致性程度出发构造式(7.26)的修正判断矩阵的准则函数，根据式(7.26)，原判断矩阵 $\boldsymbol{B}$ 具有完全一致性的充要条件是式(7)取全局最小值 CIC(n) $= 0$，该修正准则较为直观和简便；AHP－FCE法通过原判断矩阵B各要素的调整来修正，因此该法的修正具有全局性；笔者的 AHP－FCE 的灵敏度分析的结果表明了 AHP－FCE的计算结果是稳定的；研究表明，AHP－FCE法的修正幅度与目前提出的其他修正方法相比很小，而 AHP－FCE 法的权重的计算结果则与大多数修正方法[13] 相一致，说明 AHP－FCE 法尽可能利用原判断矩阵的信息。

在目前常用的计算判断矩阵权重的方法中[14]，行和正规化法、列和求逆法、和积法因只考虑判断矩阵一行或一列的影响，所以计算精度不高，常作为其他迭代方法的初值；特征值法是目前最常用的方法，它计算判断矩阵的最大特征根所对应的特征向量并归一化后作为权重，该法的不足是，在权重计算时没有考虑判断矩阵的一致性条件，权重计算与判断矩阵的一致性检验是分开进行的，判断矩阵一旦确定，权重和一致性指标就随之确定、无法改善，因此是一种被动方法，另外，当判断矩阵一致性程度很差时，求解特征值很困难；对数回归法、最小平方法、最小偏差法、文献[14]的方法和本文的AHP－FCE法，都是利用判断矩阵所有元素的信息并根据尽可能满足式(7.24)的一致性条件而构造相应的优化问题来推求权重，在理论上是相互等价的，因此AHP－FCE法具有AHP法中合理的排序方法应具有的置换不变性、相容性、对称性和完全协调性等优良性质[15]，这些方法对处理不完全一致性判断矩阵、残缺判断矩阵和群体专家判断矩阵适应性强，它们把权重计算与判断矩阵的一致性检验结合起来，在一致性指标最小化下推求权重，在判断矩阵已定的情况下，通过调整各要素的权重来改进一致性指标值，因此是一类"主动"方法，但在实际求解时，AHP－FCE法与其他方法有所不同。对数回归法、最小平方法、最小偏差法在求解相应的优化问题中都存在w_i/w_j，即所求解的权重w_j出现在分母中，当所求的某个权重很小时容易产生较大的计算误差，使得计算结果稳定性差。而AHP－FCE法和文献[14]的方法的灵敏度分析的结果说明，用它们计算权重的结果较为稳健。当原判断矩阵B的一致性程度较差时，文献[14]的方法不具有修正一致性的功能，而AHP－FCE法则具有修正判断矩阵的一致性并同时计算各要素的权重的功能，因此可认为AHP－FCE法是对文献[14]的方法的一种改进。

AHP－FCE法直接根据判断矩阵的定义导出描述判断矩阵一致性程度的一致性指标系数，而目前AHP法常把判断矩阵的最大特征根与判断矩阵的阶数的差异来度量判断矩阵的一致性指标。可见，前者的一致性指标比后者的指标更为直观和合理。

7.3.2 应用实例

例7.3 现以某水电站装机容量方案优选为例[11]，进一步说明应用AHP－FCE模型的过程。该例评价体系及4个方案的评价指标样本数据值见表7－4。

表7－4 各方案评价指标样本数据及其AHP－FCE模型评价结果

评价指标	方案1		方案2		方案3		方案4		评价指标权重
	评价指标值	相对隶属度值	评价指标值	相对隶属度值	评价指标值	相对隶属度值	评价指标值	相对隶属度值	
1动态投资收益率/%	23	0.605	20.5	0.539	18	0.474	15	0.395	0.040
2可调峰系数	0.5	0.357	0.58	0.414	0.72	0.514	0.9	0.643	0.047

（续表）

评价指标	方案 1		方案 2		方案 3		方案 4		评价指标权重
	评价指标值	相对隶属度值	评价指标值	相对隶属度值	评价指标值	相对隶属度值	评价指标值	相对隶属度值	
3 水能利用率	0.61	0.407	0.74	0.493	0.84	0.560	0.89	0.593	0.039
4 系统年替代费用／万元	1 196.6	0.437	1 094.2	0.485	999.65	0.530	928.1	0.563	0.030
5 淹占土地／亩	350	0.745	520	0.620	690	0.496	1 020	0.255	0.095
6 工程总投资／万元	2 050	0.667	2 680	0.564	3354	0.455	4 100	0.333	0.055
7 工期／a	2.5	0.643	3	0.571	4	0.429	4.5	0.357	0.049
8 移民人口／人	0	1.000	0	1.000	35	0.917	420	0.000	0.292
9 年综合利用效益／万元	0	0.000	0	0.000	20	0.667	30	1.000	0.352
AHP－FCE 综合评价值	0.501		0.485		0.676		0.498		

该样本集中指标 4 至指标 8 为越小越优型指标，按式(7.21) 计算相对隶属度值，其余指标为越大越优型指标，按式(7.20) 计算相对隶属度值，结果列于表 7－4 中。由这些相对隶属度值得到评价指标 1 至指标 9 的 $s(i)$ 值分别为 0.078，0.109，0.071，0.048，0.181，0.124，0.113，0.422 和 0.433，相对重要性程度值 $b_m = 9.0$，再由式(7.23) 即得用于确定各评价指标权重的判断矩阵 $\boldsymbol{B}$ 为：

$$\boldsymbol{B} = \begin{bmatrix} 1.000 & 0.613 & 1.139 & 1.634 & 0.319 & 0.511 & 0.580 & 0.123 & 0.120 \\ 1.632 & 1.000 & 1.771 & 2.266 & 0.400 & 0.755 & 0.916 & 0.133 & 0.129 \\ 0.878 & 0.565 & 1.000 & 1.495 & 0.306 & 0.477 & 0.537 & 0.121 & 0.118 \\ 0.612 & 0.441 & 0.669 & 1.000 & 0.266 & 0.386 & 0.424 & 0.114 & 0.111 \\ 3.131 & 2.499 & 3.271 & 3.765 & 1.000 & 2.175 & 2.407 & 0.166 & 0.160 \\ 1.957 & 1.325 & 2.096 & 2.590 & 0.460 & 1.000 & 1.233 & 0.139 & 0.135 \\ 1.724 & 1.092 & 1.863 & 2.358 & 0.415 & 0.811 & 1.000 & 0.135 & 0.131 \\ 8.145 & 74.513 & 8.284 & 8.779 & 6.014 & 7.188 & 7.421 & 1.000 & 0.819 \\ 8.366 & 7.734 & 8.505 & 9.000 & 6.235 & 7.410 & 7.642 & 1.221 & 1.000 \end{bmatrix}$$

用 AHP－FCE 法计算上述判断矩阵的权重，各权重的初始变化区间均取[0,1]，参数 d 取 0.2，用 AGA 算法加速 20 次，得到评价指标 1 至指标 9 的权重计算值分别为 0.040，0.047，0.039，0.030，0.095，0.055，0.049，0.292

和0.352,相应的一致性指标系数值为0.038,说明该判断矩阵具有满意的一致性,指标9(年综合利用效益)、指标8(移民人口)和指标5(淹占土地)的权重相对较大,其余指标的权重相对较小。把这些权重值与各方案的相对隶属度值代入式(7.27),可得方案1至方案4的模糊评价的综合指标值$z(j)$分别为0.501,0.485,0.676和0.498,说明方案3为相对最佳方案。根据等权重法[11]得到的方案1至方案4的模糊评价的综合指标值$z(j)$分别为0.54,0.52,0.56和0.46,说明方案3为相对最佳方案。可见,等权重法所得的最大与次大综合评价指标值很接近,不易决策,而AHP－FCE法的最大与次大综合评价指标值差异明显,有利于决策。

7.4 基于模糊层次分析法的投影寻踪决策分析方法

为了简便,下面以工程方案优选为例[16],说明基于模糊层次分析法的投影寻踪决策分析方法的建模及其应用过程。

7.4.1 基于模糊层次分析法的投影寻踪决策分析方法

工程方案优选是一类特定的综合评价问题,它根据所建立的方案评价指标体系和工程的社会经济和环境效益综合最优原则,从有限的工程规划设计或运行管理方案集中选出相对最优方案的过程,在工程管理与实践中都具有重要意义。工程方案优选过程的实质,就是如何合理地将多个评价指标问题转换成单个综合评价指标的形式,以便在一维空间中对各方案进行分类排序。近年来国内外学者提出的模糊综合优选模型、灰色综合优选模型、人工神经网络优选模型、层次分析法优选模型等对工程方案优选决策起到了积极作用,但由于方案优选涉及众多评价指标,各指标的量纲不尽相同,以及各指标的权重较难确定等复杂问题,这些方法对兼有模糊定性评价指标和定量评价指标的水利工程方案优选显得难[17,18],主要表现为对各方案各评价指标值一致化和无量纲化处理困难,各指标权重的确定问题,综合评价指标值的差异不明显,优选结果受主观因素影响较大等。

为更好地反映决策者在各评价指标下对各方案的偏好信息,更易于决策者使用,姚敏等提出了指标值一致化和无量纲化处理的新途径,即把在各指标下对各方案两两比较得到的模糊优先关系矩阵(Fuzzy Preferential Relation Matrix,FPRM),通过数学变换改造成模糊一致判断矩阵,把模糊一致判断矩阵对应的优度值作为各方案在各评价指标下的一致化和无量纲化值[19]。但在这种一致性转换方法中,由于没有考虑原模糊优先关系矩阵的一致性信息,模糊一致矩阵与模糊优先关系矩阵之间常常存在很大差异,损失了模糊优先关系矩阵所隐含的专家信息，以至所得的优度值的可信程度不能保证[20]。为此，在上述研究成果基础上，这里介绍用加速遗传算法(AGA)直接检验和修正模糊优先关系矩阵的一致性，同时计算模糊优先关系矩阵各优度值，然后用投影寻踪(PP)技术对在各指标下各方案的优度值进行综合，得到的投影值作为各方案的综合评价值，从而构成工程方案决策分析的新方法(FPRM－PP)，并进行了相应的理论分析和实例分析。

不失一般性，设某工程第 i 个方案第 k 个评价指标值为 $x_{i,k}$，$i=1\sim n$，$k=1\sim m$。其中 n，m 分别为方案数目和评价指标数目。基于模糊优先关系矩阵的工程方案优选投影寻踪方法(FPRM－PP)包括如下五个步骤：

步骤 1：在评价指标 k 下对各方案两两比较，建立模糊优先关系矩阵 $\boldsymbol{A}^k=(a_{ij}^k)_{n\times n}$，$k=1\sim m$。其中称 a_{ij}^k 为方案 i 对 j 的优先关系系数，具体定义为[18,19]：当决策者认为方案 i 优于 j 时取 $a_{ij}^k=1$，当决策者认为方案 i 与 j 等优时取 $a_{ij}^k=0.5$，当决策者认为方案 i 劣于 j 时取 $a_{ij}^k=0$。显然有 $a_{ij}^k+a_{ji}^k=1$，因此模糊优先关系矩阵属于模糊互补判断矩阵。

步骤 2：单评价指标下模糊优先关系矩阵 $\boldsymbol{A}^k$ 的一致性检验、修正及其优度值计算。对模糊优先关系矩阵 $\boldsymbol{A}^k$，若 $\boldsymbol{A}^k$ 满足加性传递性

$$(a_{il}^k-0.5)+(a_{lj}^k-0.5)=(a_{ij}^k-0.5)\qquad(\forall i,l,j\in\{1,2,\cdots,n\})\tag{7.28}$$

则称 $\boldsymbol{A}^k$ 为模糊一致性判断矩阵[19,20]，$k=1\sim m$。$(a_{ij}^k-0.5)$ 可理解为在评价指标 k 下方案 i 优于 j 的强度，模糊一致性判断矩阵表示这种偏好强度可以传递。模糊一致性判断矩阵具有中分传递性，符合人类决策思维的一致性[11,19]。宋光兴等根据式(7.28)提出了模糊互补判断矩阵 $\boldsymbol{A}^k$ 的一致性指标为

$$\rho^k=\sum_{i=1}^{n}\sum_{\substack{j=1\\j\neq i}}^{n}\sum_{\substack{l=1\\l\neq i,j}}^{n}(a_{il}^k+a_{lj}^k-0.5)-a_{ij}^k\mid/[n(n-1)(n-2)]\tag{7.29}$$

并建议当一致性指标值不大于 0.2 时，则称 $\boldsymbol{A}^k$ 具有满意的一致性[20]。

设模糊优先关系矩阵 $\boldsymbol{A}^k$ 第 i 个方案的优度值为 s_i^k，且满足 $s_i^k>0$ 和 $\sum_{i=1}^{n}s_i^k=1$，则称 $\boldsymbol{W}^k=(w_{ij}^k)_{n\times n}$ 为 $\boldsymbol{A}^k$ 的权重矩阵[20-22]，其中 $w_{ij}^k=\alpha(s_i^k-s_j^k)+0.5(\forall ij\in\{1,2,\cdots,n\}$；参数 $\alpha\geqslant0.5(n-1)$。α 越小表明决策者越重视方案间优先程度的差异[21]，在实际应用时一般可取 $\alpha=0.5(n-1)$。可以证明[20,21]，模糊优先关系矩阵 $\boldsymbol{A}^k$ 具有完全一致性的充要条件是 $\boldsymbol{A}^k=\boldsymbol{W}^k$。

现由已知模糊优先关系矩阵 $\boldsymbol{A}^k$ 来计算各方案的优度值 $\{s_i^k\mid i=1\sim n\}$。

若矩阵 $\boldsymbol{A}^k$ 具有完全的一致性,则有：

$$\sum_{i=1}^{n}\sum_{j=1}^{n} \mid 0.5(n-1)(s_i^k - s_j^k) + 0.5 - a_{ij}^k \mid / n^2 = 0 \tag{7.30}$$

式中,| | 为取绝对值。由于实际系统的模糊性和复杂性、人们认识上的多样性、局部性和不稳定性,方案优先程度的度量没有统一和确切的标尺,在实际应用中决策者给出的模糊优先关系矩阵 $\boldsymbol{A}^k$ 的一致性条件不满足是客观存在、无法完全消除的,实际决策中只要求模糊优先关系矩阵 $\boldsymbol{A}^k$ 具有满意的一致性,以适应各种实际的复杂系统。徐泽水把式(7.30) 等号的左端项定义为 $\boldsymbol{A}^k$ 的一致性指标,若 $\boldsymbol{A}^k$ 的一致性指标值不大于0.1,则称 $\boldsymbol{A}^k$ 具有满意的一致性[22]。

若模糊优先关系矩阵 $\boldsymbol{A}^k$ 不具有满意的一致性,则需要修正。设 $\boldsymbol{A}^k$ 的修正判断矩阵为 $\boldsymbol{B}^k = (b_{ij}^k)_{n\times n}$,$\boldsymbol{B}^k$ 各方案的优度值仍记为 $\{s_i^k \mid i = 1 \sim n\}$,则称使下式最小的 $\boldsymbol{B}^k$ 矩阵为 $\boldsymbol{A}^k$ 的最优模糊一致性判断矩阵：

$$\begin{aligned}\min\mathrm{CIC}(k,n) = & \sum_{i=1}^{n}\sum_{j=1}^{n} \mid b_{ij}^k - a_{ij}^k \mid / n^2 + \sum_{i=1}^{n}\sum_{j=1}^{n} \mid 0.5(n-1)(s_i^k - s_j^k) \\ & + 0.5 - b_{ij}^k \mid / n^2 \end{aligned} \tag{7.31}$$

$$\begin{aligned} \text{s.t.}\quad & b_{ii}^k = 0.5 (i = 1 \sim n) \\ & 1 - b_{ji}^k = b_{ij}^k \in [a_{ij}^k - d, a_{ij}^k + d] \cap [0,1] (i = 1 \sim n,\ j = i+1 \sim n) \\ & s_i^k > 0\ (i = 1 \sim n) \\ & \sum_{i=1}^{n} s_i^k = 1 \end{aligned}$$

式中,目标函数 $\mathrm{CIC}(k,n)$ 称之为模糊优先关系矩阵 $\boldsymbol{A}^k$ 的一致性指标系数(Consistency Index Coefficient);d 为非负参数,根据笔者的经验可从[0,0.5] 内选取;其余符号同前。式(7.31) 是一个常规方法较难处理的非线性优化问题,其中优度值 $\{s_i^k \mid i = 1 \sim n\}(k = 1 \sim m)$ 和修正判断矩阵 $\boldsymbol{B}^k = \{b_{ij}^k\}_{n\times n}$ 的上三角矩阵元素为优化变量,对 n 阶模糊优先关系矩阵 $\boldsymbol{A}^k$ 共有 $n(n+1)/2$ 个独立的优化变量。显然,式(7.31) 左端的值 $\mathrm{CIC}(k,n)$ 越小则模糊优先关系矩阵 $\boldsymbol{A}^k$ 的一致性程度就越高,当取全局最小值 $\mathrm{CIC}(k,n) = 0$ 时有 $\boldsymbol{B}^k = \boldsymbol{A}^k$,此时矩阵 $\boldsymbol{A}^k$ 具有完全的一致性,又根据约束条件 $\sum_{i=1}^{n} s_i^k = 1$ 知,该全局最小值是唯一的。模拟生物优胜劣汰规则与群体内部染色体信息交换机制的加速遗传算法(AGA),是一种通用的全局优化方法,用它来求解式(7.31) 所示的问题较为简便和有效。当 $\mathrm{CIC}(k,n)$ 值小于某一临界值时,可认为

模糊优先关系矩阵 $\boldsymbol{A}^k$ 具有满意的一致性，据此计算的各优度值 s_i^k 是可以接受的；否则就需要调整 d 或 $\boldsymbol{A}^k$，直到具有满意的一致性为止。

步骤3：构造投影指标函数。PP技术就是把 m 维优度值数据 $\{s_i^k \mid k=1\sim m\}$ 综合成以 $a=(a(1),a(2),\cdots,a(p))$ 为投影方向的一维投影值 $z(i)$

$$z(i)=\sum_{k=1}^{m}a(k)s_i^k \quad (i=1\sim n) \tag{7.32}$$

然后根据 $\{z(i) \mid i=1\sim n\}$ 的一维散布图进行方案优选。式(7.32)中 $\boldsymbol{a}$ 为单位长度向量。

显然，不同的投影方向反映了优度值数据的不同结构特征、不同综合方式和不同数据挖掘途径。在优度值综合过程中，要求投影值 $z(i)$ 的分布特征应为：局部投影点尽可能密集，最好凝聚成若干个点团；而在整体上投影点团之间尽可能散开。基于此，投影指标函数可构造为[23]：

$$Q(\boldsymbol{a})=S_zD_z \tag{7.33}$$

式中，S_z 为投影值 $z(i)$ 的标准差，D_z 为投影值 $z(i)$ 的局部密度，即：

$$S_z=\left[\sum_{i=1}^{n}(z(i)-\bar{z})^2/(n-1)\right]^{0.5} \tag{7.34}$$

$$D_z=\sum_{i=1}^{n}\sum_{j=1}^{n}(R-r_{ij})u(R-r_{ij}) \tag{7.35}$$

式中，$\bar{z}$ 为系列 $\{z(i) \mid i=1\sim n\}$ 的均值；R 为计算局部密度的窗口半径，它的选取既要使包含在窗口内的投影点的平均个数不太少，避免滑动平均偏差太大，又不能使它随着 n 的增大而增加太多，对方案优选问题 R 一般可取为 $0.1S_{z[1,23]}$；距离 $r_{ij}=|z(i)-z(j)|$；$u(t)$ 为单位阶跃函数，当 $t\geqslant 0$ 时其函数值为1，当 $t<0$ 时其函数值为0。

步骤4：优化投影指标函数。当方案集给定时，投影指标函数 $Q(\boldsymbol{a})$ 只随投影方向 $\boldsymbol{a}$ 的变化而变化。不同的投影方向反映不同的数据结构特征，最佳投影方向就是最大可能暴露高维数据分类排序特征结构的投影方向。通过求解投影指标函数最大化问题可估计最佳投影方向，即：

$$\max \quad Q(\boldsymbol{a})=S_zD_z \tag{7.36}$$

$$\text{s.t.} \quad \sum_{k=1}^{m}a^2(k)=1 \tag{7.37}$$

这是一个以 $\{a(k) \mid k=1\sim m\}$ 为优化变量的、用常规方法处理较困难的复杂非线性优化问题，而用加速遗传算法则可简便而有效地求解。

步骤 5:方案优选。把由步骤 4 求得的最佳投影方向 $\boldsymbol{a}^*$ 代入式(7.32)后即得各方案的投影值 $z^*(i)$。显然,$z^*(i)$ 值越大,对应的方案 i 越优。对 $z^*(i)$ 值从大到小排序,最大的 $z^*(i)$ 值所对应的方案 i 就是最优方案,为决策提供科学依据。

下面再对 FPRM－PP 方法作一些初步分析。

(1) 模糊优先关系矩阵具有满意一致性的判别分析。对于不同阶数 n 的模糊优先关系矩阵,其一致性指标系数 CIC(n) 值一般是不同的。为了度量模糊优先关系矩阵是否具有满意的一致性,这里引入模糊优先关系矩阵的平均随机一致性指标系数 RIC(n) 值。RIC(n) 值是用随机模拟方法,分别对 3～n 阶各构造 500 个随机模糊优先关系矩阵,计算这些矩阵的一致性指标系数值,然后平均求得,结果参见表 7-5。

表 7-5　模糊优先关系矩阵平均随机一致性指标系数 RIC(n) 值

阶数 n	3	4	5	6	7	8	9
$RIC(n)$	0.341	0.387	0.397	0.431	0.427	0.438	0.447

由表 7-5 可见,RIC(n) 值在 0.341～0.447 之间。经大量的数值计算试验,并参照徐泽水[22]、宋光兴[20] 等提出的一致性指标临界值分别取 0.1 和 0.2,笔者初步认为,当模糊优先关系矩阵的一致性指标系数 CIC(n) 值不大于 0.2 时,可认为该判断矩阵具有满意的一致性。

(2) 灵敏度分析。现以模糊优先关系矩阵

$$\mathbf{A}=\begin{bmatrix}0.5 & 1.0 & 1.0 & 0.5 & 1.0 & 0.5 & 1.0\\ 0.0 & 0.5 & 0.0 & 0.0 & 0.0 & 0.0 & 0.5\\ 0.0 & 1.0 & 0.5 & 0.0 & 1.0 & 0.0 & 1.0\\ 0.5 & 1.0 & 1.0 & 0.5 & 1.0 & 0.5 & 1.0\\ 0.0 & 1.0 & 0.0 & 0.0 & 0.5 & 0.0 & 1.0\\ 0.5 & 1.0 & 1.0 & 0.5 & 1.0 & 0.5 & 1.0\\ 0.0 & 0.5 & 0.0 & 0.0 & 0.0 & 0.0 & 0.5\end{bmatrix}$$

为例,对FPRM－PP进行灵敏度分析,以验证 FPRM－PP 方法计算结果的稳定性。设相对变动比率为 $\beta\in[0,1]$,矩阵 A 的任一上三角元素值为 a_{ij},在$[a_{ij}-\beta a_{ij},\ a_{ij}+\beta a_{ij}]\cap[0,1]$ 区间上随机抽取 100 个 a_{ij} 新值,对应这些 a_{ij} 新值的下三角元素值为 $a_{ji}=1-a_{ij}$。这样可生成 100 个 $\mathbf{A}$ 的随机模糊优先关系矩阵,然后统一用 FPRM－PP 进行修正并计算它们的优度值,再与原判断矩阵 $\mathbf{A}$ 的优度值进行比较分析,结果见表 7-6。

表 7-6　模糊优先关系矩阵 **A** 的 FPRM－PP 方法的灵敏度分析结果

A 矩阵要素	**A** 优度值	100 个 A 随机模糊互补判断矩阵的排序权值							
		$a=30\%$ 下均值	$a=50\%$ 下均值	$a=30\%$ 下标准差	$a=50\%$ 下标准差	$a=30\%$ 下平均绝对误差	$a=50\%$ 下平均绝对误差	$a=30\%$ 下平均相对误差	$a=50\%$ 下平均相对误差
1	0.220	0.200	0.193	0.008	0.016	0.020	0.027	0.090	0.124
2	0.062	0.070	0.070	0.007	0.009	0.009	0.010	0.142	0.158
3	0.137	0.138	0.137	0.011	0.014	0.009	0.011	0.064	0.083
4	0.222	0.202	0.200	0.009	0.012	0.020	0.022	0.090	0.100
5	0.081	0.109	0.114	0.009	0.014	0.028	0.033	0.342	0.406
6	0.219	0.204	0.203	0.009	0.012	0.015	0.016	0.068	0.075
7	0.060	0.077	0.083	0.007	0.015	0.017	0.023	0.278	0.380

表 7-6 中在相对变动比率 β 取 30% 和 50% 时，这 100 个 **A** 的随机模糊优先关系矩阵的一致性指标系数值分别小于 0.184 和 0.194，因此可认为这些矩阵具有满意的一致性。从表 7-6 各分析指标看，在相对变动比率 β 分别取 30% 和 50% 的情况下的优度值与原判断矩阵 **A** 的优度值较为接近，说明根据式(7.31) 用 FPRM－PP 方法计算模糊优先关系矩阵的优度值较为稳定。

7.4.2　实例分析

例 7.4　现以某水运投资项目社会效益评价为例，进一步说明 FPRM－PP 方法的应用过程：有 7 个水运投资项目方案，该项目有广泛的社会效益，经分析提出如下社会评价指标[17]：① 项目对区域水运的影响 =（项目增加的干线航道里程 / 区域原有干线航道里程）×100%；② 项目提高水运网效率 = [（项目实施后货运周转量 － 实施前货运周转量）/ 项目实施前货运周转量] × 100%；③ 项目区域对项目需求，指项目所在区域根据区域生产力发展水平及布局情况对水运的需求；④ 项目水资源综合利用能力，指项目实施后对水利、城建、旅游等带来有益的作用；⑤ 项目类型，根据工程属性和项目重要程度，可把水运建设项目分为重点工程、一般工程、维护工程；⑥ 项目征地拆迁规模，采用征地拆迁所需投资占项目总投资的百分比来表达；⑦ 项目对改善综合交通作用，指项目建设后对港口、陆路交通带来的改善程度，以增加区域综合交通能力。这些指标值如表 7-7 所示[17]。

表 7-7　某水运项目各方案社会评价指标值及其投影值

方案号	社会评价指标值							投影值
	项目对区域水运的影响/%	项目提高水运网效率/%	项目区域对项目需求	项目水资源综合利用能力	项目类型	项目征地拆迁规模/%	项目对改善综合交通作用	
1	14.4	36.7	非常需求	一般	重点项目	6.1	较大	0.492
2	9.8	56.6	一般需求	较高	一般项目	10.3	一般	0.272
3	7.6	55.4	需求	一般	一般项目	12.4	一般	0.266
4	11.3	44.2	非常需求	很高	重点项目	3.5	很大	0.564
5	3	29.7	较为需求	一般	一般项目	5.1	一般	0.263
6	5.4	14.5	非常需求	较低	维护项目	10.4	很大	0.267
7	1.4	4.2	一般需求	一般	一般项目	5.2	较大	0.269

由表 7-7 可得在上述 7 个社会评价指标下各方案的模糊优先关系矩阵分别为：

$$
\boldsymbol{A}^1=\begin{bmatrix}
0.5 & 1.0 & 1.0 & 1.0 & 1.0 & 1.0 & 1.0\\
0.0 & 0.5 & 1.0 & 0.0 & 1.0 & 1.0 & 1.0\\
0.0 & 0.0 & 0.5 & 0.0 & 1.0 & 1.0 & 1.0\\
0.0 & 1.0 & 1.0 & 0.5 & 1.0 & 1.0 & 1.0\\
0.0 & 0.0 & 0.0 & 0.0 & 0.5 & 0.0 & 1.0\\
0.0 & 0.0 & 0.0 & 0.0 & 1.0 & 0.5 & 1.0\\
0.0 & 0.0 & 0.0 & 0.0 & 0.0 & 0.0 & 0.5
\end{bmatrix},
$$

$$
\boldsymbol{A}^2=\begin{bmatrix}
0.5 & 0.0 & 0.0 & 0.0 & 1.0 & 1.0 & 1.0\\
1.0 & 0.5 & 0.5 & 1.0 & 1.0 & 1.0 & 1.0\\
1.0 & 0.5 & 0.5 & 1.0 & 1.0 & 1.0 & 1.0\\
1.0 & 0.0 & 0.0 & 0.5 & 1.0 & 1.0 & 1.0\\
0.0 & 0.0 & 0.0 & 0.0 & 0.5 & 1.0 & 1.0\\
0.0 & 0.5 & 0.0 & 0.0 & 0.0 & 0.5 & 1.0\\
0.0 & 0.5 & 0.0 & 0.0 & 0.0 & 0.0 & 0.5
\end{bmatrix},
$$

$$
\boldsymbol{A}^3=\begin{bmatrix}
0.5 & 1.0 & 1.0 & 0.5 & 1.0 & 0.5 & 1.0\\
0.0 & 0.5 & 0.0 & 0.0 & 0.0 & 0.0 & 0.5\\
0.0 & 1.0 & 0.5 & 0.0 & 1.0 & 0.0 & 1.0\\
0.5 & 1.0 & 1.0 & 0.5 & 1.0 & 0.5 & 1.0\\
0.0 & 1.0 & 0.0 & 0.0 & 0.5 & 0.0 & 1.0\\
0.5 & 1.0 & 1.0 & 0.5 & 1.0 & 0.5 & 1.0\\
0.0 & 0.5 & 0.0 & 0.0 & 0.0 & 0.0 & 0.5
\end{bmatrix},
$$

$$\mathbf{A}^4 = \begin{bmatrix} 0.5 & 0.0 & 0.5 & 0.0 & 0.5 & 1.0 & 0.5 \\ 1.0 & 0.5 & 1.0 & 0.0 & 1.0 & 1.0 & 1.0 \\ 0.5 & 0.0 & 0.5 & 0.0 & 0.5 & 1.0 & 0.5 \\ 1.0 & 1.0 & 1.0 & 0.5 & 1.0 & 1.0 & 1.0 \\ 0.5 & 0.0 & 0.5 & 0.0 & 0.5 & 1.0 & 0.5 \\ 0.0 & 0.0 & 0.0 & 0.0 & 0.0 & 0.5 & 0.0 \\ 0.5 & 0.0 & 0.5 & 0.0 & 0.5 & 1.0 & 0.5 \end{bmatrix},$$

$$\mathbf{A}^5 = \begin{bmatrix} 0.5 & 1.0 & 1.0 & 0.5 & 1.0 & 1.0 & 1.0 \\ 0.0 & 0.5 & 0.5 & 0.0 & 0.5 & 1.0 & 0.5 \\ 0.0 & 0.5 & 0.5 & 0.0 & 0.5 & 1.0 & 0.5 \\ 0.5 & 1.0 & 1.0 & 0.5 & 1.0 & 1.0 & 1.0 \\ 0.0 & 0.5 & 0.5 & 0.0 & 0.5 & 1.0 & 0.5 \\ 0.0 & 0.0 & 0.0 & 0.0 & 0.0 & 0.5 & 0.0 \\ 0.0 & 0.5 & 0.5 & 0.0 & 0.5 & 1.0 & 0.5 \end{bmatrix},$$

$$\mathbf{A}^6 = \begin{bmatrix} 0.5 & 1.0 & 1.0 & 0.0 & 0.0 & 1.0 & 0.0 \\ 0.0 & 0.5 & 1.0 & 0.0 & 0.0 & 0.5 & 0.0 \\ 0.0 & 0.0 & 0.5 & 0.0 & 0.0 & 0.0 & 0.0 \\ 1.0 & 1.0 & 1.0 & 0.5 & 1.0 & 1.0 & 1.0 \\ 1.0 & 1.0 & 1.0 & 0.0 & 0.5 & 1.0 & 0.5 \\ 0.0 & 0.5 & 1.0 & 0.0 & 0.0 & 0.5 & 0.0 \\ 1.0 & 1.0 & 1.0 & 0.0 & 0.5 & 1.0 & 0.5 \end{bmatrix},$$

$$\mathbf{A}^7 = \begin{bmatrix} 0.5 & 1.0 & 1.0 & 0.0 & 1.0 & 0.0 & 0.5 \\ 0.0 & 0.5 & 0.5 & 0.0 & 0.5 & 0.0 & 0.0 \\ 0.0 & 0.5 & 0.5 & 0.0 & 0.5 & 0.0 & 0.0 \\ 1.0 & 1.0 & 1.0 & 0.5 & 1.0 & 0.5 & 1.0 \\ 0.0 & 0.5 & 0.5 & 0.0 & 0.5 & 0.0 & 0.0 \\ 1.0 & 1.0 & 1.0 & 0.5 & 1.0 & 0.5 & 1.0 \\ 0.5 & 1.0 & 1.0 & 0.0 & 1.0 & 0.0 & 0.5 \end{bmatrix}$$，用FPRM－PP方法（参数 d 取0.15）计算上述矩阵的优度值，结果见表7-8。这7个矩阵的一致性指标系数都不大于0.2，可认为具有满意的一致性，计算所得的各方案的优度值可以接受。

表 7-8　用 FPRM－PP 计算模糊优先关系矩阵优度值的结果

判断矩阵	各方案的优度值							一致性指标系数值
	w_1	w_2	w_3	w_4	w_5	w_6	w_7	
A^1	0.268	0.188	0.141	0.220	0.054	0.098	0.030	0.20
A^2	0.138	0.240	0.241	0.194	0.088	0.064	0.035	0.18
A^3	0.220	0.062	0.137	0.222	0.081	0.219	0.060	0.13
A^4	0.114	0.248	0.116	0.261	0.113	0.033	0.115	0.11
A^5	0.254	0.116	0.116	0.259	0.116	0.022	0.115	0.09
A^6	0.134	0.069	0.041	0.257	0.217	0.066	0.216	0.16
A^7	0.186	0.057	0.061	0.222	0.061	0.221	0.191	0.11

把表 7-8 所得到的各方案的优度值，依次代入式(7.32)、式(7.34)、式(7.35) 和式(7.33)，即得此例的投影指标函数，再用 AGA 优化由式(7.36)和式(7.37) 所确定的问题，得最大指标函数值为 0.034，最佳投影方向为 $a^* = (0.431, 0.151, 0.501, 0.077, 0.473, 0.485, 0.275)$。把 a^* 代入式(7.32)后即得各方案的投影值 $z^*(i)$，结果见表 7-7 和图 7-1。

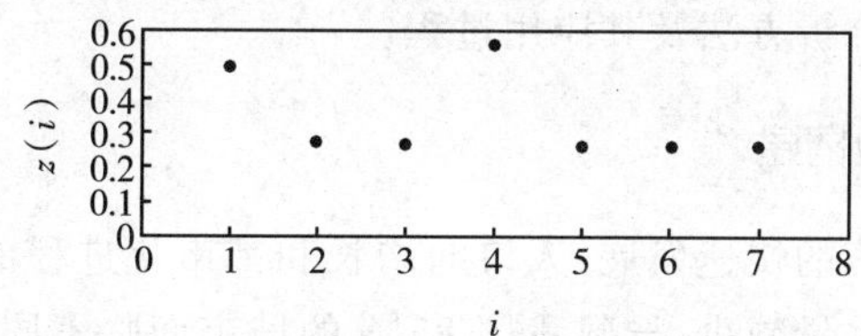

图 7-1　某水运投资项目各方案 i 的投影值 $z(i)$ 的散布图

表 7-7 和图 7-1 说明：

(1) 根据投影值越大、对应的方案越优，用 FPRM－PP 方法可把这 7 个方案分成 3 类，即方案 4 可归为优等方案，方案 1 可归为次优方案，方案 2、3、5、6 和 7 可归为劣等方案，这一结果符合实际情况，也与文献[17] 的模糊综合评价结果、文献[18] 的基于模糊一致矩阵的多因素决策方案优选方法的计算结果相一致，而 FPRM－PP 方法各方案的综合评价指标值的差异较为明显，优选结果受主观因素影响较小。

(2) 根据最佳投影方向，可进一步计算得到各评价指标对投影值的贡献率：项目对区域水运的影响为 18.01%，项目提高水运网效率为 6.31%，项目区域对项目需求为 20.94%，项目水资源综合利用能力为 3.22%，项目类型为 19.77%，项目征地拆迁规模为 20.27%，项目对改善综合交通作用为 11.49%。贡献率越大的评价指标，对方案优选结果的影响就越大，这为筛选原评价指标、改进各方案提供了重要信息。

(3)FPRM－PP 方法修正 A 的幅度与常用的一致性转换方法相比较小，

AGA 是一种通用的全局优化新方法,可在修正判断矩阵元素和优度值可能取值的较大区间内进行快速自适应全局优化搜索,计算结果稳定,其优度值的计算结果与一致性转换方法的计算结果相一致,而求解精度更高;FPRM－PP 方法利用原模糊优先关系矩阵各要素的信息来修正,属全局性直接修正方法;用投影寻踪技术综合在各指标下各方案的优度值,充分利用了各方案的优度值信息,所得各方案的综合评价值的离散聚类性较为显著,优选结果受主观因素影响较小。

(4) 用 FPRM－PP 方法进行水利工程方案优选是可行、有效的,它与其他方法相比的显著优点是不需建立隶属度函数,也不需预先给定各评价指标的权重,便于在实际中推广应用。FPRM－PP 方法可在多因素决策方案优选中推广应用。

7.5 基于试验遗传算法优选工程方案的决策分析方法

下面以灌区向城市引水工程方案优选为例,说明用试验遗传算法优选工程方案的决策分析方法及其应用过程。

7.5.1 模型构建

随着我国经济的快速发展、人口的增长和都市化进程的加快,城市水源水质下降及可用水量减少,导致我国 85% 的城市面临不同程度的缺水问题我国,已被联合国列为世界上 13 个最严重缺水国家之一。我国各级政府及水科学工作者也把城市供水系统的规划、运行、调度和管理问题的研究作为支持社会经济可持续发展的重要战略课题。同时,由于工程设施年久老化和配套管理措施的不完善,当前我国许多大中型灌区的水资源浪费现象十分严重,如灌溉面积近千万亩的淠史杭灌区,目前其灌溉水的利用率还不到50%。水的浪费不仅大大降低了灌区的农业保证率,而且这种花费高成本所获得的灌溉收益也难以保证灌区工程的维护保养和正常运行。为此可以考虑将主要为农业灌溉服务的灌区工程适当向城市供水以提高效益,而水权转换是水资源优化配置的重要手段,以此可以引导水资源向高效率、高效益方向流动,实现以节水、高效为目标的优化配置,为经济社会发展提供水保障。实际上我国已有部分灌区(如广东、浙江等地)开始尝试向城市加大供水的实践,取得了较好的社会效益、环境效益和经济效益,但由于缺乏有力的科学分析论证,这类工程实践往往受到水资源系统时空分布和决策者知识经验的限制,因而具有很强的主观性和局限性。水资源系统是一个由地区政治、经济、资源和环境等诸要素组成的复杂大系统,灌区与城市供水的优化是当前水资源系统工程理论研究的重大问题之一，对地区工农业可持续发展具有重要的应用价值，目前国内外正在积极探讨[24-29]。

这里结合某工程实例，灌区供水系统拟采用模拟模型和优化模型的混合模型对灌区水资源调配问题进行探讨，并提出试验遗传算法对引水工程的设计参数和运行参数进行优化设计。下面从目标函数和约束条件这两个方面对这一算法进行分析：

1. 目标函数

例 7.5 某灌区向城市供水工程是从灌区引水直接进入城市供水水源水库，并经其调蓄后向城市自来水系统供水，因此该工程决策变量主要有：

（ⅰ）引水工程控制性设计参数：Q_d，即灌区向城市引水的设计流量；

（ⅱ）引水工程运行参数：城市水源水库起充水位 Z_l 和充限水位 Z_u，即灌区向城市开始引水和停止引水条件；

（ⅲ）考虑城市引水应尽量减少在农业灌溉期内的时间，因此将 Z_l、Z_u 进一步分为非灌溉期起充水位 Z_{ln}、Z_{un} 和灌溉期充限水位 Z_{li}、Z_{ui}。

以上决策变量中，Q_d 的大小决定了引水工程投资的多少和灌溉期向城市充水时间的长短，Z_l 和 Z_u 的高低影响到城市水源水库对工程引水水量和当地径流水量的调蓄作用，进而决定了城市弃水量、缺水量的多少。在工程实际设计中，设计人员一般只对（ⅰ）的若干个经验值进行有限的试算，从中选择较优的参数作为工程设计依据，本文拟对（ⅱ）和（ⅲ）分别进行选优计算，并与（ⅰ）进行对比分析。

用水矛盾是整个工程系统的核心问题，因此经过分析这里选择如下目标作为系统优化的评价指标：① 灌溉期引水工程年均供水时间 W_1；② 农业年均灌溉缺水量 W_2；③ 城市供水破坏率 W_3；④ 城市水源水库年均弃水量 W_4。其中 W_1 为时间单位(旬或月)，W_2、W_3 和 W_4 皆为水量单位(m^3)。取决策变量$\{Q_d, Z_{ln}, Z_{un}, Z_{li}, Z_{ui}\}$代入灌区和城市供水系统的长系列模拟模型，即可得到系统相应的评价指标响应曲面$\{W_1, W_2, W_3, W_4\}$即：

$$W_{i,k} = \Psi(Q_{dk}, Z_{lnk}, Z_{unk}, Z_{lik}, Z_{uik}) \quad i = 1 \sim 4,\ k = 1,2,\cdots,K \tag{7.38}$$

本着节约水资源的原则，工程应在满足诸多约束条件的前提下使以上 4 个目标值尽量小，这是多目标优化问题，因此先通过改进层次分析法将多目标问题转化为单目标无量纲问题。经过专家初步分析研究，得到了 4 个指标 W_1、W_2、W_3、W_4 的重要性判断矩阵为 $\boldsymbol{A} = \begin{bmatrix} 1 & 1/3 & 1/5 & 1 \\ 3 & 1 & 1 & 3 \\ 5 & 1 & 1 & 5 \\ 1 & 1/3 & 1/5 & 1 \end{bmatrix}$，用改进层次分析法[14,28]计算该判断矩阵的排序权值，得这4个指标的权值 $u_i(i=1\sim4)$ 分别为0.100 6，0.350 0，0.449 9和0.099 5，该判断矩阵的一致性指标函数值为0.00327，可认为该矩阵具有满意的一致性。对各指标值进行标准化处理，这里皆为越小越好型指标，按下式进行标准化：

$$r_{i,k}=(W_{i,\max}-W_{i,k})/(W_{i,\max}-W_{i,\min}) \quad i=1\sim4,\ k=1,2,\cdots,K \tag{7.39}$$

式中，$W_{i,k}$ 为第 k 方案中第 i 个指标的取值；$W_{i,\min}$、$W_{i,\max}$ 分别为 K 组试验中第 i 指标的最小值和最大值；$r_{i,k}$ 为第 k 方案中第 i 个指标的标准化值。

则模型的目标函数即求 K 组方案的综合评价指标值最大，

$$F=\max\left\{\sum_{i=1}^{4}u_i r_{i,k}\mid k=1,2,\cdots,K\right\} \tag{7.40}$$

2. 约束条件

(1) 灌区源头骨干水库水量平衡约束。对任一时段任一水库皆有下式

$$V_{k,j}=V_{k,j-1}+W_{k,j}+P_{k,j}-E_{k,j}-S_{k,j}X_{\mathrm{s}\,k,j} \tag{7.41}$$

$$\text{s.t.}\quad X_{\mathrm{s}\,k,j}\leqslant 8.64U_k$$

式中，$V_{k,j}$ 为源头骨干水库 k 在 j 时段可用水量，$j=1,2,3,\cdots,n$ ，$k=1,2,3,\cdots,m$；W 为水库来水量；P 为库水面降雨量；E 为库水面蒸发量；S 为水库渗漏量；X_s 为水库放水量；U_k 表示水库最大泄水流量，各单位均为 $10^8\ \mathrm{m}^3$。

(2) 灌区内水量平衡约束。灌区农作物灌溉用水过程不仅与其本身的生长需水系数有关，同时也受其生长期内的有效降雨量以及灌区内塘坝产水量等因素的影响，因此有：

① 田间水量平衡约束

$$H_{i,j}=H_{i,j-1}+a_{i,j}\cdot E_{\mathrm{d}i,j}-P_{\mathrm{p}j}+S_{\mathrm{s}j} \tag{7.42}$$

式中：i 表示作物种类，$i=1,2,\cdots,m$；H 为田间蓄水量；a 为作物需水系数；E_d 为直径80mm蒸发皿的水面蒸发量；P_p 为灌区有效降雨量；S_s 为农田渗漏量，各单位均以mm计。

② 塘坝及反调节库约束。灌区中的塘坝可以调蓄天然来水及优先向灌区供水，反调节库蓄纳源头水库充水、弃水并向灌区供水，二者在各个阶段都应满足水量平衡约束，公式略。

③ 提水能力约束。大型灌区尾部或较高地区水量或水位难以满足时，在外水水源充裕的条件下需通过提水进行灌溉，因此要考虑灌区抽引外水能力的限制，即：

$$W_{\mathrm{tg}j} = \min\{W_{\mathrm{que}j}, 8.64Q_{\mathrm{tg}} \cdot \eta_{\mathrm{f}} \cdot t_j\} \tag{7.43}$$

式中：W_{tg} 为时段提水量；W_{que} 为时段灌区缺水量；Q_{tg} 为灌区最大提水能力（m^3/s）；t_j 为时段有效提水时间（s）；η_{f} 为灌区田间水利用系数。

（3）城市蓄供水库水量平衡约束　其水量平衡计算公式为：

$$V_j = V_{j-1} + W_{yj} + W_{lj} + P_j - E_j - S_j - W_{gj} \tag{7.44}$$

式中，V 为城市蓄水水库有效蓄水量；W_l 为水库上游来水量；W_y 为水库从灌区的引水量；W_g 为向城市供水量；其他同前。各单位均为 $10^8 m^3$。

以上各子系统的水量平衡计算通过下式联立为整体的水资源优化调配系统：

$$W_{\mathrm{q}j} + X_{\mathrm{s}k,j} = A \cdot Z_{\mathrm{g}j} + W_{\mathrm{qt}j} + W_{\mathrm{y}j} \tag{7.45}$$

$$\text{s.t.} \quad W_{\mathrm{q}j} + X_{\mathrm{s}k,j} \leqslant 0.259\,D_{tj}, \text{各变量均为非负.}$$

式中，W_{q} 为渠首以上的区间来水；Z_g 为灌区各作为总需水量，$Z_{\mathrm{g}j} = \sum_{i=1}^{m} : j \cdot$ 2/3W_{qt} 为灌区其他非农业需水；D_{t} 表示计算时段 j 内的天数，单位为 d。其他意义同前。

（4）其他约束。如城市供水保证率 95% 以上约束、设计参数的非负性约束、灌溉供水渠道最大输水流量限制等。

7.5.2　模型的求解

上述灌区水资源系统模拟模型和优化模型是一个多维、非线性的复杂大系统，目前对其进行优化设计大多采用抽样法，即系统抽样法（包括均匀网络法、单因子法、双因子法、最陡梯度法等）和随机抽样法等，但这些方法的局限性或系统的复杂性使之在实际应用中受到限制[29]。受传统优化方法、现代智能算法[1,30] 以及试验设计理论与方法的启发，这里给出一种改进的遗传算法即试验遗传算法（Experimental Genetic Algorithm，EGA），该算法参数设置简便，计算效率高，通用性强，对于工程方案优选中的非线性、非凸及组合优化等问题的求解具有很强的适应能力，其设计步骤简述如下。

不失一般性，考虑如下优化问题：

$$\min\{f(\boldsymbol{x}) \mid \boldsymbol{x} \in D\} \tag{7.46}$$

式中，f 为目标函数，这里设为非负；$\boldsymbol{x}$ 为 N 个优化变量，$\boldsymbol{x} \in R^N$；D 为待优化变量可行域。RIGA 的具体操作步骤为：

步骤 1：实数编码。

步骤 2：产生初始群体。

步骤 3:父代个体串的解码和适应度评价。

步骤 4:选择操作。

步骤 5:杂交操作。

步骤 6:变异操作。

步骤 7:进化迭代。以上步骤构成标准遗传算法,为提高其寻优性能笔者研制加载了如下三种操作算子。

步骤 8:免疫生殖操作[31,32]。生物免疫机制及简单免疫进化算法中子代个体的生殖方式,即在前面进化迭代所产生的 N_{ex} 个优秀个体的基础上,叠加一个服从正态分布的随机变量来产生新的子代群体,以此综合体现出父代优秀个体的遗传特性和免疫特性,免疫进化算法中把这种产生子代个体的方式称为生殖。

步骤 9:摄动试验操作。这里借鉴某些传统优化方法思想,只对某一变量进行试探性搜索而固定其他变量不变,试验说明这对算法跳出局部最优解有很大帮助。

步骤 10:均匀布点操作。引入均匀试验设计[33]的思想,将其确定性的均匀分布搜索方法与遗传算法的随机性搜索方法相结合以构成新的遗传算法,即对以上步骤产生的最优及最差群体所张成的变量空间,利用均匀设计表将各变量按表中所给顺序进行不同水平组合,生成新的子代群体进入迭代运算。试验说明,该方法尤其在高维优化问题中能较大提高遗传算法的搜索效率,以较少的进化代数得到较为满意的全局最优解。

至步骤 10,就可得到新的子代群体,算法转入步骤 3。如此循环往复,优秀个体所对应的优化变量将不断进化,与最优点的距离越来越近,直至最优个体的适应度函数值小于某一设定值或达到预定加速循环次数,结束整个算法的运行。

以 Rastrigin 函数 $f\sum_{i=1}^{n}[x(i)\cdot x(i)-\cos 18x(i)]$ 为例,在 $x(i)\in(-1,\ 1)$ 区间内求其极小点。据分析该函数有 7^n 个局部最小点,其全局最小值为 $f=-n$,相应的最小点为 $x(i)=0, i=1,2,\cdots,n$。变量个数 n 分别取 5、8、15 时,其目标函数的局部最小点数分别达到 16807 个、5 764 801 个和 4747561509943 个。该问题用常规优化方法求解是极其有难度的,即使用一般的遗传算法也极易陷入局部最小点,而应用本文方法,其父代个体数目取 300、初始搜索代数和 N_{ex} 皆取 10,优化变量初始变化区间皆为[-1, 1],经过小于 30 次的迭代都能获得真实极小点,说明本文所提方法的有效性。

1. 工程概况

HF 市是集政治、经济、文化于一体的现代化大城市,随着城市发展的加快其需水量发生急剧增长，而供水水源的水质却一直在下降。巢湖作为重要水源，其水量虽丰富，但由于湖水富营养化日趋严重而已逐渐失去城市供水功能。其他水源包括南淝河上游的董铺水库和四里河上游在建的大房郢水库，二水库多年平均来水量分别为0.62亿m^3和0.42亿m^3，其水质优良但水量难以满足HF市日益增长的需水要求。因此考虑皖西大别山区的三座大型水库：F、M和X，通过P灌区的干渠与董铺水库连通，可作为水库重要优质水源。P灌区上游是一个多雨中心，年降水量一般在500mm～2 000mm，水库F、X是P灌区的主要供水来源，多年平均来水量25.3亿m^3。F、X两库与渠首H之间还有多年平均约为7.5亿m^3的区间径流量。P灌区的供水对象主要有：① 灌区农业用水，这是灌区供水的主要对象；② 灌区内城镇工业及生活用水，包括沿渠农村生活及牲畜用水、航运船闸用水等其他部门用水；③HF市工业及生活用水。

2. 系统划分

整个供水系统可分为三个子系统：(1) 灌区上游源头水库子系统，包括水库F(与M聚合为单库)和水库X；(2) 灌区子系统P，包括HPT渠首工程、灌区内输配渠道以及灌区非农业用水单元等，根据供水方式的不同进一步将P灌区内灌溉土地分为三类即源头水库直接灌溉区A、源头水库与反调节库联灌区B、源头水库与抽引外水联灌区C；(3) 灌区下游的城市供水子系统，包括用水对象HF市、可纳蓄灌区引水的董铺水库和即将建成的大房郢水库，为简便也将二库考虑为聚合库，见图7-2。

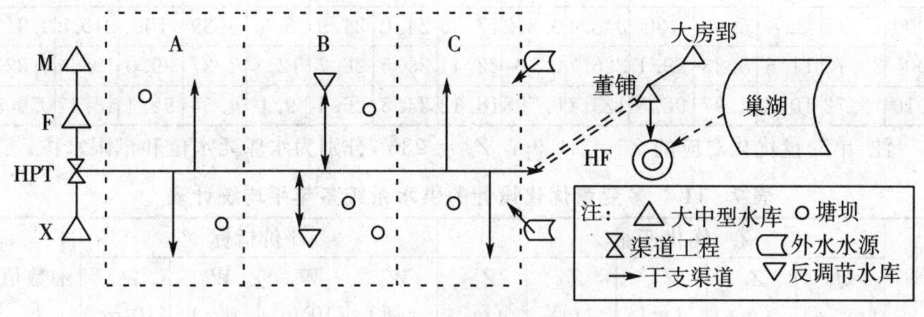

图7-2　P灌区水资源系统结构图

3. 模拟优化

为降低P灌区增加供水对象而对农业灌溉造成的影响，必须慎重选择该供水工程的设计参数及引水运行参数以优化利用水资源。为简化问题，本文对源头骨干水库调度规则、灌区内库塘运用规程及灌溉田间用水规则并未优化，而仍采用根据工程实际总结出的调配方案[34]，以之代入灌区系统的模拟模型。由于该模拟模型的输出与输入是一复杂的非线性映射关系，无法用常规的优化算法加以优化求解，因此采用 IGA 来处理该系统工程的设计参数及引水运行参数优化问题。

4. 计算结果与讨论

现根据设计要求，水平年取现状 2000 年、近期 2005 年和远期 2010 年，各年灌区主要工程参数及各用户需水情况见表 7-9。

表 7-9 灌区主要工程参数及系统各用户需水情况表

水平年	源头骨干水库库容 ($10^8 m^3$)	P 灌区作物种植结构(%)							灌区主要工程参数				HF 市日均需水量 ($10^4 m^3/d$)
		早稻	中稻	单晚	双晚	秋旱	麦油	蔬菜	渠系水利用率	灌溉面积 (10^4 亩)	提引外水流量 (m^3/s)	非农业需水 ($10^4 m^3/d$)	
2000	15.99	4	70	1	3	24	80	2	0.51	520.0	46.00	35.60	78.80
2005	15.99	3	68	0	3	26	84	6	0.55	616.0	46.00	41.70	113.60
2010	17.09	2	66	0	2	27	85	8	0.60	660.0	65.00	56.20	142.50

根据 1951—1998 年共 48 年源头骨干水库的径流系列、灌区降雨蒸发资料以及董铺大房郢水库径流系列代入模拟模型进行优化计算，多年平均统计计算结果见表 7-10 和表 7-11。

表 7-10 单变量与三变量优化设计的供水系统多年平均统计表

水平年	优化变量	评价指标				目标函数值 F	优化变量			评价指标				目标函数值 F
	Q_d (m^3/s)	W_1 (旬)	W_2 ($10^8 m^3$)	W_3 (%)	W_4 ($10^4 m^3$)		Q_d (m^3/s)	Z_l (m)	Z_u (m)	W_1 旬	W_2 ($10^8 m^3$)	W_3 (%)	W_4 ($10^4 m^3$)	
2000	18.15	8.7	5.69	100	348.4	0.872	17.35	24.0	24.9	5.3	5.39	100	219.8	0.913
2005	20.73	11.6	5.23	99.1	226.7	0.784	22.41	25.6	26.7	12.1	7.27	99.0	198.4	0.821
2010	19.72	10.2	4.97	98.6	123.1	0.798	18.12	24.5	26.4	9.4	4.56	99.4	48.47	0.908

注：单变量优化对应的 $Z_l = 24.0\text{m}$，$Z_u = 28\text{m}$，分别为水库死水位和汛限水位。

表 7-11 多变量优化设计的供水系统多年平均统计表

水平年	优化变量					评价指标				目标函数值 F
	Q_d (m^3/s)	Z_{ln} (m)	Z_{un} (m)	Z_{li} (m)	Z_{ui} (m)	W_1 (旬)	W_2 ($10^8 m^3$)	W_3 (%)	W_4 ($10^4 m^3$)	
2000	13.49	26.8	27.5	24.1	25.5	4.6	5.3	100	112.38	0.959
2005	17.97	26.9	27.8	24.2	25.1	7.6	7.26	98.7	147.25	0.903
2010	18.93	25.2	26.5	24.4	25.7	7.9	4.31	99.9	27.65	0.936

由表 7-10、表 7-11 对比可以看出：

(1) 在同一水平年下，引水工程在运行时起充水位与充限水位由于考虑灌溉期与非灌溉期的不同，根据适应度函数值得知整个系统的供水效果是明显不一样的。其中，非灌溉期起充水位较高显示该时期充水频繁，这可充分利用源头骨干水库和区间径流，而在灌溉期起充水位较低，充限水位也不高，以尽量利用当地径流，在减小弃水的同时降低水库防洪压力。

(2) 通过多变量优化调控使灌溉期引水时间比单变量方法缩短2个时段具有重要意义，这可减小高峰时农业用水与非农业用水的矛盾，减小城市引水对农业灌溉的影响，而且由于受到输水渠道过水能力的限制，即使源头骨干水库有足够水量供给城市也难以完成输送任务。

(3) 设计 Q_d 可选范围为 $18m^3/s \sim 21\ m^3/s$，因为计算结果说明通过运行参数的调整能够追求供水系统整体较优，但 Q_d 还应考虑到较远的将来灌区节水措施推广及城市需水加大等因素，因此建议取较大值比较富有前瞻性，即使工程一次性投资较大。

(4)工程近期的系统适应度较低(甚至低于现状)，主要是由于近期非农业需水增幅较大，灌区的灌溉耕地面积增长率达 18.5%，作物种植结构调整滞后，而灌区相应灌溉配套措施难以同步跟上，如渠系水利用系数、灌区提引外水能力等都较低。因此本模型的优化结果也反映出该大型灌区在规划上的一些不足，需引起决策人员的注意。

(5)本模型对灌区向城市供水工程的模拟计算与优化设计结果丰富且令人满意，提供给决策者更多信息以利规划、决策。值得一提的是，将源头骨干水库的运行调度规则、灌区内的塘坝反调节水库运用规程以及灌区的田间配水方案等作为优化项目，与本引水工程整合而构成更加完整的灌区水资源系统进行优化以挖掘大型灌区的供水能力，有待进一步研究。

参考文献

[1] 金菊良，丁晶. 水资源系统工程. 成都：四川科学技术出版社，2002

[2] 汪应洛. 系统工程(第2版). 北京：机械工业出版社，2001

[3] 卫民堂，王宏毅，梁磊. 决策理论与技术. 西安：西安交通大学出版社，2000

[4] 谭跃进，陈英武，易进先. 系统工程原理. 长沙：国防科学技术大学出版社，1999

[5] 金菊良，丁晶，魏一鸣，等. 解不确定型决策问题的投影寻踪方法. 系统工程理论与实践，2003，23(4)：42～46

[6] 金菊良，张礼兵，魏一鸣. 基于客观组合权重的不确定型决策分析

方法．见：张嗣瀛，王福利主编．2004中国控制与决策学术年会论文集．沈阳：东北大学出版社，2004.807～810

[7] 翟立林，张庆洪．应用决策分析．上海：同济大学出版社，1994

[8] 袁宏源，邵东国，郭宗楼．水资源系统分析理论与应用．武汉：武汉水利电力大学出版社，2000

[9] 郭仲伟．风险分析与决策．北京：机械工业出版社，1987

[10] 金菊良，魏一鸣，丁晶．基于改进层次分析法的模糊综合评价模型．水利学报，2004，(3)：65～70

[11] 陈守煜．复杂水资源系统优化模糊识别理论与应用．长春：吉林大学出版社，2002

[12] 李洪兴，汪培庄．模糊数学．北京：国防工业出版社，1994

[13] 刘万里，雷治军．关于AHP中判断矩阵校正方法的研究．系统工程理论与实践，1997，17(6)：30～34，39

[14] 金菊良，魏一鸣，付强，等．计算层次分析法中排序权值的加速遗传算法．系统工程理论与实践，2002，22(11)：39～43

[15] 徐泽水．层次分析中判断矩阵排序的新方法—广义最小平方法．系统工程理论与实践，1998，(9)：38～43

[16] 薛仓生，金菊良，魏一鸣．水利工程方案优选的投影寻踪方法．长江科学院院报，2005，22(4)：80～83

[17] 丰玮，周之豪．水运投资项目综合评价方法的研究．水运工程，1998，(7)：1～5

[18] 黄健元．模糊一致矩阵在多层次、多因素决策方案优选中的应用．河海大学学报，1999，27(5)：84～89

[19] 姚敏，张森．模糊一致矩阵及其在决策分析中的应用．系统工程理论与实践，1998，18(5)：78～81

[20] 宋光兴，杨德礼．模糊判断矩阵的一致性检验及一致性改进方法．系统工程，2003，21(1)：110～116

[21] 吕跃进．基于模糊一致矩阵的模糊层次分析法的排序．模糊系统与数学，2002，16(2)：79～85

[22] 徐泽水．模糊互补判断矩阵的相容性及一致性研究．解放军理工大学学报(自然科学版)，2002，3(2)：94～96

[23] Friedman J H, Turkey J W. A Projection Pursuit Algorithm for Exploratory Data Analysis. IEEE Trans. On Computer. 1974，23(9)：881～890

[24] Mujumdar P P, Vedula S. Performance Evaluation of an Irriga-

tion System under Some Optimal Operating Policies. Hydrological Sciences Journal, 1992,37(1):13～26

[25] 郭元裕,李寿声. 灌排工程最优规划与管理. 北京:中国水利水电出版社,1994,2～71

[26] 冯尚友.水资源持续利用与管理导论.北京:科学出版社, 2000.1～68

[27] Vedula S, Kumar D N, An Integrated Model for Optimal Reservoir Operation for Irrigation of Multiple Crops, Water Resources Research, 1996,32(4):1101～1108

[28] 金菊良, 张礼兵,魏一鸣. 水资源可持续利用评价的改进层次分析法. 水科学进展, 2004,15(2): 227～232

[29] 程吉林. 大系统试验选优理论和应用.上海:上海科学技术出版社,2002:1～12

[30] 倪长健. 免疫进化算法研究及其在水问题中的应用. 成都:四川大学,2003:3～15

[31] 张礼兵,金菊良,刘丽.基于实数编码的免疫遗传算法研究, 运筹与管理,2004,13(4):17～70

[32] 张礼兵, 金菊良,免疫遗传算法在排水沟设计中的应用, 灌溉排水学报,2004,26(B):125～127

[33] 任露泉. 试验优化设计与分析. 北京: 高等教育出版社, 2003.179～192

[34] 安徽省水利水电勘测设计院, 安徽省淠史杭灌区续建配套工程规划报告. 合肥: 1982

第8章　系统动力学方法

系统科学的创始人贝塔朗非、普里高津、哈肯等人曾多次指出：系统方法完全可以应用于经济学的理论分析与实践中，并且具有十分广阔的前景。但经济学家们似乎并没有理会这一点，这可能是因为传统经济理论与研究方法的根深蒂固和系统理论还在发展之中。虽然十几年来，也出现了一些将系统理论原理和方法应用于经济分析的论著，但还只是分析经济学的某个局部问题。本章将尝试把系统工程中的重要方法之一系统仿真，移植到经济系统的研究中，通过定义经济系统、子系统的划分、环境界定等，分析要素间的相互作用即经济结构，以此建立经济系统的仿真模型，并在此基础上进而分析经济增长与发展的动态行为，以及引发和推动经济系统变化的主要因素，为经济系统研究介绍一条新途径。

8.1　仿真技术概述

8.1.1　系统仿真技术概述

系统仿真技术(也称模拟技术、虚拟技术等)就是建立实际系统的计算机模型并利用它进行实验以了解系统行为，或运用各种策略对系统变化进行科学评估的一种技术。由于计算机技术的发展和人类对自然、社会了解的逐渐深入，仿真技术已成功地用众多领域，例如工程、管理、社会经济等领域，解决了以前想解决而难以解决的诸多复杂问题。

如果构成模型的关系相当简单，则可以用一般的数学方法例如代数、微积分或概率论等求得问题的准确解，这称为解析解。但是，很多现实世界的系统如经济、人口、环境等，关系极其错综复杂，不可能用解析方法来进行研究。又如，我们研究一个系统，希望了解它的各个组成部分间的相互关系，或预测它在新的运用政策下的行为，但是，对社会、经济、生态等非工程系统做实际试验是不可能的。这时，唯一的办法就是仿真。仿真的经济性也是它的一个优点。对于大型系统，直接实验的费用往往十分昂贵。以航天工业为例，航天单次飞行的费用为数亿美元，采用系统仿真技术则可节约80%～90%的费用，而且设备可重复使用。利用仿真模型计算在一定时间范围内数值上的变化，并收集数据以估计模型的真实特性，是一条行之有效的途径。

仿真技术的广泛应用也存在着一些障碍。首先，用于研究实际系统的模型非常复杂，编写计算程序是一个很繁重的任务。近年来发展起来的一些专用仿真语言（如 Dynamo、Simscript、Vensim 等）很大程度上克服了这个困难；另一个问题是，复杂系统的仿真需要大量的计算时间。但随着现代高速计算机的发展，计算费用不断下降，这个问题也显得不太严重，从某种程度上也反过来进一步促进了系统仿真技术的发展。

8.1.2 系统动力学的产生、原理及特点

第二次世界大战后，随着科学技术和工业化的进展，一些国家所存在的诸如城市人口、环境污染、资源短缺等社会问题已日趋严重。如何来正确处理和妥善解决这些社会问题呢？尽管人们已掌握了不少知识和技能来讨论和分析这些问题的种种表现，然而却不能充分理解它们的许多组成部分的起源、发展和相互关系，因而也就不可能做出有效反应。其原因在于人们在考察这个问题的某一部分时，不理解这一部分仅仅是整体中的一个方面，也不理解一个问题的出现和变化，会导致其他问题的出现和变化。实践证明，有许多问题仅仅进行定性分析或依靠运筹学等一类的优化技术，已不能有效地来处理和解决。因此，迫切需要采用新的科学方法对这些社会经济问题进行综合分析和研究。系统动力学（System Dynamics, SD）就是在这种背景下产生的一种分析和研究经济系统的有效方法。

美国麻省理工学院（MIT）J. W. Forrester 教授于上世纪 50 年代中期提出了“工业动力学”（industrial dynamics ）用来研究作为工业系统的企业的各种活动。由于工业动力学的研究观点和方法不仅适用于工业企业，还能适用于更大一些的复杂系统，例如一个城市或地区，一个国家乃至整个世界，于是，福雷斯特在研究实践和实践总结的基础上，在 1969 年和 1971 年又相继发表了“城市动力学”（urban dynamics）和“世界动力学”（world dynamics）等理论，而 1972 年发表的《增长的极限》（Limits of Growth）标志着“系统动力学”正式诞生。

《增长的极限》的报告曾在世界范围内引起了巨大反响。然而引起科学家们热烈讨论的是地球上的资源到底会不会被耗尽这个人类社会发展的深层次问题，而不是报告中所用的系统动力学分析方法。在该系统动力学世界模型里，对世界经济领域内的商业周期、经济长波、经济压力、通货膨胀、

银行利率等问题进行了深入研究，对许多经济问题及现象给出较为合理的解释与分析。系统动力学方法因其综合了定性与定量、静态与动态、确定与随机、现状与预测等多种分析方法，可能最有希望成为经济系统分析中所运用的主要分析工具。只有运用动态系统分析的理论及方法，才能对经济系统的发展和变化的起因、方向、途径和动力等作出较为详细的分析论证，也才能对经济发展的动态过程及其机理有一个较为全面、深刻的理解。

系统动力学是一种以反馈控制理论为基础，以计算机仿真技术为手段的研究社会、经济及环境等复杂系统的定性与定量相结合的方法。该方法是在总结运筹学的基础上，综合系统理论、控制理论、决策理论、系统力学、仿真与计算机科学等基础上形成的崭新的学科。它是以现实系统为前提，根据历史数据、实践经验和系统内在的机制关系建立起动态仿真模型，对系统结构和功能进行双重模拟，并对各种影响因素可能引起的系统变化进行实验，从而寻求改善系统行为的方法和途径。系统动力学作为一种仿真技术，具有如下一些特点：

(1)系统动力学模型，既有描述系统各要素之间因果关系的结构模型，以此来认识和把握系统结构，又有用专门形式表示的数学模型，据此进行仿真试验和计算，以掌握系统未来的行为。因此，系统动力学是一种定性分析和定量分析相结合的仿真技术。

(2)系统动力学的仿真试验能起到实际系统实验室的作用。通过人——机结合，既能发挥人(系统分析人员和决策人员)对经济系统的了解、分析、推理、评价、创造等能力的优势，又能利用计算机高速计算和迅速跟踪等功能来试验和剖析实际系统，从而能获得丰富而深化的信息，为选择最优或满意的决策提供有力的依据。

(3)系统动力学通过模型进行仿真计算的结果，都采用预测未来一定时期内各种变量随时间而变化的曲线来表示。也就是说，系统动力学能处理高阶次、非线性、多重反馈的复杂时变的经济系统有关问题。

系统动力学的主要优点有：

(1)系统动力学认为一切系统的性态行为主要取决于系统的内部结构，非常重视信息反馈结构，因而其模型是个闭合系统，给出少量的精度要求不高的初始数据，便能运行。

(2)注重一般的动态趋势(如积累率)，不关心系统变量在特别年份的精确数值。

(3)从理论上说，对周期性和长期性的问题，如政策模拟、长期预测是有用的(但是，长远的实践验证又较难)。

(4)虽然理论较深奥，但因为有使用方便的软件，高效的专业化语言如

DYNAMO、DYNASTAT、Vensim 等，建模者只需研究因果关系图和系统流程图及基本数据即可。

系统动力学自上世纪 80 年代引入我国后，在社会经济科学领域得到蓬勃发展，如：系统动力学国家模型、区域经济发展规划模型、流域资源开发模型等，在自然科学领域也得到越来越多的重视与应用，如在区域环境模型、生态系统预警模型等领域得到广泛应用。随着对其研究与应用的不断开展，作为一种现代系统模拟与优化技术的系统动力学必将日益产生巨大影响与贡献。

8.2 经济系统概述

为便于研究，我们必须在丰富的现代经济理论和方法的基础上，以系统动力学的角度对经济系统的元素以及这些系统元素的相互关系进行剖析，了解各元素及其相互关系组成结构，因为一定的经济结构决定了经济系统特定的功能。要对经济系统进行系统仿真，应该首先对其概念、特点、要素、结构等属性有一个较为充分的认识。

8.2.1 经济系统概念及特征

所谓经济系统，它是以人类的活动为中心的涉及社会、经济、科学技术、文化教育、生态环境等各个领域的一个有机的整体。概括地说，凡涉及人类的社会和经济活动的系统都可包含在经济系统内，除企业、事业、宗教团体是经济系统外，环境系统、人口系统、教育系统、资源系统、能源系统、交通系统、经营管理系统等等都能被经济系统所涵盖。

经济作为系统具有整体性、相关性、功能性和环境适应性等一般系统所具有的共同特征。经济系统之区别于其他系统，还具有其他自然系统、人工系统所没有的一些特征：

1.具有决策环节

经济系统与物理系统的根本区别是经济系统中存在着人的决策环节，经济系统的行为总是经过信息的收集，并按着某种政策(规则或法规)进行信息加工处理并做出决策之后进行的。因此经济系统决策要受到人为因素的显著影响，有时最后结果与预期目标可能相差甚远。同时，经济系统决策控制还会受到决策人和分析人的主观因素影响，对同一经济现象，不同的决策人可能会有截然不同的解释。除了人的因素之外，它涉及了大量的其他因素，概括起来可以分为四大类：社会因素、经济因素、自然环境因素和科学技术因素等。这些复杂因素相融会的结果就是使经济系统具有：①高度非线性关系；②极度复杂性；③随机性。

2. 具有反馈环节

控制论创始人维纳曾经在控制论中阐明，从生物体到工程系统乃至经济系统的系统结构，都共同存在着反馈功能。经济系统中物质、能量以及信息的传递与反馈，使其在实际运行中具有自我决策、自我控制、管理、协调和约束自身行为的能力，即具有自律性。工程系统是人们专门加上反馈机构而使其具有自律性的，而经济系统的自律性可以用反馈机构加以解释，不同之处在于经济系统中原因和结果的相互作用本身就具有自律性。

由于反馈环节受到时间和空间的限制，因此经济系统还具有滞后性。具体说来，经济系统中的原因和由此产生的结果两者在时间上和空间上具有分离性（滞后性），即产生结果的真正原因可能距离结果产生的地点很远（空间上的分离），或者发生原因到产生结果的时间间隔很长（时间上的滞后）。因此，单凭人们的直观与经验很难找到引起结果的真正原因，如果不了解这一点而贸然去处理复杂的经济系统问题，其结果反而使事情越办越糟。

8.2.2 经济系统要素

经济系统是一个多层次的复杂系统，我们可以根据不同的目的，按照不同标准对经济系统进行多种划分。例如我们可以以地域划分为不同的国家和地区子系统，以行业划分为能源、交通、工业、农业、畜牧业、教育、科研等子系统，按性质划分为第一产业、第二产业、第三产业等子系统，以功能划分为生产、交换、分配、消费等子系统。要素子系统又可划分为若干子系统，并形成一定的结构，具有特定的功能。要素组成的系统，如经济系统，无论多么复杂，我们都可将其抽象为是由物质、能量和信息三类基本要素：

（1）物质要素。物质是能量和信息的载体。经济系统的物质要素有自然资源和劳动资料，自然资源有土地、矿藏以及空间等。自然资源是经济生产活动的场所和人的劳动所作用的对象，也即生产的资本要素。任何形式的生产都是在一定的土地和空间中进行的，都是对自然物施加人的作用，使其改变形态，成为具有一定价值、对人有用的产品。农业生产是在土地上进行的，工业生产需要厂房提供的空间，任何生产都需要各种各样的原材料、工具、机器和设备等。

（2）人的要素。经济系统能量要素有人的劳动和自然能，人的劳动是经济系统能量要素的根本要素，甚至可以说是唯一要素。人的社会性使得人成为经济系统中最为活跃的因素，也是经济系统不确定性、随机性的根源，劳动的人具有生物属性、意识属性、经济属性和社会属性。人的这些属性必然会在人的劳动中表现出来，因而人的劳动是生产系统中最为复杂、最为能动的因素，生产系统结构的改变与系统的增长与发展都与人及其劳动相关联。

(3)信息要素。经济生产的本质是把有限的资源转换为可供人使用，对人有价值的物品或劳务。资源是指自然界和人类社会中一切可以用以创造物质财富和精神财富的客观存在。在经济生产中，还有一个十分重要的资源，就是信息。信息，作为事物运动的状态和方式以及关于这些状态和方式的广义知识，通过一系列的流通、加工、贮存和转换过程作用于信息时，可以为人类创造出更多更好的物质财富和精神财富。因此，信息也是人类社会和经济发展所必需的重要经济资源，不仅是生产系统不可缺少的要素，还是经济系统中的一个重要的子系统。

8.2.3 经济系统环境

系统的环境是根据时间、空间所研究的问题的范围和目标来划分的，所以系统与其环境是两个相对的概念。一个系统的环境可以看作更大系统的一个子系统，同时一个子系统还可以从更大系统中分离出来，变成一个独立的系统，原来大系统剩下的部分就成了环境。例如，一个大型的黑色冶金企业，可以看作一个大系统，它包括矿山、选矿、烧结、炼铁、炼焦、耐火材料、炼钢、轧钢等子系统。当把轧钢当作一个子系统时，则炼钢就是这个系统的环境，同时，炼钢和轧钢又是黑色冶金这个大系统的子系统。当我们可以将炼钢或轧钢从大系统中分离出来当作一个系统进行研究或设计，那么其他的黑色冶金子系统都成了它们的环境。我们这里所指的环境是存在于系统之外的那些物质、能量、信息的总称。

由于系统与环境密切交织，甚至镶嵌在一起，并且随着时间和空间的变化，系统与环境的要素以及它们之间的关系在发生变化，因此，在确定系统的具体环境因素时往往遇到一定困难。同时在经济系统中，系统边界的确定和子系统的划分也是密切相关的，它的子系统的划分往往从区域、行业或功能方面来进行，那么它的边界划分主要也从这三方面来考虑。我们确定经济系统边界时，应注意下面几点：

(1)由于系统观点的影响容易引起所考察环境范围的扩大，所以必须把主要精力放在系统与环境的关联上，而不是搬进所有的东西。

(2)系统分析时间、考察范围和细分的程度都要受到条件的约束，因此要进行简化，分清主次。

(3)环境不仅影响系统结构，也影响系统的过程，随着时间变化所影响的因素和程度都要发生变化，所以要弄清影响的范围。

(4)我们考虑的主要是系统边界因素与环境因素之间的关系,但环境本身也是系统,所以单独考察环境的局部因素是不够的,而应了解相邻系统的功能以及它们的内部结构。

总之,经济系统环境因素范围很广,分析要根据问题的性质,按照时间、空间和不同条件分析确定,找出相关环境因素的总体,确定因素的影响范围和各因素间的相关程度。

8.2.4 经济系统结构与功能

任何一个系统都是以一定的结构形式存在的。经济系统也是如此,其结构是系统保持整体性及具有一定功能的内在根据。对于一个系统来说,它不能没有一定的结构形式,否则,就不能形成具体的系统形态,也就不能行使和发挥作为系统基本要素的功能作用,从而系统的特定功能也无从谈起。经济系统的结构是生产系统诸要素的内在的有机联系形式,它在整体上表现出以下三种属性:

(1)稳定性。一个经济系统的结构一旦形成,就总是趋向于保持某一状态,这就是经济系统结构的稳定性。经济系统结构的稳定性是经济均衡分析的基础和前提。

(2)开放性 经济在与环境的交换过程中,系统的结构会发生或大或小的调整和变化,这既是系统适应环境的需要,也是系统自身发展的要求,因而经济系统结构又具有可变性,也即是动态性、开放性。

(3)层次性。经济系统是一个复杂的系统,其结构具有多层次的特点。生产系统可以从纵向上分为若干个等级,又可从横向上分为若干相互联系和相互制约的相对独立的平行部分。而这两个层次又是相互交叉、重叠,纵横交错,形成十分复杂的立体结构。

系统结构决定着系统的功能,系统功能是系统内部结构固有能力的外在表现,要素相同,结构不同,系统功能就不同,但不同的结构又可以有相同的功能。以经济系统中的生产子系统为例,其内部各要素相互联系和作用的方式或秩序称为生产系统的结构,与此相应,我们把生产系统与外部环境相互联系和作用过程的秩序和能力称为生产系统的功能。生产系统的功能体现了生产系统与外部环境之间的物质、能量和信息的输入与输出的变化关系,并且包括了改变被作用对象的秩序。可用图 8-1 表示:

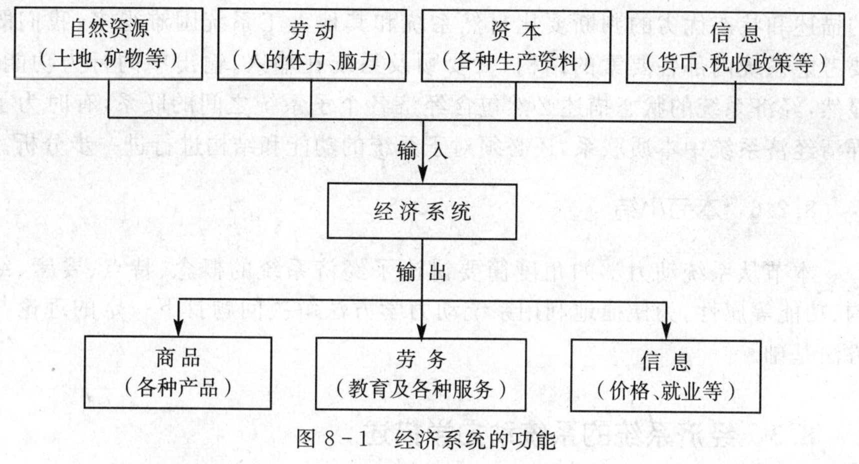

图 8-1　经济系统的功能

8.2.5　经济系统状态

在把握或控制一个系统时，我们首先必须对这个系统进行描述。而系统描述通常可从系统的外部和内部两个方面来进行。外部描述是对系统的输入和输出功能行为进行分析，通常用传递函数（或称响应函数）来表示系统的输入转换为其输出的机制。与此不同，内部描述亦称结构描述，是用各状态变量及它们之间的相互关系，亦即用一组状态方程描述一个系统。利用系统动力学方法对经济系统的描述是从外部和内部同时进行的。

所谓状态，是表示系统所处状况的科学术语。任何系统的状态都可以用决定其行为的一组向量来表示。例如，气体的热学状态是温度、压强和体积的综合表现，可以用这三个量来描述。一个经济系统在某个时刻，其功能、结构等状况在宏观上也有一定的表现，也即处于一定的状态之中，不同的时刻，它的宏观表现会有所不同，也即状态不同。例如经济不景气对应了经济系统的另一个状态，而到了经济繁荣时期则表明经济系统进入到一个不同的状态。

要描述经济系统的状态，必须选择一些状态变量，我们把能确定经济系统状态的最少一组变量称为经济系统的状态变量，也称状态空间。在状态空间中，经济系统的运动被表示为在奇点以外的地方互不相交的轨迹，使得在不变的输入作用下，系统的每个初始状态都唯一地确定系统的运动过程。如果改变输入变量，系统将会沿着另一条不同的轨道运动。不同的输入在状态空间中对应了不同的轨道，对应所有不同输入的轨迹在状态空间中形成了轨道族。在实际的经济系统中，为简便起见，并不画出全部轨迹，而只画出一些具有代表性的轨道，有了状态空间这一工具，就可以使对经济系统的研究变得直观、形象和定量化。经济系统是一个复杂的大系统，对其状态的描述和状态优劣的判断要比自然系统和其他人工系统困难得多，我们既要考虑系统内部各要素的结构，又要顾及系统在输入、输出中的行为功能。显然，经济系统的状态描述必然包含经济各个子系统之间的联系，有时为了弄清经济系统中本质联系，还必须对子系统的功能和结构进行进一步分析。

8.2.6 本节小结

本节从系统动力学的角度简要讨论了经济系统的概念、特点、要素、结构、功能等属性，为便捷地利用系统动力学方法解决问题打下一定的理论与方法基础。

8.3 经济系统的系统动力学描述

经济系统是一个开放的复杂大系统，人们力图了解经济现象，掌握经济规律，使经济系统向着合乎人的目的的方向发展。为了做到这一点，人们必须对经济系统的结构和功能进行分析，这是经济理论分析的主要内容。经济学在200多年的发展中对各种经济现象之间的联系，对经济主体的行为做出了十分深入和细致的分析，今天我们对经济的细节和全貌都有了一定的了解。但经济系统是多层次的、具有十分复杂的结构和功能的系统，仅凭逻辑方法和直观经验是难以做到周全和贯彻始终的。在经济理论中，我们常常遇到这样的情形：对经济中的同一现象，不同的经济理论会根据不同的假设做出不同的甚至相反的解释。原因是这些假说往往是凭经验和直觉得到的，各人观察的角度和信奉的理论不同，所作的假设就不相同。

研究和分析这类复杂大系统必须基于定性与定量相结合的综合方法，因此，选择SD方法进行经济系统的分析与研究是切实可行的，经济系统要素、环境、状态、结构及功能等的属性特征都能用SD方法很好地描述。该方法既能做经济系统的现状及趋势分析，从而提出警告性预测，又能分析经济系统对经济系统的影响，并给出对未来的预测。只要通过合理的因果关系分析，建立符合实际情况的因果链及反馈回路，就可以对经济系统及其所支持的区域经济发展两者之间的关系进行定量研究和计算机仿真模拟，逐时段地展现出经济系统多变量间的相互作用、相互影响的动态行为，模拟未来政策实施后的结果，从而对区域经济发展的相互关系和发展趋势进行预测评估，提出对经济系统进行有效调控和科学管理的方法与措施，以促进社会经济各子系统之间的可持续发展。

8.3.1 SD仿真原理及一般步骤

简单地说，系统动力学是现代反馈控制系统的原理方法在管理、组织和社会经济问题中的应用。系统动力学是一些传统科学(如系统论、控制论、信息论、仿真、决策理论,特别是非线性理论)与经济学的综合、交叉学科,与经济控制论的最大区别是:系统动力学核心是双向因果概念(即反馈概念)和反馈系统,将研究对象看成是完全或近似闭合的系统,只有很少量是外生的,系统动力学极力从系统内部的微观结构入手,在把握系统内部结构、参数及总体功能的前提下分析并把握系统的特性与行为。系统动力学模型一般都是高阶非线性随机微分方程(组),其方程是系统的时间进化过程,即:

$$S=f(\boldsymbol{s},\boldsymbol{d},\boldsymbol{t}) \tag{8.1}$$

式中,$\boldsymbol{S}$ 为状态变量;$\boldsymbol{d}$ 为控制变量;t 为时间。经济系统的数据一般是离散化的,所以在系统动力学模型中往往用高阶差分代替高阶微分。

系统仿真,尤其是复杂大系统的仿真本身就是一个庞大的系统工程,因此在构造 SD 模型时必须遵循一定的工作步骤以循序渐进、有条有理地进行。这里简要地介绍构模的基本步骤。构模过程为:语言模型、量化模型、动态模型、选优(或优化)模型。

(1)明确系统构模目的。一般说来,SD 的构模目的在于研究系统主要问题或矛盾,并以问题为导向进行研究。例如:预测某系统内部的反馈结构及其动态行为,以便为进一步确定系统结构和设计最佳运行参数,以及制订合理的政策等提供科学依据。当然,在涉及具体对象系统时,还要根据具体要求最终确定仿真构模的目的。

(2)确定系统边界。SD 研究的是封闭经济系统。因此,在明确系统构模目的后,接着就要确定系统边界,这是因为 SD 所分析的系统行为是基于系统内部各种因素而产生的。同时假定系统外部因素不给系统行为以本质的影响,也不受系统内部因素的控制。

(3)因果关系分析。确定系统边界后,接着就要对系统内部的要素进行因果关系分析,以明确各要素之间的相互关系,并用表示因果关系的反馈回路来描述,这是 SD 构模至关重要的一步。要做到这一点,首先必须要求系统分析人员有丰富的实践经验,对实际系统有敏锐的洞察力,这样才能比较正确地制订各要素间的因果关系反馈回路。决策是在一个或几个反馈回路中进行的,而且正是由于各种回路的耦合,使系统的行为更为复杂。

(4)建立 SD 模型。它包括如下两个部分:1)流程图。流程图是根据因果关系的反馈回路,应用专门设计的描述各种变量的符号绘制而成的。由于经济系统的复杂性,只凭语言和文字无法对系统的结构和行为做出准确的描述,而用数学方程也不能清晰地描述反馈回路的机理。为了便于掌握经济系统的结构及其行为的动态特性,以及便于人们关于进行系统特性的讨论与沟通，专门设计了流程图这种图像模型。2)结构方程式。流程图虽然可以简明地描述经济系统各要素之间的因果关系和系统结构，但不能显示系统各变量之间的定量关系。因此，仅仅依据它还不能进行定量分析。而结构方程式是专门用来进行定量分析的数学模型，它可用计算机高级语言编写建立。

(5)计算机仿真试验。将根据上述步骤建立的模拟模型输入计算机进行仿真计算。

(6)结果分析。为了要了解仿真结果是否已达到预期目的，或者为了检验系统结构是否有缺陷(导致这种缺陷的原因往往是因果关系分析的判断错误)，必须要对其结果进行分析。

(7)模型的修正。根据结果分析，对系统模型不足之处进行修正，即返回至第2步或第2步以后，修正系统结构、运行参数、策略甚至重新确定系统边界等，以便使模型能更真实地反映实际系统的行为。

由此可见，SD建模过程实际上也是一个完整的反馈回路过程。下面结合经济系统将SD分析问题、构建模型、仿真计算以及解决问题等整个过程介绍如下。

8.3.2 因果关系图

因果关系是构成SD模型的基础，是系统内部关系的真实写照。当考虑建立某个经济系统模型时，因果关系分析是建立正确模型的必由之路。因果关系可以用因果关系图来描述。现将组成因果关系间的要素简要介绍如下：

1. 因果箭

因果关系也称影响关系，这种关系用连接因果要素的有向箭来描述，称为“因果箭”。如图8-2所示。图中箭尾始于原因，箭头指向结果。因果关系按其影响作用的性质分为两种，即正因果关系和负因果关系，称为因果关系的极性，可用符号“＋”或“－”来表示正和负的因果关系，正极性表明当原因引起结果时，原因和结果的变化方向是一致的。负极性的因果关系正好相反，原因和结果的变化方向是相反的。

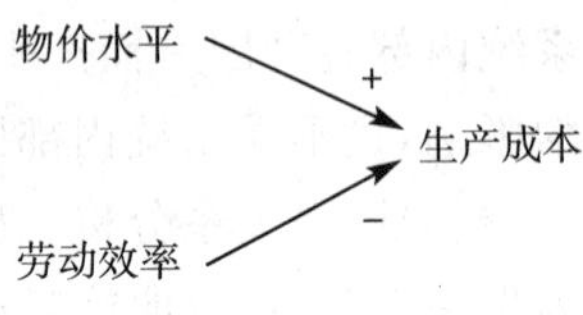

图8-2 正负极性因果箭

2. 因果链

事实表明，因果关系是一种具有递推性质的关系，例如A要素是B要素的原因，而B要素又是C要素的原因，则A要素也是C要素的原因。同样，从结果方面分析也可得到相同结论。利用一串因果箭来描述这些因果关系，就得到了因果链。

与因果箭一样，因果链也具有极性。根据因果箭极性的含义和因果关系的递推性，不难得出因果链极性的规律。如图8-3所示的因果链A→B→C是正的极性；A→B→D所示则为负因果链。

图8-3　正负极性因果链

由此可知，如果因果链中含有偶数个负因果箭，则因果链仍呈正极性，即起始因果箭的原因和终止因果箭的结果呈正因果关系。反之，若因果链中含有奇数个负的因果箭，则因果链呈负极性。则递推规律可以表述为：因果链的极性符号与因果箭极性乘积符号相同。

3.因果关系的反馈回路

自然现象中，经常存在着作用与反作用的相互关系，这种现象在经济系统中也同样存在，一些原因和结果总是相互作用的。原因引起结果，而结果又作用于形成原因的环境条件，促使原因变化，这样，就形成了因果关系的反馈回路。经济系统中的反馈回路是系统中各要素间的因果关系本身所固有的。

反馈回路是由一系列因果关系相互作用而构成的闭合回路，因此它的基本特征是：原因和结果的地位具有相对性，即在反馈回路中将哪个要素视作原因，哪个要素视作结果，要看分析问题的具体情况而定。仅从反馈回路本身来看，是很难区分出绝对的因和果来的。例如图8-4所示反馈回路中的存款资金和利息这两个要素，我们就很难绝对区分出因与果的关系出来。

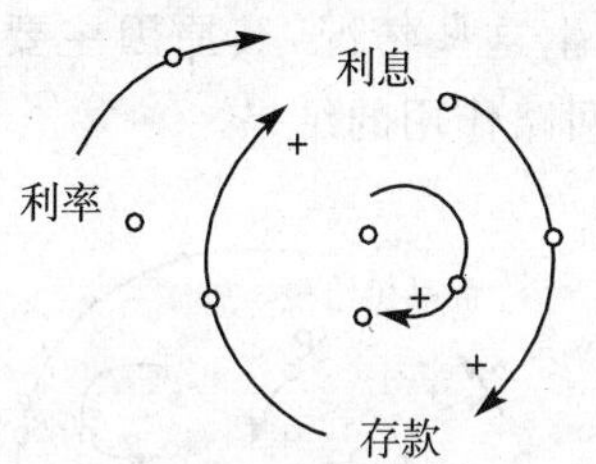

图8-4　资金储蓄正反馈回路

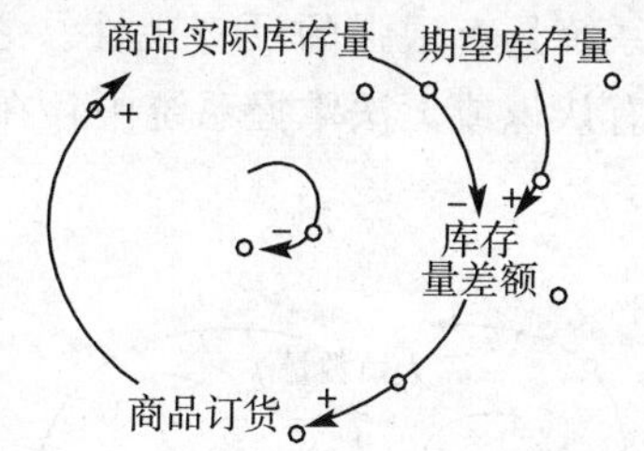

图8-5　商品库存系统负反馈回路

因果箭(链)有正、负极性之分，因此，由因果箭(链)连接而成的反馈回路也有正、负极性之分，即有正反馈回路和负反馈回路之分。正、负反馈回路是两种性质根本不同的回路。在正反馈回路中，按照因果关系其性质是：如果回路中某个要素的属性发生变化，那么，由于其中一系列要素属性递推作用的结果，将使该要素的属性沿着原先变化的方向继续发展下去。所以说，正的反馈回路具有自我强化(或自我弱化)的作用，是系统中促进系统发展（或衰退）、进步（或退化）的因素。在图 8-4 中，由于存款增加，在一定的存款利率下产生了更多的利息，这反过来又使存款增加，因此，这是一个正反馈回路，具有自我强化的作用。

在负反馈回路中，当某个要素发生变化时，在回路中一系列要素属性递推作用的结果，将使该要素的属性沿着与原来变化方向相反的方向变化，因此，具有内部调节器的效果，所以负反馈回路可以控制系统的发展速度或衰亡速度，是使系统具有自我调节功能必不可少的因素。图 8-5 中，如果商店的库存量增加，这样就使得库存差额（期望库存量与实际库存量之差）减少，从而商店向生产工厂的订货速度也就放慢。订货速度的放慢就会造成库存量减少，从而起到自我调节和平衡的作用。因此，这是一个负的反馈回路。

SD 认为，系统性质和行为完全取决于系统中存在的反馈回路。在上面提到的系统结构主要就是指系统中反馈回路的结构。因此，研究经济系统时，必须在现代经济理论基础上努力发现和揭示该经济系统中的反馈回路的机制和性质，是一项首要的和重要的任务。

4. 多重反馈回路

在复杂系统中存在着两个或两个以上的反馈回路，就称作多重反馈回路。反馈回路中间存在着相互促进或制约的作用。有时候这个回路起主导作用，有时候另一个回路起主导作用，从而显示出系统在不同时期的不同特性。如果对系统中的多重反馈回路认识不清，就不可能进行正确的决策。在经济系统中常常会遇到这样一些情况：一些看来是有效的措施、行为常常不起作用，或对某些问题的预测结果往往和以后的实际情况相悖；一些企图用来克服困难的政策、措施，执行或采取后反而加重了困难等等，也就是说经济系统具有很强的反直观性。之所以会产生这些情况，其原因主要就在于没有认识或无法掌握系统中存在多重反馈回路作用的结果。

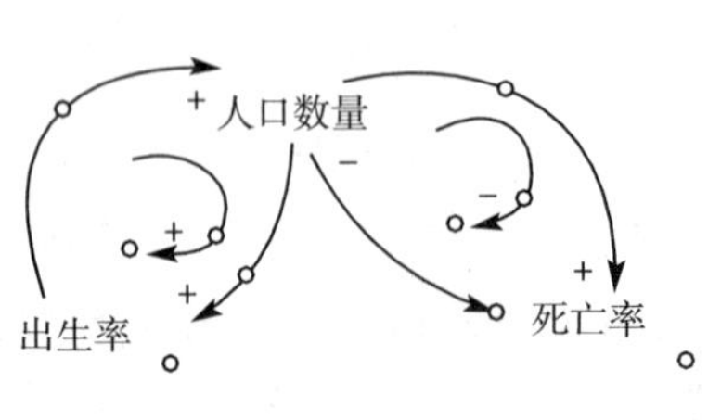

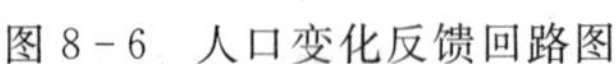
图 8-6　人口变化反馈回路图

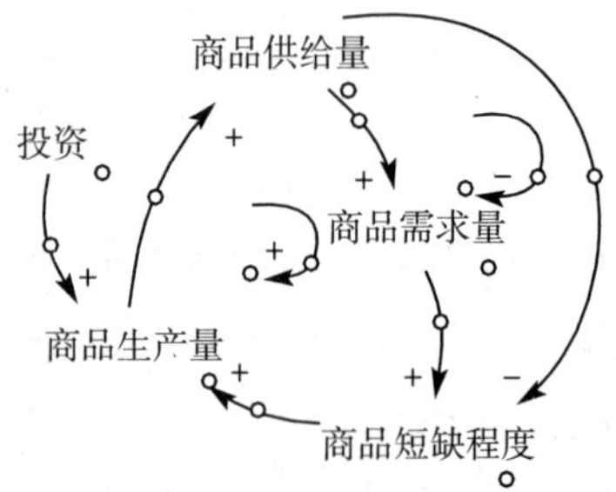

图 8-7　商品生产系统因果关系图

经济系统的动态行为是由系统本身同时存在着许多正、负反馈回路所决定的。例如人口系统中人口总数的动态行为可以简化为如图 8-6 所示的两重反馈回路。

由图 8-6 可知，年出生人数和人口总数之间存在着正的反馈回路，而年死亡人数和人口总数之间却存在着负的反馈回路。人口总数的变化过程同时受到出生和死亡两个要素的影响，且这两个要素的变化因素十分复杂，受到社会的、政治的、经济的和环境的等因素的影响，如果这样深究下去，就会发现更多重的反馈回路。

经济变化过程也和人口发展过程一样，存在着正、负反馈回路。以商品生产为例，如图 8-7 所示，当投入一定量的资本（如厂房、机器设备、工具等），就会有一定的产出（如商品、服务等）。如果在其他投入较为充分的条件下，投入较多的资本就会带来较多的产品，产品的增加使商品供给量增多，导致商品需求量增大，致使商品短缺度增加，这进而会促使商品产量增长，反过来，使投资增大而形成了新的反馈回路。反之，商品供给量的增加，另一方面又会使商品短缺度降低，从而抑制生产量增长，这就形成了经济过程负的反馈回路。实际上，经济过程的动态变化是正、负反馈回路共同作用的结果，而哪个反馈回路起主导作用，则要对具体情况进行分析后才能确定。

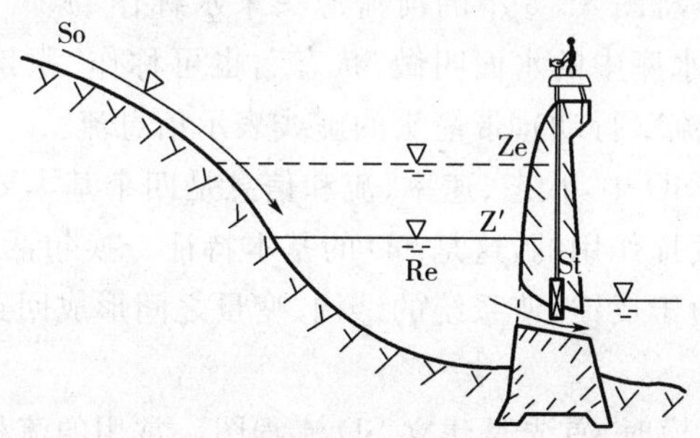

图 8-8　水库水位控制过程示意图

总之，在建立 SD 模型之前，要对经济系统内部存在着的多重反馈回路做出详尽的分析，为进一步建立模拟模型打下基础。

8.3.3　SD 模型

1. 信息反馈系统的动力学描述

为了说明 SD 模型的基本构成，先来看一个包括控制者在内的小型水库工程系统，如图 8-8 所示。水流由河流源头 So 流入水库 Re，再通过闸门 St 流出，控制者通过控制闸门 St 来调节水库 Re 的水量。其过程是控制者通过对水库中水位的观测以获得关于水位状态的信息，并与以虚线表示的期望水位（如正常水位、汛限水位等）相比较，然后做出调节闸门 St 的决策，并通过手(电)动付诸实施。行动的结果,使原来水位状态发生变化,状态变化的信息又按上述过程传递给控制者。

可以将上述过程用框图来描述,如图 8-9 所示。

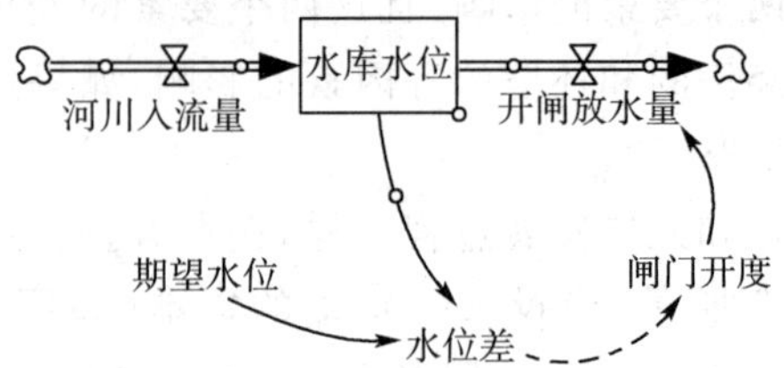

图 8-9　水库水位控制过程框图

由图 8-9 可知,由于信息传递形成了封闭回路,故称作反馈回路,图中虚线部分表示系统状态的改变与新的信息传递过程。

图 8-9 实际上反映了 SD 的基本原理。首先,通过对实际系统进行观察和分析,采集有关对象系统的状态信息,随后再根据这些信息进行决策;决策的结果是采取行动,行动作用于实际系统,使系统的状态发生变化。这就是一个完整的决策过程。SD 则用图 8-9 所示的流程图来描述这个过程。

在图 8-9 中,将图 8-8 中的河流源头来水称作“源”,入流量和闸门放水量称作“速率”,水库中的水面叫做“状态”,也可称作“积累”或“流位”。带箭头的实线表示“流”(行动),带箭头的虚线表示信息流。

由此可见,在 SD 中,状态、速率、流和信息是四个基本要素,反馈回路中作为一个整体而发挥作用的,这是 SD 的基本特征。换句话说,SD 的基本思想是反馈理论。由于反馈,使系统的结构、变量之间形成回路。

2. 流程图

在应用 SD 建模时,首先是建立 SD 流程图。常用的流程图符号如图 8-10 所示。

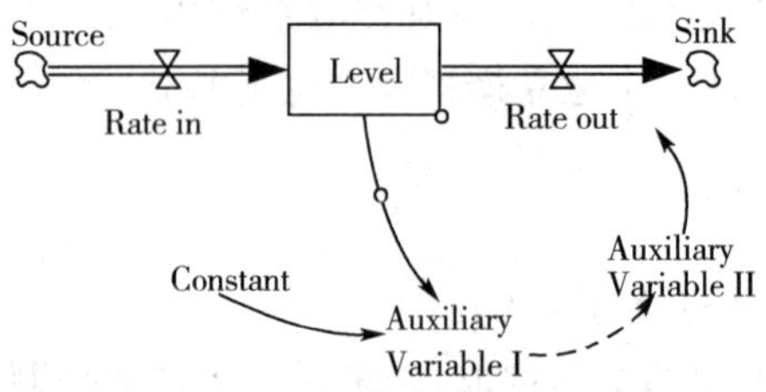

图 8-10　系统动力学常用符号及变量

现就图 8-10 中的流程图符号作简要说明。

(1)流(flow)。流是描述系统的活动或行为。流可以是物流、货币流、人流、信息流等,用带有各种符号的有向边描述。通常为简便起见,只分为实体流(实线)和信息流(虚线)两种。

(2)状态(level)。状态是系统中反映子系统或要素的状态。例如,库存量、库存现金、人口数量等。状态是流的积累,用矩形框表示。状态的流有流入和流出之分。

(3)速率(rate)。速率用来描述系统中流随时间而变化的活动状态。例如,仓库的入库率、出库率,人口的出生率、死亡率等。在 SD 中,速率变量是一种决策(控制)变量,如商品入库率、开闸放水量等。

(4)常量(constant)。常量是表示系统在一次运行中保持不变的量。例如,调整生产的时间,计划满足缺货量的时间等。

(5)辅助变量(auxiliary variable)。辅助变量的目的在于简化速率变量,使复杂的函数易于表达和理解。

(6)源(source)与汇(sink)。源是指流的来源,相当于供给点,汇是指流的归宿,相当于消费点。

(7)信息(information)的取出。信息可以取自状态、速率等处,用带箭头的虚线表示。箭尾的小圆表示信息源,而箭头指向信息的接收端。

3. 结构方程式

仅依靠流程图还不能定量地描述系统的动态行为,还要以结构方程式来定量分系统动态行为的方程式。SD 模型的对象是随着时间连续变化的,其状态变量是连续的且是对时间的一阶导数。因此,在 SD 方程中,变量一般附有时间标号。J 表示过去时刻,K 表示现在时刻,L 则表示未来时刻。JK 表示由过去时刻到现在时刻的时间间隔。KL 表示由现在时刻到未来时刻的时间间隔。SD 使用逐段(step by step)仿真的方法。仿真时间步长记为单位时间 DT(ΔT),DT 的单位可以取年、月、周、日等,必要时也可以取更小的时间单位,用以逼近连续时间系统。总之,建立 DYNAMO 方程时,时间步长要选择合适,一般是根据经验来确定的。

在方程中已经明确定义了的字符串名称,用户就不能再任意定义,主要有:L,R,A,S,N,C,T,PRINT,PLOT,RUN,NOISE,NOTE 等。

下面以 DYNAMO 语言为基础,就此例对 SD 的基本方程作一简略介绍。

1. 状态方程式

计算状态变量的方程式叫做状态方程式,它是 SD 最基本的方程之一。

比如,现在时刻 K 的库存量是等于过去时刻 J 的库存量,加上由过去时刻 J 到现在时刻 K 的入库量与出库量之差乘以单位时间 DT,用 DYNAMO 语言描述,可以记为:

L Y.K = Y.J + DT * (XIN.JK − XOUT.JK)

上述方程就是 DYNAMO 状态方程。L 表示状态方程，在 DYNAMO 方程中一开始就要说明方程的类型。

在 DYNAMO 方程中，状态变量必须由初值方程赋给初始值。

2. 速率方程式

速率方程式是计算速率变量的方程式，它描述状态方程中的流在单位时间 DT 内流入和流出的量。如人口出生率、死亡率、商品入库率、出库率等。

速率变量是一类决策变量，而决策有种种表示形式，因此，速率变量的速率方程也没有固定的形式，而是根据具体情况来决定的。

比如，设 KL 期间的出库量 XOUT. KL 与在时刻 K 的未供订货量成正比，则表示出库情况的速率方程可以列为：

$$R \quad XOUT.KL = Z.K/C$$

式中，R 表示速率方程，1/C 是比例常数，其中 C 是表示满足未供订货量的时间，它是根据经验或系统实际情况来设定的，Z. K 表示时刻 K 时的未供订货量。

速率方程是表示系统全部动态情况的方程，也是最基本的 SD 方程。

3. 辅助方程式

辅助方程式是计算辅助变量的方程式。如果速率方程式比较复杂，或者为 DYNAMO 语言书写所不允许时，则可引入辅助变量及辅助方程式，以便将速率方程分为几个简单的方程式。辅助方程式用 A 标志，是表示同一时刻各变量间关系的方程式。辅助变量可以由现在时刻的状态变量及速率变量等求出。

4. 附加(supplementary)方程式

附加变量是和模型本身无直接关系的变量，是为了输出打印结果或测定需要而定义的变量。附加方程式用 S 标志，例如：

$$S \quad TOTAL.K = IAR.K + IAD.K + IAF.K$$

式中，TOTAL. K 表示现在时刻商品总量；右端符号分别表示现在时刻的商品库存、销售库存和工厂库存。

5. 给定常量(given constant)方程式

给定常量是指在一次仿真运行中保持不变的量，在不同次数的运行中可以采取不同的值。给定常量方程式的标志是 C。

6. 赋初值(initial value)方程式

初值是指运行开始时各变量的取值。初值方程式是在仿真开始时刻给所有状态变量及部分辅助变量赋给初值的方程式，用 N 标志。

将上述编制好的程序输入 DYNAMO 并进行编译、运行，就可得出结果，再根据实际情况对结果进行分析和模型改进。

8.3.4 系统动力学专用软件介绍

系统动力学专用软件也是随着系统动力学的发展而发展的，至今已有多种软件的不同版本，70～80 年代的美国、英国开发的都是基于 DOS 的版本，在 Windows 系统大行其道的今天，也开发了基于 Windows 版本的系统动力学软件，如 Vensim。

1. DYNAMO(Professional Dynamo)简介

DYNAMO 是 dynamic model 的缩写词，意即动力学模型。它是由麻省理工学院有关人员专门为系统动力学所设计的计算机语言，它是在仿真语言 SIMPLE(simulation of industrial management problems with lots of equations)的基础上设计的，随着时间的推移，DYNAMO 不断有所改进。

图 8－15 是 PD 的运行界面，它提供了 SD 的程序编辑、编译、模拟运行、结果显示及其他工具等。

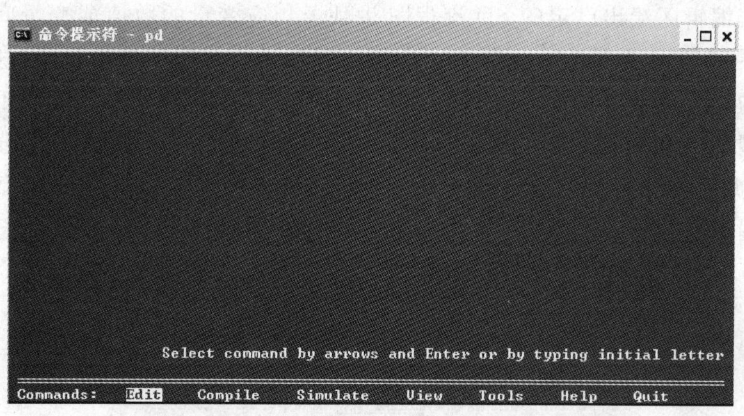

图 8－15 Professional Dynamo (PD) 运行界面

图 8－15 中，“Simulate”可改变模型参数以进行不同方案模拟运行，“View”可以有选择地显示单个变量或多个变量的随时间的变化值，也可以变化曲线的形式显示。图 8－16 是 PD 的编辑界面，可进行程序的输入、修改、存盘等操作。编程中的“SAVE”命令行，是让计算机在运行过程中保存其后的变量数值，以供显示。“SPEC LENGTH”模拟总时间长度，如图表示 40 个时间单位(年或月等)，“DT”是计算步长，“SAVEPER”是对变量计算数值的存储时间步长，SAVEPER ＝ n. DT，n 为整数且 $0 \leqslant n \leqslant LENGTH/DT$。

关于 PD 的详细使用方法及规则在上节中已穿插介绍过，读者可对照学习。

```
命令提示符 - pd
NOTE******MAME:USEMENTSYSTEM*******
NOTE******PART1********************
L G.K=G.J+DT*(R1.JK)
N G=70000
R R1.KL=C6*logn(1+(D.K)+(B.K))*G.K*(1.5+sin(time.k/6))
A D.K=C7*PW.K+C8*M.K
C C7=0.32
C C8=0.31
C C6=0.00005
A B.K=C2*(PW.K)+C1*(M.K)
C C2=0.002
C C1=0.003
A PW.K=C9*(1.3+SIN(TIME.K/5))*n.k
C C9=600
A M.K=10/((0.3+(0.2*COS(TIME.K/10)))*(Y-G.K))
A N.K=C/(W.K)
C C=1
A W.K=0.2*(Y-G.K)
C Y=73000
SAVE G
SPEC LENGTH=40
SPEC DT=0.25
SPEC SAVPER=1
Editing: CCC.DYN          Esc to:  Save  Print  Return  Help  Esc  Quit
```

图 8-16　Professional Dynamo (PD) 程序编辑界面

2. Vensim 介绍

Vensim 是美国 Ventana 公司开发的基于 Windows 操作系统的、面向对象的可视化系统动力学专用软件，其最大的优点是快捷，方便，建模人员只要在其编辑区绘出已定的 SD 流程图并赋予相应变量的数值或变量间的运算关系，它就能自动生成计算机可执行的程序进行模型的模拟运行，这使得模型构筑人员可以从繁重的程序编写中解脱出来，而把时间和精力重点放在模型结构和功能的分析上。同时，Vensim 还提供了模型的量纲分析功能、数据库输入输出、参数敏感性分析、系统优化功能及决策支持功能等。

图 8-17 是 Vensim 主界面，Windows 常见的菜单及图标读者都已很熟悉了，下面只简单介绍 Vensim 特定的功能菜单及其操作方法。

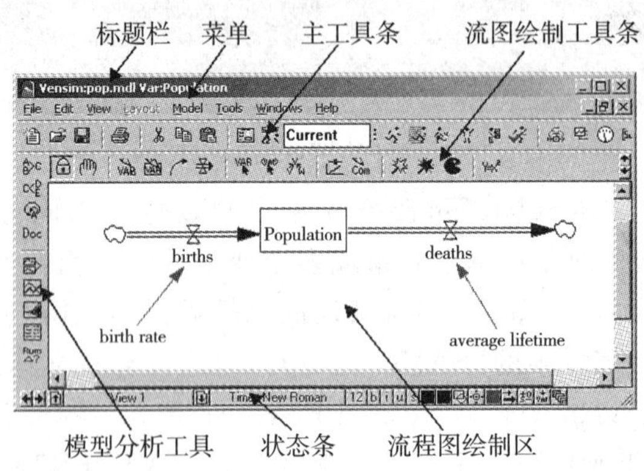

图 8-17　Vensim 主界面

图 8-18 是 SD 模型的流程图绘制工具集，利用“变量”可输入常量、辅助变量及临时变量等，“模型变量”是指从其他模型中引入的变量，“影子变量”是引用本模型中其他子系统中的变量。其他功能详见软件帮助文件。

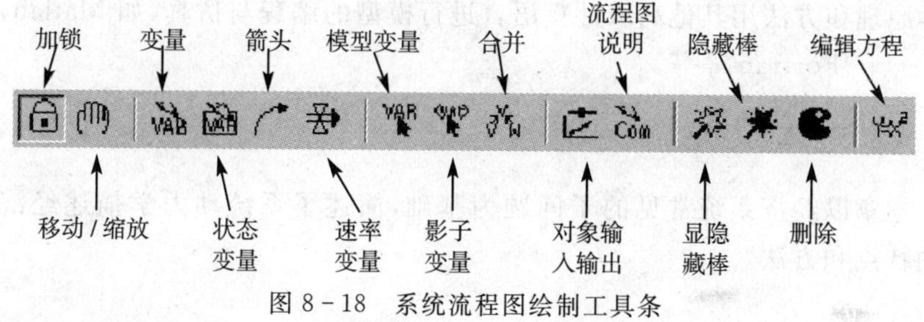

图 8-18 系统流程图绘制工具条

图 8-19 是 Vensim 主工具集，利用该工具集可对模拟的环境、时间长度及步长、差分格式（一阶或二阶）以及结果数据的存储文件等进行设置，还可根据建模人员的需要对模型进行不同策略分析、敏感性分析、真实性分析和系统优化等工作，为构模者提供全方位的技术支持与服务。

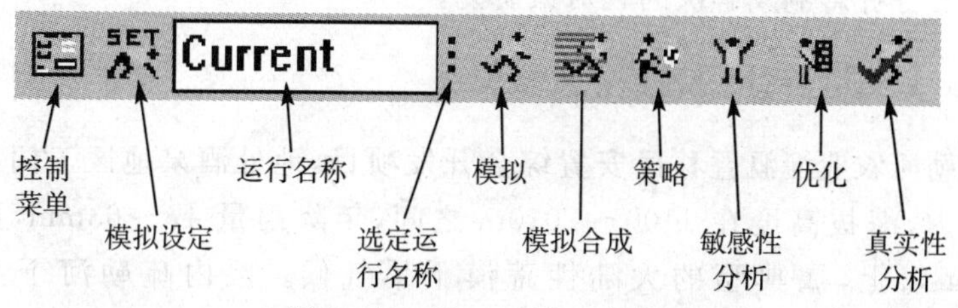

图 8-19 Vensim 主工具条

图 8-20 是 Vensim 提供的模型结构和数据分析工具集，在结构分析工具中可绘出模型各个量之间复杂的因果关系树状图形、各量构成的系统反馈回路图以及为便于阅读汇总的模型计算流程的文本化。数据分析工具提供建模人员对各个模型计算结果进行数据的分析、判断、测试及对比等功能，从而全程跟踪任何变量的特性及与系统功能间的关系。

关于 Vensim 的操作方法具体可访问公司产品网站 http://www. vensim. com，在此不赘述。

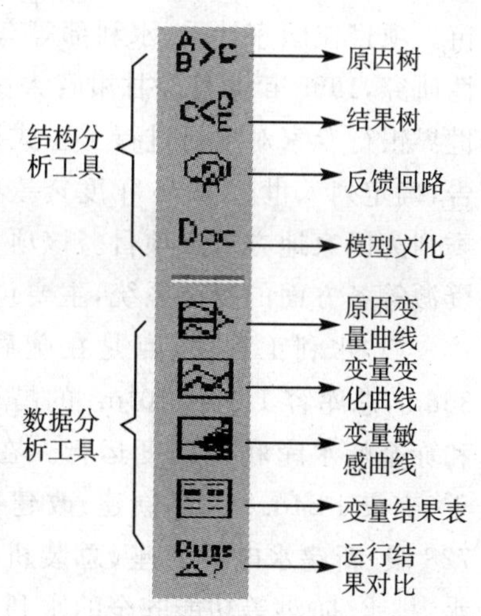

图 8-20 结构与数据分析工具条

值得一提的是，虽然 Vensim 建模效率高、功能较强，但因其源代码不具开放性，给建模人员针对不同的特定问题进行二次开发造成困难。值得欣慰的是其内部计算程式可转换为文本形式（即系统结构分析工具内的 Doc 命令），便于改为其他高级计算机语言。如果上述专用软件的功能不能满足所研究问题的需要，读者可根据系统动力学原理和方法用其他高级计算语言进行模型的编程与仿真，如 Matlab，甚至 C＋＋、Fortran 等等。

8.3.5 本节小结

本章以经济系统常见的子问题为基础，简述了系统动力学描述经济问题的特点和方法。

8.4 经济系统的 SD 仿真实例——以流域资源开发为例

这里以我国西部地区疏勒河流域水土资源经济开发项目为例，应用 SD 原理与方法来模拟人类的经济活动可能对原系统的生态、环境、经济以及社会产生的各种影响及解决问题对策研究。

8.4.1 项目背景及流域系统概况

疏勒河农业灌溉暨移民安置综合开发项目，地处酒泉地区玉门市和安西县境内，海拔高度在 1100～2010m 之间，年降雨量 47～63mm，蒸发量 3000mm以上，属典型的大陆性荒漠干旱气候。区内疏勒河干流全长 670km，年径流量 10.31m^3，流域面积 4.13 万 km^2，共有荒地资源 342.77 万亩。项目在国家计委、水利部等有关部门的关心支持下，1994 年完成了可行性研究，1995 年 8 月经甘肃省人民政府初审后上报国家计委。1995 年 10 月世界银行专家对项目进行了正式评估，并于 1996 年 4 月提出了正式评估报告，确定列入世行 1996 年度贷款项目，并于同年 5 月正式启动项目，国家计委列为国家地方重点项目。该项目是一个涉及区域经济、环境、生态、社会、资源等各方面的复杂系统，主要包括以下四部分。

(1)水利工程：重点是在疏勒河上游昌马峡兴建坝高 54.8m，坝顶长 366m，总库容 $1.94\times10^8 m^3$ 的昌马水库枢纽工程，与下游已建成的双塔水库和赤金峡水库联合调度运行。在昌马、双塔、花海三大灌区新建和改扩建干、支渠 1 248.89km；新建、改建排水干支沟 89 条，总长 500km。新打机井 728 眼；新建水电站 3 座（总装机容量 3.23×10^4 kW）。形成蓄水、发电、输水、排水、防洪等功能齐全的水利基础设施。

(2)移民安置：在新灌区集中安置和老灌区插花安置甘肃中南部高寒阴湿和贫困地区的 11 个县（临夏、和政、永靖、积石山、东乡、岷县、宕昌、武都、礼县、临潭、舟曲）的移民 20 万人。新建乡（场）12 个。并建设相配套的社区服务设施，使移民实现一年搬迁，两年定居，三年解决温饱，四五年开始致富的目标。

(3)农业经济建设:按照科学规划、因地制宜、农林牧全面发展的原则,配套建设农业服务体系和社会发展基础设施,综合利用水土光热资源发展灌溉农业,新开荒造田81.9万亩,改善现有灌溉面积65.4万亩,使有效灌溉面积达到147.3万亩。把项目区建成渠、路、林、田配套,高产、优质、高效的现代化农业综合开发基地。

(4)林业建设:按因地制宜、因害设防、乔灌结合、创最佳生态和社会效益的原则,营造渠、路、田防护林6.31万亩,灌区外围林0.44万亩,主干防风林长700km,经济林2.16万亩,薪炭林1.5万亩,使项目区的林木覆盖率达到11.8%。

8.4.2 流域经济系统SD系统框图

疏勒河项目是以水利灌排工程、垦荒造田、农林牧发展、移民安置、环境保护、水土保持、工业供水兼顾小水电建设的大型综合开发项目,是一项复杂的系统工程。因此,采用SD方法试图了解该生态经济系统可能发生的变化趋势、掌握工程的进度和规模以最大限度地减小破坏,是本研究的重点和核心内容。

考虑该流域系统构成特点,以及研究问题的需要,将系统划分为自然资源系统和社会经济系统两大类,自然资源系统包括:水资源子系统、草地资源子系统、森林资源子系统、草牧业资源子系统等。社会经济系统包括:人口子系统、经济产出子系统等。6个子系统的系统结构和各子系统之间的关系见图8-21。

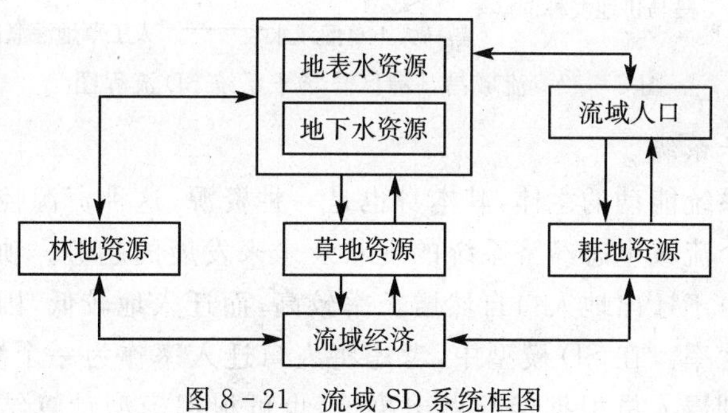

图8-21 流域SD系统框图

8.4.3 流域资源开发系统SD流程图

限于篇幅,这里只给出模型中草地资源开发子系统和人口子系统的SD流程图。

1.草地资源子系统

流域现有牧草地183万亩,其中昌马灌区107万亩,双塔灌区53万亩,花海灌区 23 万亩。流域畜牧业生产特点是：草食牲畜比重大，平均产值高于农业，是农村家庭主要副业。目前天然草场草料饲用率为 45%，今后 10 年可能提高到 50% 以上，人工草场草料饲用率较高，可达 95% 以上。农作物秸秆的 40% 作为粗饲料喂养牲口。见图 7-22。

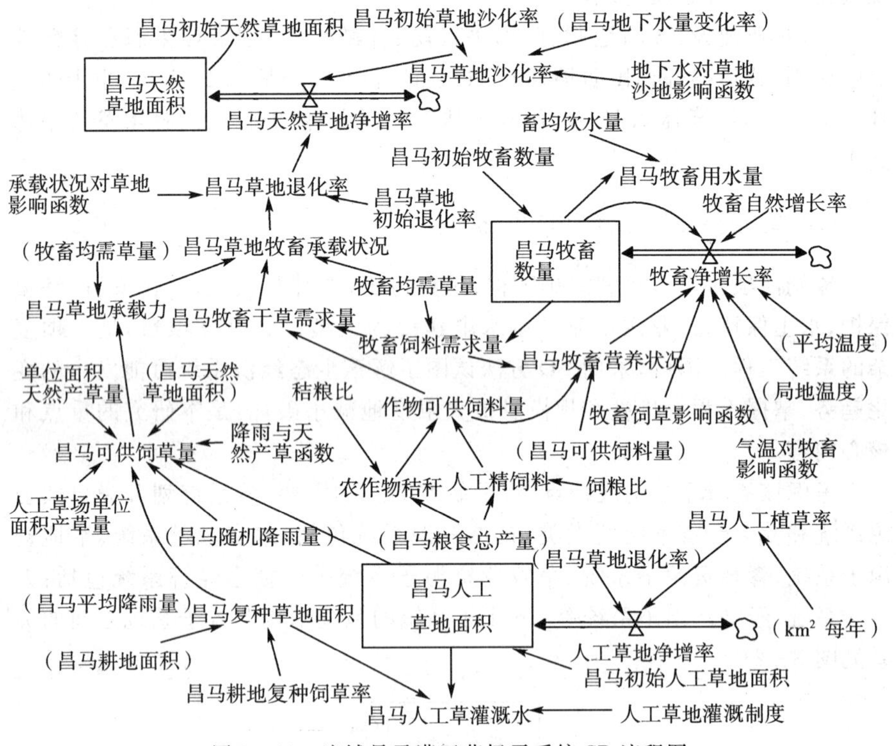

图 8-22　流域昌马灌区草场子系统 SD 流程图

2. 人口子系统

人口是系统能动的主体，其本身也是一种资源，这种资源控制的好坏也直接影响整个流域生态经济系统的现状及未来发展的趋势。项目区拟迁入人口 20 万，由于迁出地人口自然增长率较高，而迁入地较低，因此须控制迁入人口的出生率。在 SD 模型中，考虑将人口迁入率作为一个决策表函数，可由决策管理层人员根据经验做出决策，也可根据模型计算结果进行调整以使系统向良性趋势发展。见图 8-23。

8.4.4　SD 模型的检验及参数的率定

模型建立后应验证模型的可信性，即它能否模拟实际系统的行为模式。包括：对模型结构方面进行直观性检验、边界检验、反馈性检验和量纲一致性检验等；对模型功能方面进行基本重现实际系统行为能力、结构灵敏度检验以及参数灵敏度检验等。

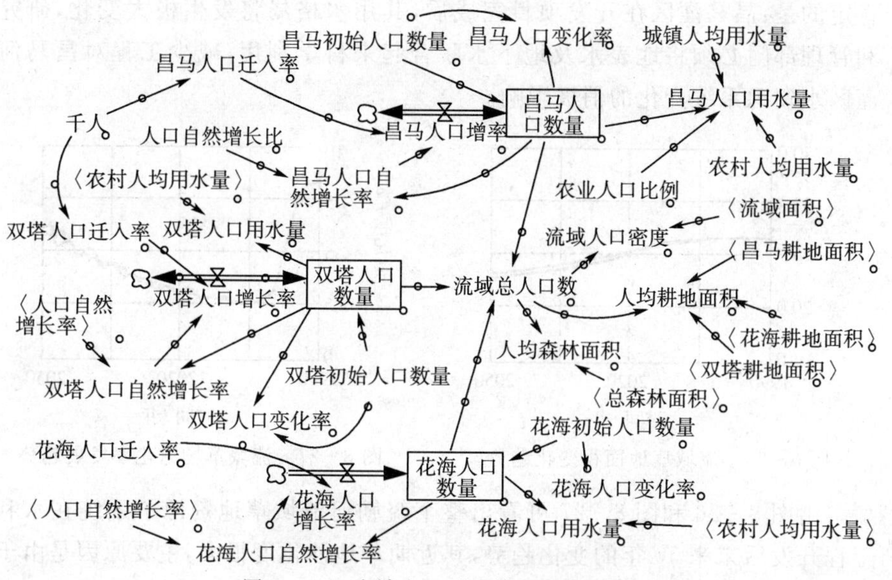

图 8-23　流域人口子系统 SD 流程图

8.4.5　结果分析

运用上述 SD 模拟模型对流域生态系统各因素的变化进行预测，可以得到各因素的变化图。仍以流域水资源子模块和草地资源子模块为例，输出 1990 年至 2050 年的预测结果，如图 8-24 至图 8-27 所示，其中细线条是 Euler 法积分结果，粗线条是 Rung Kutta 的积分结果，由于后者积分精度较好，故可以认为粗线更具有符合实际的系统行为模式。

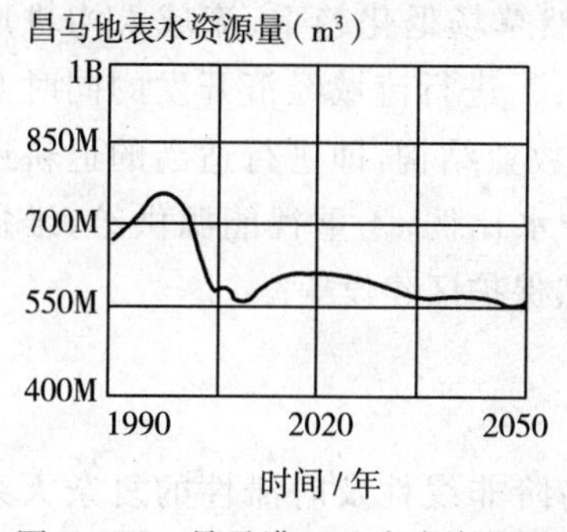

图 8-24　昌马灌区地表水资源量变化

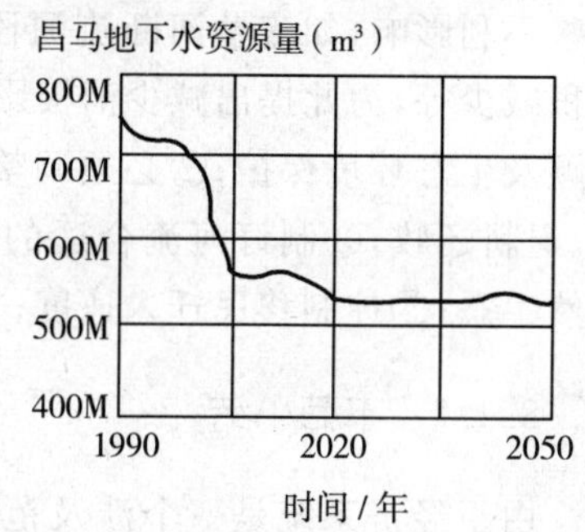

图 8-25　昌马灌区地下水资源量变化

由图 8-24 和图 8-25 可看出：随着开发项目的逐步实施，昌马河引水调水渠道的建成，河水将被大量引入新灌区而使得昌马河地表水量大幅下降；同时，由于河槽水量的减少，导致完全依赖河槽入渗水补给的昌马地下水量也随之减少，这无疑是对昌马地区水资源系统的一次较大冲击。可以肯定的是：昌马灌区在开发项目完成后，其用水格局将发生极大变化，研究和管理部门必须将地表水及地下水联合起来科学利用，减少工程对昌马河灌区水资源系统变化的消极影响。

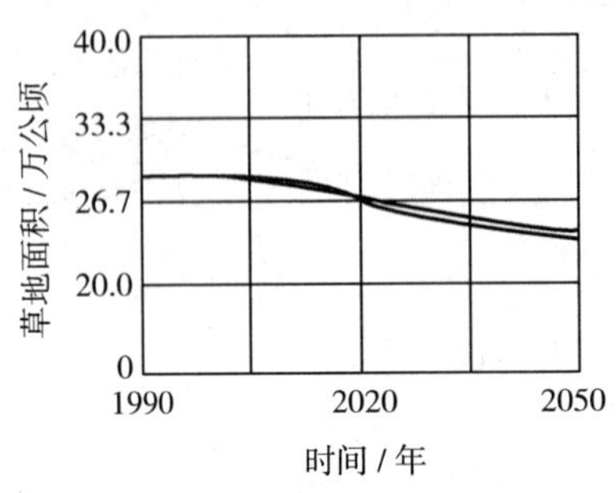

图 8－26　流域草地面积变化趋势

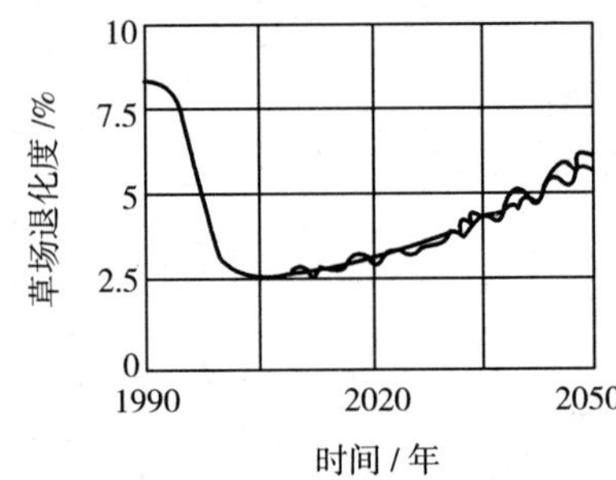

图 8－27　流域草场退化率发展趋势

由图 8－26 和图 8－27 可看出整个疏勒河流域草地资源子系统在水利工程开发后未来 50 年的变化趋势，其近期草地沙化度很大，主要原因是由于过度放牧引起草地退化严重；随着水土资源开发与移民工程的进展，人工草场面积的增大以及天然草场利用率的提高等，草场生态将渐趋良好；但结果显示，再经 30 多年后，草场生态又有恶化的势头，主要是牧畜增长率提高，导致牧畜数量急剧增加危及草场生态平衡，因此必须采取必要的政策措施加以避免。

8.4.6　决策分析

从模型模拟结果我们知道，该流域开发项目将对原生态经济系统产生一些不利影响，如疏勒河断流河段延长、天然草场退化趋重、流域人均耕地面积减少等，为此提出减少消极影响的对策：①进行流域经济开发的同时必须顾及生态环境保护；②必须调整现有农林牧业结构，即进行适当的退耕还林、退耕还牧；③制订河流合适的上、下游分水比例；④重视能源供给，维护自然生态；⑤控制移民迁入速度；⑥加强自然保护区建设等。

8.4.7　本节小结

由于经济系统是一个涉及范围广泛、高阶非线性及时滞性的复杂大系统，根据该系统的特点，本文采用系统动力学的理论与方法对此进行初步探讨与分析，结果证明此方法在解决经济系统问题方面有一定的适用性、简便性及可操作性。

当然，经济系统 SD 模型的建立和完善过程，也是模型研制者对社会经济各子系统问题的逐步认识的过程，系统各因素的数据采集与统计、各因素间的相关关系等问题的定量化过程，也会对SD模型的有效性、真实性产生直接影响。

8.5 本章小结

本章就系统动力学(SD)原理与方法应用于经济系统进行了有益的探讨，大量实例说明，选择SD方法进行经济系统的分析与研究是切实可行的，经济系统要素、环境、状态、结构及功能等的属性特征都能用SD方法很好地描述与表达。系统动力学方法既能做经济系统的现状及趋势分析，从而提出警告性预测，又能分析不同决策对经济系统的影响，并给出对未来的预测。

但SD方法也存在一些不足，如：

(1)系统相对封闭性要求较为苛刻，且系统边界由建模人员的知识、经验决定系统的主因、次因。

(2)人为调控，无智能，无自动寻优能力。随机仿真模型每运行一次，仅对一组特定的输入参数产生模型的真实特性的估计。因此，对每组研究的输入参数，可能需要几组独立的模型同时运行。针对这点可结合人工智能优化技术加以改进。

(3)因素间关系的机理性问题。不能用函数表达时，只靠专家经验性给出映射曲线。

(4)侧重时间动态变化分析，空间信息表达缺乏。

(5) SD不仅考虑了大系统、非线性、时滞，还注重考虑人(政策)的作用。其局限性为中、短期预测和分配问题(在我国尤为重要)精度差等。

[1] 王其藩. 系统动力学. 北京：清华大学出版社，1987

[2] 朱发升. 层次分析法在石羊河流域生态环境现状评价中的应用. 甘肃水利水电技术，1999，(1)：6～8

[3] 吴贻名，张礼兵. 系统动力学在环境累积影响评价中的应用. 武汉水利电力大学学报，2000，(1)：37～41

[4] 张礼兵. 流域生态环境质量动态综合评价模型研究与应用(硕士论文). 武汉水利电力大学,1999

[5] 张礼兵,吴贻名. 流域生态经济系统动态综合评价模型研究. 武汉：武汉测绘科技大学出版社,1999

[6] 刘国平. 经济系统进化及动因.(博士学位论文). 南京农业大学,2001

[7] 任九泉. 20 世纪经济数学的若干进展. 宁夏大学学报(自然科学版),2002,(23)2：1～4

[8] 苏宁男,刘新梅. 系统动力学方法在水资源开发利用中的应用. 宁夏工学院学报, 1997,9(2)：22～25